16	3	2	13
5	10	11	8
9	6	7	12
4	15	14	1

Valentin Volóchinov

A palavra na vida e a palavra na poesia

Ensaios, artigos, resenhas e poemas

Organização, tradução, ensaio introdutório e notas
Sheila Grillo e Ekaterina Vólkova Américo

editora■34

EDITORA 34

Editora 34 Ltda.
Rua Hungria, 592 Jardim Europa CEP 01455-000
São Paulo - SP Brasil Tel/Fax (11) 3811-6777 www.editora34.com.br

Copyright © Editora 34 Ltda., 2019
Tradução @ Sheila Grillo e Ekaterina Vólkova Américo, 2019

A FOTOCÓPIA DE QUALQUER FOLHA DESTE LIVRO É ILEGAL E CONFIGURA UMA
APROPRIAÇÃO INDEVIDA DOS DIREITOS INTELECTUAIS E PATRIMONIAIS DO AUTOR.

Capa, projeto gráfico e editoração eletrônica:
Bracher & Malta Produção Gráfica
Revisão:
Danilo Hora

1ª Edição - 2019

CIP - Brasil. Catalogação-na-Fonte
(Sindicato Nacional dos Editores de Livros, RJ, Brasil)

Volóchinov, Valentin, 1895-1936
V142p   A palavra na vida e a palavra na poesia:
ensaios, artigos, resenhas e poemas / Valentin
Volóchinov; organização, tradução, ensaio
introdutório e notas de Sheila Grillo e Ekaterina
Vólkova Américo — São Paulo: Editora 34, 2019
(1ª Edição).
400 p.

ISBN 978-85-7326-751-8

1. Linguística. 2. Teoria literária.
3. Círculo de Bakhtin. 4. Filosofia da linguagem.
4. Música. I. Grillo, Sheila. II. Vólkova Américo,
Ekaterina. III. Título.

CDD - 410

A palavra na vida
e a palavra na poesia
Ensaios, artigos, resenhas e poemas

Registros de Valentin Volóchinov
nos arquivos do ILIAZV,
Sheila Grillo e Ekaterina Vólkova Américo 7

ENSAIOS
Do outro lado do social:
sobre o freudismo (1925) 59
A palavra na vida e a palavra na poesia:
para uma poética sociológica (1926) 109
As mais novas correntes
do pensamento linguístico no Ocidente (1928) ... 147
Sobre as fronteiras
entre a poética e a linguística (1930) 183
Estilística do discurso literário I:
O que é a linguagem/língua? (1930) 234
Estilística do discurso literário II:
A construção do enunciado (1930) 266
Estilística do discurso literário III:
A palavra e sua função social (1930) 306

Artigos

M. P. Mússorgski (1835-1881): por ocasião
dos quarenta anos de sua morte (1921) 339
O problema da obra de Beethoven I (1922)................ 348
O problema da obra de Beethoven II (1923) 352
O estilo do concerto (1923)................................ 359

Resenhas

Konstantin Eigues,
    Ensaios sobre filosofia da música (1921)............. 369
E. M. Braudo, *Nietzsche, filósofo-músico* (1922)....... 373
Igor Gliébov, *Piotr Ilitch Tchaikóvski,*
    sua vida e sua obra (1922)............................ 375
E. M. Braudo, *Aleksandr Porfírievitch Borodín,*
    sua vida e sua obra (1922)............................ 379
Romain Rolland, *Músicos dos nossos dias* (1923)...... 381
K. A. Kuznetsóv,
    Introdução à história da música (1923) 383
V. V. Vinográdov, *Sobre a prosa literária* (1930)......... 385

Poemas

Soneto I (1922) 391
Soneto II (1922) 393
O eterno (1923) 395

Sobre o autor 397
Sobre as tradutoras 399

Registros de Valentin Volóchinov nos arquivos do ILIAZV[1]

Sheila Grillo e Ekaterina Vólkova Américo

Este livro reúne ensaios, artigos, resenhas e poemas de Valentin Nikoláievitch Volóchinov (1895-1936), coletados na Biblioteca da Academia de Ciências de São Petersburgo entre março e junho de 2016. Essa coleta foi acompanhada e orientada pelo trabalho na Filial de São Petersburgo do Arquivo da Academia Russa de Ciências (*Sankt-Peterbúrgski Filial Arkhiva RAN*), pesquisa que deu origem ao ensaio introdutório deste volume. Além dos artigos que já haviam sido vertidos indiretamente para o português, e que agora trazemos em tradução direta dos originais russos, foram acrescentados textos inéditos, que Volóchinov publicou entre 1922 e 1923 nos periódicos *Iskússtvo* (*Arte*) e *Zapíski Peredvijnógo Teátra* (*Notas do Teatro Itinerante*), antes de sua entrada no Instituto de História Comparada das Literaturas e Línguas do Ocidente e do Oriente (ILIAZV). A autoria desses

[1] *Institut Sravnítelnoi Istórii Literatúri i Iazikov Západa i Vostóka*, que a partir de 1930 passa a se chamar Instituto Estatal de Cultura Linguística (GIRK, *Gossudárstvennyi Institút Retchevói Kultúry*). A pesquisa nos arquivos do ILIAZV em São Petersburgo, Rússia, foi realizada entre março e junho de 2016 por Sheila Grillo com apoio da bolsa PQ do CNPq (Processo 309502/2014-4). A leitura e interpretação dos manuscritos bem como a redação do artigo foram feitas conjuntamente por Sheila Grillo e Ekaterina Vólkova Américo.

textos não foi atribuída a Mikhail Bakhtin, como costuma acontecer com a produção posterior de Volóchinov.

Os primeiros textos do autor — em ordem cronológica, o artigo "M. P. Mússorgski (1835-1881)" e a resenha do livro de Konstantin Eigues, *Ensaios sobre filosofia da música* — foram publicadas em 1921 na revista *Iskússtvo*, editada pela União Profissional dos Trabalhadores da Arte da Província de Vítebsk e pela Subseção de Arte da Seção de Educação Popular da Província de Vítebsk, dirigida por Pável Medviédev. A revista teve seis números publicados em três cadernos (nº 1, março; nºs 2-3, abril-maio; nºs 4-6, junho- -agosto de 1921), com tiragem de 500 exemplares.

O Teatro Itinerante (*Peredvijnói Teátr*) foi criado por Pável Gaidebúrov e Nadiéjda Skárskaia em 1905, em São Petersburgo, e existiu até 1928, com o objetivo de levar obras clássicas da literatura mundial e russa para as áreas mais distantes do país. Gaidebúrov e Skárskaia editaram ainda um periódico intitulado *Notas do Teatro Itinerante*, que circulou em 1914 e depois entre 1917 e 1924, combinando descrições de atividades do próprio Teatro com artigos e resenhas sobre temas relacionados à literatura, à dramaturgia e à música. Em 1924, o periódico foi fechado pela censura. Além de Volóchinov, Pável Medviédev participou ativamente dessa publicação na condição de autor e editor. Segundo seu filho, Iuri Medviédev:

> "A aproximação de Medviédev com a trupe [...] ocorreu em Vítebsk, onde o teatro esteve em turnê durante o ano de 1919. Foi nesse momento que começou a colaboração de Medviédev com o teatro e sua revista, na qual ele passou a dirigir a seção 'Literatúrnii Dnevnik' ('Diário Literário') e, a partir de 1922, atuou como redator-chefe." (2012, p. 251)

Foi provavelmente por intermédio de Pável Medviédev que Volóchinov e outros integrantes do Círculo de Bakhtin passaram a colaborar com o periódico na condição de autores. Os textos de jornal proporcionam o contato com atividades de Volóchinov pouco conhecidas do leitor brasileiro: suas primeiras incursões na poesia e sua formação musical. Segundo depoimento de Bakhtin nas *Conversas com Duvákin* (1996), Volóchinov logo deixou de publicar poemas e concentrou-se em trabalhos como músico e compositor. As resenhas publicadas no *Notas do Teatro Itinerante* mostram como Volóchinov acompanhava a crítica musical de sua época e as avaliava. Primeiramente, observamos como as análises conjugam conhecimentos de filosofia, de estética e de sua própria experiência como compositor e pianista, domínios formadores das suas reflexões sobre a música. Em seguida, destaca-se sua rejeição a abordagens psicologizantes dos elementos musicais. Por fim, ficam nítidas suas preocupações com questões metodológicas no sentido de conjugar abordagens estéticas e históricas na análise da música. Nessa primeira fase da produção bibliográfica de Volóchinov, encontramos elementos — rejeição à psicologização, preocupação com a metodologia, articulação entre as abordagens estética e histórica — que estarão presentes em seus trabalhos futuros, mas também no de outros integrantes do Círculo, em especial Medviédev e o próprio Bakhtin.

Em três pequenos artigos de Volóchinov ("O problema da obra de Beethoven", partes I e II, e "O estilo do concerto"), encontramos traços de uma metodologia da arte, a ser futuramente desenvolvida, em que autor e obra são analisados por meio da consideração da "série histórica no processo de desenvolvimento de um campo da cultura", da "demanda cultural do meio" e da conjugação entre os princípios ético e estético. O termo "arquitetônica", normalmente atribuído a Bakhtin, aparece no artigo sobre a obra de Beethoven para designar a estrutura da obra musical. A significação estética da música é analisada ainda mediante a consideração da presença do ouvinte ou auditório, sem os quais a música é "um conglomerado mecânico de fenômenos físicos". Novamente, encontramos elementos da teoria posteriormente desenvolvida tanto por Volóchinov quanto por Bakhtin e Medviédev.

Os demais artigos desta coletânea já são conhecidos do público brasileiro, seja por intermédio de suas traduções para o espanhol, francês, inglês ou italiano, seja por tradução indireta.[2] Esses textos foram produzidos após o ingresso de Valentin Volóchinov no ILIAZV e são citados nos seus relatórios anuais, descritos a seguir, enquanto atuava como doutorando e depois pesquisador. Diferentemente dos textos anteriores à entrada no Instituto, a autoria desses artigos é, muitas vezes, atribuída a Mikhail Bakhtin. No entanto, Volóchinov figura como autor tanto nos textos originais, que foram a base das traduções, quanto nos documentos consultados na Filial de São Petersburgo do Arquivo da Academia Russa de Ciências. Durante a tradução, percebemos que nos três últimos textos ("O que é a linguagem/língua?", "A construção do enunciado" e "A palavra e sua função social") houve uma preocupação em utilizar uma linguagem menos acadêmica, em explicitar mais os conceitos e dar exemplos para ilustrá-los. Isso tudo se explica em razão da revista em que foram publicados: *Literatúrnaia Utchióba* (*Estudos da Literatura*). Ela foi fundada em 1930 pelo escritor Maksim Górki, que foi também seu editor-chefe, com o propósito de tornar os estudos de literatura e linguística acessíveis para operários e camponeses interessados em expandir seus conhecimentos, para depois divulgá-los entre seus pares, contribuindo, com isso, para a elevação do nível cultural do povo soviético.

---

[2] Ver Valentin Nikolaevich Volochínov, *A construção da enunciação e outros ensaios*, tradução de João Wanderley Geraldi, São Carlos, Pedro e João Editores, 2013.

A seguir, sistematizaremos os resultados obtidos durante as pesquisas na Filial de São Petersburgo do Arquivo da Academia Russa de Ciências (RAN), quando consultamos tanto a pasta pessoal de Valentin Volóchinov, quanto pastas de atividades gerais do Instituto. Apesar de termos encontrado várias informações inéditas e esclarecedoras sobre a atuação de Volóchinov, o próprio material impossibilitou a construção de uma narrativa acabada sobre esse período da vida do autor, uma vez que nos deparamos com lacunas e perguntas sem respostas, que mantivemos nas nossas conclusões.

A primeira divulgação de arquivos de Valentin Nikoláievitch Volóchinov ocorreu em 1995, no nº 2 da revista *Dialog, Karnaval, Khronotop*, por Nikolai A. Pankóv, à época editor-chefe da publicação. O material procedia do Arquivo Estatal da Federação Russa (GARF), localizado em Moscou, e atestava que Volóchinov era "um pessoa real e não um mito", tampouco um *alter ego* de Bakhtin (Vassíliev, 1995, p. 5), como muitos pensavam à época. Decorridos 21 anos, voltamos a abordar os arquivos de Volóchinov[3] não só a partir do material presente no GARF, mas principalmente na Filial de São Petersburgo do Arquivo da Academia Russa de Ciências, instituição visitada no primeiro semestre de 2016. Qual a importância desse trabalho hoje? Primeiramente, a publicação da tradução de *Marxismo e filosofia da linguagem*, a partir da primeira e segunda edições russas,[4] e, agora, dos presentes artigos assinados por Volóchinov, merece um es-

---

[3] Uma primeira versão deste texto foi publicada em: Sheila Grillo e Ekaterina Vólkova Américo, "Valentin Nikoláievitch Volóchinov: detalhes da vida e da obra encontrados em arquivos", *Alfa: Revista de Linguística*, Unesp (online), v. 61, 2017, pp. 255-81.

[4] Valentin Volóchinov, *Marxismo e filosofia da linguagem: problemas fundamentais do método sociológico na ciência da linguagem*, tradução de Sheila Grillo e Ekaterina Vólkova Américo, São Paulo, Editora 34, 2017.

clarecimento baseado em dados factuais a respeito da atribuição dos textos a Valentin Nikoláievitch Volóchinov, uma vez que o público brasileiro, bem como boa parte dos pesquisadores russos, costumam atribuir essas obras a Mikhail Bakhtin. Apesar de a controvérsia autoral não estar resolvida, acreditamos que os materiais de arquivo descritos a seguir nos auxiliam a entender a disputa. Em segundo lugar, o trabalho nos arquivos do ILIAZV possibilitou um conhecimento maior do contexto ideológico e acadêmico — e talvez esse seja o aspecto mais relevante — do processo de produção de parte das obras do Círculo de Bakhtin, pois os artigos e livros assinados por Volóchinov fizeram parte dos relatórios de atividades apresentados no Instituto, contribuindo para a elaboração do método sociológico na teoria literária e na linguística, método este desenvolvido na Subseção de Metodologia da Literatura.

Reconstruiremos os fatos relacionados à atuação de Volóchinov no ILIAZV entre os anos de 1924 e 1932. Não temos aqui a pretensão de escrever uma história abrangente do Instituto ou uma biografia exaustiva do autor,[5] mas de oferecer um quadro de certo período de sua vida acadêmica, passível de ser comprovado por meio dos registros disponíveis na filial de São Petersburgo do RAN e no GARF (este, a partir de documentos publicados por Pankóv em 1995). Os dados consultados no arquivo permitiram o contato com a identidade concreta de um autor que, após a sua morte, em 13 de junho de 1936 (Vassíliev, 1995, p. 15), ficou praticamente esquecido. Viatcheslav Ivánov (2009, 1995) chegou inclusive a declarar, no início dos anos 1970, que as obras que haviam sido publicadas com o nome de Volóchinov eram, na verdade, de autoria de Bakhtin. Nos anos 1990 e 2000,

---

[5] A biografia de Valentin Volóchinov foi escrita pelo pesquisador russo Nikolai Vassíliev (1995).

artigos e livros de Volóchinov são reeditados primeiramente na coletânea *Filosofia e sociologia das ciências humanas* (1995b), que traz a expressão "Círculo de Bakhtin" na capa, juntamente com o nome do autor, e um ensaio introdutório em que Vassíliev defende a autoria de Volóchinov; em seguida, na coletânea *M. M. Bakhtin (sob máscara)* (2000), organizada por I. V. Pechkov, que, ao reunir trabalhos publicados originalmente sob o nome de Volóchinov e Medviédev nos anos 1920, apresenta-os como "máscaras" de Bakhtin.

Ingresso e participação no ILIAZV

Valentin Nikoláievitch Volóchinov é aceito no ILIAZV em 10 de março de 1925 na condição de colaborador (*sverkhchtátnii sotrúdnik*). No questionário de ingresso, constante na pasta de Volóchinov (Figura 1), encontramos informações sobre sua situação familiar e financeira.

Seu pai é funcionário da diretoria das estradas de ferro e abandona a família em 1913, quando Volóchinov tem 18 anos. Sua mãe tem uma doença que a impossibilita para o trabalho. Em razão dessas circunstâncias, Volóchinov relata que ganha a vida dando aulas particulares e se encontra em situação financeira extremamente difícil. Está desempregado. É casado com uma estudante. Relata que ministra apenas duas aulas em troca de almoço e de um pagamento insignificante. Não serviu ao exército em razão de ter tuberculose. Além dessas informações pessoais, são detalhados os seguintes dados:

"Data e local de nascimento: *18 de junho de 1895, em São Petersburgo.*
Local e data de finalização do curso superior: *Universidade de Leningrado, em 1º de junho de 1924.*

Em quais outras instituições de ensino superior estudou e quando se formou? *Na Universidade de São Petersburgo (Faculdade de Direito) de 1913/1914 até 1916/17. Não terminei por ter deixado a universidade.*[6] Textos publicados à época: *Revistas* Iskússtvo, *1921, e* Zapíski Peredvijnógo Teátra, *1922-1923.* Sua opinião sobre o marxismo como método científico: *Considero que ele é o único método aceitável.* Quais obras marxistas estudou: *Além do próprio Marx, li os trabalhos de Plekhánov, Bukhárin etc.* Filiação partidária atual: *Sem partido.* Especialização: *Metodologia da Literatura.* Orientador científico: *V. A. Desnítski.*"
(Fond 302, op. 2, nº 51, f. 2)[7]

Os dados constantes nesse documento de arquivo permitem-nos conhecer aspectos relevantes dos contextos político, histórico e acadêmico nos quais os textos assinados por Volóchinov foram produzidos e publicados. Entre os diver-

---

[6] Nikolai Vassíliev (1995), a partir de consultas ao Arquivo Histórico Estatal de São Petersburgo (GIA, *Gossudárstvennii Istorítcheskii Arkhív Sankt-Peterburga*), relata que o único fato conhecido sobre esse período é que Volóchinov era apaixonado por música e publicou suas primeiras obras musicais no ano de ingresso no curso de direito.

[7] Trecho original:
"Otnochénie k marksizmu kak naútchnomu miétodu: *Stchitáiu egó edínstvenno priémlemim v metodologuítcheskom otnochénii.*
Kakíe marksístskie proizvediéniia izutchali: *Krome samogó Marksa, tchital rabóty Plekhánova, Bukhárina i t.d.*
Partíinost v nastoiáschee vriémia: *Bespartíinii.*
Spetsiiálnost: *Metodológuiia Literatúry.*
Naútchnii rukovodítel: *V. A. Desnítski.*"

Просьба ответы писать разборчиво: 3

Анкета

представленного в научные сотрудники факультета
Общественных Наук Ленинградского Государств. Университета:

1. Фамилия, имя и отчество: **Волошинов Валентин Николаевич**
2. Время, год, месяц, число и место рождения. 1895 г. 18 июня (ст. ст.) Петербург. Пол М.
3. Образовательный ценз / когда и какой ВУЗ окончил. Ленингр. Ун-т. Ф.О.Н. 2 Л-О. 1го июля 1924 г.
4. Специальность. ист. русск. лит.
5. С какого времени состоите научным сотрудником
6. По какой кафедре оставлен
7. Кем представлен к оставлению
8. В каких еще ВУЗ обучался, когда и окончил. В Пет. Ун-те (Юрид. фак.) с 1913/14 г. до 1916/17 г.
9. В чем выразилась работа по специальности за время пребывания в ВУЗ в качестве студента и под руководством кого занимался. прочитан ряд докладов в семинариях проф.: Адрианова, Ильинского, Перетца, Назарова, Щербы и др.
10. В чем выражается научная работа в настоящее время
11. Под руководством кого работаете
12. Сдавал ли отчетн, когда, кому
13. Какие работы напечатаны, где и когда
14. Какие работы находятся в рукописи
15. Отношение к марксизму, как научному методу
16. Какие марксистские произведения изучали
17. Социальное положение и род занятий родителей:
    а) до войны 1914 г.

Figura 1: primeira página do questionário de ingresso
de Volóchinov no ILIAZV, 1925.

sos aspectos passíveis de serem desenvolvidos, destacamos dois deles: a hegemonia da teoria marxista e de sua acepção soviética na metodologia de pesquisa, e a área de especialização em Metodologia da Literatura, na qual Volóchinov atuou ao lado de Vassili Desnítski, seu orientador científico. Algumas perguntas do questionário de Volóchinov mostram concretamente como o marxismo se tornou uma abordagem teórico-metodológica oficial e obrigatória para o ingresso e a atuação nas instituições de ensino e pesquisa soviéticas. Essa linha de interpretação autoriza-nos a ler, com reserva, a resposta categórica, a única possível, à época, que Volóchinov dá à questão "Sua opinião sobre o marxismo como método científico". Diversos registros encontrados nos arquivos do ILIAZV e do GIRK atestam orientações marxistas nos trabalhos realizados por Volóchinov. Em primeiro lugar, observamos a presença de obras marxistas na lista de leituras obrigatórias, tanto gerais quanto específicas à área de literatura, para o ingresso na pós-graduação, constantes do *Projeto de Regulamento dos Institutos de Pesquisa Científica e das Associações dos Institutos* (29/1/1925):

> "1. Geral para todo o Instituto: *Manifesto comunista*; Marx, *O Capital*, tomo 1; Borchardt, *O Capital*, exposição em 3 tomos; Engels, *Anti-Dühring*; Plekhánov, *Questões fundamentais do marxismo*; Plekhánov, *Sobre a questão do desenvolvimento do materialismo monista*; Bukhárin, *Materialismo histórico*; Lênin, *Imperialismo: etapa superior do capitalismo*; Lênin, *Estado e revolução*.
> 2. Para a seção de Literatura: Plekhánov, *Artigos sobre literatura e arte*, coletânea, edição do Instituto K. Marx e F. Engels, tomos 5, 6, 10, 14; Mehring, *Literatura mundial e proletariado*; Voróvski, *Panorama crítico-literário*; Perevérzev, *Dostoiévski ou Gógol*; 'Resolução do Comitê Central

do Partido Comunista Russo sobre a literatura', *Imprensa e Revolução*, 1925, nº 5-6; *Zvezdá*, 1925, nº 4.

Para especialistas em literatura russa: Plekhánov, *História do pensamento social russo*, tomos 1, 2 e 3, e *Ensaios sobre a literatura do século XIX*, ed. Pribói, 1924."

(Fond 302, op. 1, nº 223, f. 6)[8]

Esse fragmento atesta que, já em meados da década de 1920, o marxismo tinha se tornado uma orientação hegemônica na área das ciências humanas, uma das possíveis motivações para a presença explícita de autores marxistas soviéticos e de suas propostas metodológicas nas obras de Volóchinov e Medviédev.

O próprio Volóchinov, como consta em seus relatórios periódicos apresentados no ILIAZV (Fond 302, op. 2, nº 51, f. 12), destaca que, nas suas atividades pedagógicas fora do Instituto, ministrava disciplinas sobre a teoria marxista, o materialismo histórico, a história da cultura material, sendo que algumas dessas disciplinas (por exemplo, História da Cultura Material) constavam do currículo obrigatório em to-

---

[8] Trecho original:

"1. Óbchaia dlia vsegó Instituta: *Kommunistítcheski Manifest*; K. Marx, *Kapital*, t. 1; Borchardt, *Kapital*, izlojénie vsekh 3-kh tomov; Engels, *Anti-Dühring*; Plekhánov, *K vopróssu o razvítii monítcheskogo materializma*; Bukhárin, *Istorítcheski materializm*; Lênin, *Imperializm, kak novéichii etap kapitalizma*; Lênin, *Gossudárstvo i revoliútsia*.

2. Dlia Otdeliénia Literatúry: Plekhánov, *Statí po literatúre i iskússtvu*, sotchiniénia, izd. In-ta K. Marxa e F. Engelsa, t. 5, 6, 10, 14; Mehring, *Mirováia literatura i proletariat*; Voróvski, *Literatúrno-kritítcheski ótcherk*; Pereviérzev, *Dostoiévski ili Gógol*; 'Rezoliútsia TsKRKP o literatúre', *Petchat i Revoliútsia*, 1925 g., nº 5-6; *Zvezdá*, 1925 g., nº 4.

Dliá spetsialístov po rússkói literatúre: Plekhánov, *Istória rússkoi obchéstvennoi mýsli*, t. 1, 2, 3, i *Ótcherki po literatúre XIX viéka*, izd. Pribói, 1924."

dos os anos do curso universitário. No próprio ILIAZV, Volóchinov e seu orientador científico, Vassili Desnítski, estão entre os membros de laboratórios e seções cujo conteúdo versava explicitamente sobre teorias marxistas, a saber:

1) Laboratório de literatura da época do imperialismo e da revolução proletária (*Kabiniét literatúry epókhi imperialízma i proletárskoi revoliútsii*) (Fond 302, op. 275, f. 10);

2) Laboratório de metodologia (*Kabiniét metodológuii*) (1929-1930) no qual, entre outros, trabalhava-se na formação de um fichário com as citações dos clássicos da teoria marxista (Fond 302, op. 1, nº 270, f. 10) e com diversos temas ligados à teoria marxista na literatura, conforme podemos atestar no excerto a seguir do *Plano de Trabalho do Setor de Metodologia da Literatura* (out.-dez. 1930):

> "A investigação do problema levantado por Plekhánov sobre os estudos literários e a análise crítica com base na metodologia marxista a respeito das principais tendências da teoria literária da Europa Ocidental. Nos próximos três meses estão previstas as seguintes palestras: E. Kislítsina, 'Plekhánov sobre a literatura russa'; Berkóvski, 'A estética de Hegel'; Ioffe, 'A teoria da arte livre'; Azadóvski, 'A escola de Sauer'; Volóchinov, 'Hirt e a teoria dos gêneros'.
>
> Além disso, nos seminários continuaremos a elaboração da história da crítica literária marxista sob a orientação de V. A. Desnítski. Propõe-se ainda desenvolver o tema plekhaniano com base nos materiais da Casa Plekhánov."
>
> (Fond 302, op. 1, nº 271, f. 1)[9]

---

[9] Trecho original:
"Izutchiénie Plekhánovskoi problemy v literaturoviédenii i krití-

3) No *Plano de Atividades do Setor de Literatura do Instituto Estatal de Cultura Linguística* (GIRK, 1932, Fond 302, op. 1, nº 56, f. 73-75), a participação de Volóchinov consta em dois laboratórios e em um grupo, os quais se fundamentam em teorias marxistas. O primeiro deles é o Laboratório do Processo Literário (*Kabiniét Literatúrnogo Protséssa*), que, inclusive, aborda os gêneros literários de uma perspectiva marxista. O segundo é o Laboratório do Método de Criação (*Kabiniét Tvórtcheskogo Miétoda*), no qual se objetivava, entre outros, elaborar uma história marxista dos sistemas poetológicos. O Grupo de Literatura Antirreligiosa (*Grúppa Antireliguióznoi Literatúry*) visava lutar contra a religião com base em textos literários.

A produção bibliográfica de Volóchinov também atesta a sua participação em publicações dedicadas à teoria marxista. Em 1928, foi publicado o ensaio "As mais novas correntes do pensamento linguístico no Ocidente" ("Novéichie tetchéniia lingvistítcheskoi mýsli na Západe") na revista *Literatura i Marksizm* (*Literatura e Marxismo*), dedicada à teoria e história da literatura. Na nota de rodapé da primeira página do artigo, informa-se que

"Este artigo é um resumo expandido de três capítulos do livro do autor *Marxismo e filosofia da linguagem: problemas fundamentais do método sociológico na ciência da linguagem*, que está sendo

tcheskii análiz na osnove marksístskoi metodológuii osnovnykh tetchiénii západno-evropéiskogo literaturoviédenia. V blijáichem kvartale namiétcheny doklady: E. Kislítsinoi 'Plekhánov o rússkoi literatúre'; Berkóvskogo 'Estétika Hegelia', Ioffe 'Teória svobódnogo iskússtva', Azadóvskogo 'Chkola Sauera', Volóchinova 'Hirt i teoria jánrov'.

Krome togo seminárskim putiom budet prodoljátsia razrabótka istórii marksístskoi literatúrnoi krítiki pod rukovódstvom V. A. Desnítskogo. Plekhánovskuiu tiému predpolagáietsia razrabátyvat takje i na osnóve materiálov Doma Plekhánova."

publicado na seção de Leningrado da editora Gossizdat." (Volóchinov, 1928, p. 115).[10]

O livro mencionado nessa citação saiu um ano mais tarde, em 1929, pela Pribói, editora da cidade de Leningrado. Em 1930, Volóchinov publicou o ensaio "Sobre as fronteiras entre a poética e a linguística" ("O granítsakh poétiki i lingvístiki") em um livro organizado por seu orientador de doutorado, Vassili Desnítski, em que se afirmava a necessidade da abordagem marxista nos estudos literários: *Na luta pelo marxismo na ciência literária* (*V borbié za marksizm v literatúrnoi naúke*), volume que fazia parte da coleção *Questões de Metodologia e Teoria da Língua e da Literatura* (*Vopróssy Metodológuii i Teórii Iazyká i Literatúry*).

Um segundo elemento importante do questionário de admissão de Volóchinov é a definição da sua área de especialização: Metodologia da Literatura.[11] De acordo com os documentos disponíveis no arquivo, o Instituto de História Comparada das Literaturas e Línguas do Ocidente e do Oriente era dividido em duas grandes áreas: Língua e Literatura. Todos os registros da atuação de Volóchinov no ILIAZV estão contidos na área de literatura, a saber:

1) No relatório de atividades como pós-graduando do período 1925-1926 (Fond 302, op. 2, nº 51, f. 9), o trabalho desenvolvido por Volóchinov está inserido na Subseção de

---

[10] Trecho original:
"Dánnaia statiá avroreferat triokh glav knigi ávtora *Marksizm i filossófia iazyká: osnovnýie probliémy sotsiologuítcheskogo miétoda v iazyke*, vykhodiáchei v Leningrádskom otdeliénii Gosizdata."

[11] Alpátov (2005, p. 45) observa: "Chama a atenção a falta de correspondência entre o seu [de Volóchinov] lugar na estrutura do Instituto e a temática de suas publicações", referindo-se, entre outros, aos livros *O freudismo: um esboço crítico* (1927) e *Marxismo e filosofia da linguagem: problemas fundamentais do método sociológico na ciência da linguagem* (1929), que não são trabalhos de metodologia da literatura.

Metodologia da Literatura. Entre os trabalhos mencionados, consta a produção do conhecido artigo "A palavra na vida e a palavra na poesia" ("Slóvo v jízni i slóvo v poézii") e entre parênteses explica-se que se trata de um resumo, feito pelo próprio Volóchinov, de alguns capítulos do livro *Ensaio de poética sociológica* (*Ópyt sotsiologuítcheskoi poétiki*). Apesar da menção ao livro no relatório, ao que sabemos, uma obra com esse título nunca foi publicada pelo autor.[12]

2) No relatório de atividades como pós-graduando do período 1928-1929 (Fond 302, op. 2, nº 51, f. 12), Volóchinov relata que desempenhou a função de secretário da Subseção de Metodologia da Literatura, auxiliando seu orientador científico Vassili Desnítski. Além disso, Volóchinov juntamente com Desnítski integraram grupos de pesquisa sobre a literatura no decorrer dos anos da sua atuação no Instituto: Grupo do Processo Literário, Subseção de Metodologia e Teoria da Literatura (1928-1929).

Apesar da atuação de Volóchinov na Subseção de Metodologia da Literatura, é preciso mencionar que o ILIAZV, chamado a partir de 1930 de Instituto Estatal de Cultura Linguística (GIRK) é, segundo carta de Lev Iakubínski de 1933 (Fond 302, op. 1, nº 97, f. 3), o único instituto em que a língua e a literatura eram estudadas conjuntamente. Essa orientação geral do Instituto é um elemento do contexto institucional importante para a compreensão da obra de Volóchinov e de Medviédev, nas quais os conceitos e a metodologia de pesquisa abordam de modo integrado tanto a língua quanto a literatura.

No decorrer dos anos 1920, os registros do Instituto apontam para a inserção e o desenvolvimento de uma orien-

---

[12] Adiante transcreveremos o plano de *Ensaio de poética sociológica* e teceremos considerações sobre suas relações com obras posteriores, tanto do próprio Volóchinov quanto de Bakhtin e Medviédev.

tação de pesquisa no domínio da poética sociológica. Se é verdade que Volóchinov e Medviédev integraram a maioria dos grupos e linhas de pesquisa em poética sociológica, observamos que essa orientação transcendia a atuação deles. Por exemplo, no plano de metas da seção de literatura dos anos 1928-1929, aparecem os temas coletivos nos quais Volóchinov e Medviédev não são mencionados:

1) A sociologia dos gêneros na literatura russa moderna organizada pelo professor G. Gorbatchóv e pelo pós-graduando M. Maizel;

2) A morfologia e a sociologia dos gêneros literários e do seu desenvolvimento no Ocidente, organizado pelos professores V. Chichmarióv e V. Jirmúnski.

É difícil avaliarmos com precisão o quanto a poética sociológica é devedora dos trabalhos de Volóchinov e Medviédev, pois, se por um lado, os primeiros registros do aparecimento desse tema no âmbito das pesquisas realizadas no ILIAZV estão ligados a eles, por outro, Volóchinov e Medviédev não constam dos temas coletivos acima mencionados, em que o método sociológico também se faz presente.

OS RELATÓRIOS DE VALENTIN VOLÓCHINOV: TRADUÇÃO, DESCRIÇÃO E ANÁLISE

Passemos agora para uma descrição um pouco mais detalhada da atuação de Valentin Nikoláievitch Volóchinov primeiramente no ILIAZV e depois no GIRK. Conforme já mencionamos, Volóchinov preencheu o questionário de ingresso no ILIAZV no final de 1924 (Fond 302, op. 2, nº 51, f. 1-2) e ingressou na condição de pesquisador colaborador em 1925; no início de 1927 (Fond 302, op. 2, nº 51, f. 17), ele foi aceito como doutorando do Instituto sob a orientação científica de Vassili Desnítski; em 1º de outubro de 1929, ocorre a defesa da tese de doutoramento (Fond 302, op. 2, nº 51, f. 18); e, em 1930-31 torna-se professor pesquisador efetivo (Fond 302, op. 1, nº 56, f. 71). Encontramos no *Projeto do Plano de Publicações para os anos 1930-31* (Fond 302, op. 1, nº 270, f. 58), área de literatura, a monografia de Volóchinov *Marxismo e filosofia da linguagem* (2ª ed.). Em 1931, encontramos um registro no *Plano de Atividades do Grupo de História das Literaturas Europeias Ocidentais na Época do Capitalismo* (1931) de que Volóchinov trabalhava sobre o tema "O problema do gênero" (Fond 302, op. 1, nº 270, f. 76).

Além de sua atuação como pesquisador e doutorando no ILIAZV, existem, nos relatórios apresentados por Volóchinov (Fond 302, op. 2, nº 51), informações sobre suas atividades antes e fora do Instituto:

1) De 1919 a 1922, foi professor (*liéktor*) na Escola Profissional do Departamento da Educação Política da Província (*Gubpolítprosvet*) em Vítebsk;

2) De 1922 a 1923 foi professor no Sindicato dos Trabalhadores das Estradas de Ferro de Petrogrado (*Dorprofsoj*);

3) De 1925 a 1928 foi professor no Departamento da Educação Política da Província (*Gubpolitprosviet*);

4) A partir de 1925 ensina na Escola Estatal Técnica, Industrial e Artística de Leningrado.

Em seu questionário de ingresso relata que nesse período escreveu artigos, resenhas e até poemas, a saber:

1) V. N. Volóchinov, "M. P. Mússorgski (1835-1881): por ocasião dos quarenta anos de sua morte", *Iskússtvo*, nº 2-3, pp. 9-12, Vítebsk, abril-maio, 1921;

2) Resenha do livro de Konstantin Eigues, *Ensaios sobre filosofia da música* (*Ótcherki po filossófii múzyki*), *Iskússtvo*, nº 29-30, p. 9-12, Vítebsk, abril-maio, 1921;

3) Poema (sem título), *Zapíski Peredvijnógo Teátra*, nº 37, p. 3, Petrogrado, 6/11/1922;

4) Soneto[13] e resenha do livro de E. M. Braudo, *Nietzsche, filósofo-músico* (*Nietzsche, filóssof-muzykant*), ed. Atenei, 1922, *Zapíski Peredvijnógo Teátra*, nº 38, p. 3, Petrogrado, 14/11/1922;

5) Resenha do livro de Igor Gliébov, *Piotr Tchaikóvski, sua vida e sua obra* (*Tchaikóvski, jizn i tvórtchestvo*), Petrogrado, ed. Mysl, 1922, 183 p., *Zapíski Peredvijnógo Teátra*, nº 42, p. 5, Petrogrado, 12/12/1922;

6) Resenha do livro de E. M. Braudo, *Aleksandr Porfírievitch Borodín, sua vida e sua obra* (*Aleksandr Porfírievitch Borodín, ego jizn i tvórtchestvo*), Petrogrado, ed. Mysl, 1922, 183 p., *Zapíski Peredvijnógo Teátra*, nº 43, p. 5, Petrogrado, 19/12/1922;

7) V. N. Volóchinov, "O problema da obra de Beethoven" ("Probliéma tvórtchestva Betkhóvena"), *Zapíski Peredvijnógo Teátra*, nº 44, pp. 2-3, Petrogrado, 26/12/1922.

8) V. N. Volóchinov, "O problema da obra de Beethoven — Parte final" ("Probliéma tvórtchestva Betkhovena — Okontchánie"), *Zapíski Peredvijnógo Teátra*, nº 44, pp. 3-4, Petrogrado, 16/1/1923.

9) Resenha do livro de Romain Rolland, *Músicos dos nossos dias* (*Muzykanty nachikh dnei*), ed. Mysl, *Zapíski Peredvijnógo Teátra*, nº 56, p. 8, Petrogrado, 8/5/1923.

---

[13] Além desses dois poemas, há menção a mais dois, não citados nos relatórios, mas relacionados no site do CRECLECO (*Centre de Recherches en Histoire et Épistémologie Comparée de la Linguistique d'Europe Centrale et Orientale*), da Universidade de Lausanne. Fonte: <http://crecleco.seriot.ch/recherche/ENCYCL%20LING%20RU/VOLOSHINOV/Voloshinov.html>, último acesso em 1/10/2019. São eles: "Pámiati Aleksandra Bloka" ["Em memória de Aleksandr Blok"], em *Iskússtvo*, Vítebsk, nº 4-6, 1921, p. 6; e "Viétchnoie" ["O eterno"], em *Zapíski Peredvijnógo Teátra*, Petrogrado, nº 54, 1923, p. 6. O primeiro não foi localizado, mas o segundo, graças à ajuda de Rafael Bonavina, foi encontrado e incluído na presente edição. Agradecemos a Danilo Hora pela descoberta desses dois poemas não constantes dos relatórios de Volóchinov.

10) V. N. Volóchinov, "O estilo do concerto" ("O kontsértnom stíle"), *Zapíski Peredvijnógo Teátra*, nº 58, pp. 1-2, Petrogrado, 5/6/1923.

11) Resenha do livro de K. A. Kuznetsóv, *Introdução à história da música* (*Vvediénie v istóriiu múzyki*), primeira parte, ed. Gossizdat, 1923, 128 p., *Zapíski Peredvijnógo Teátra*, nº 67, p. 9, Petrogrado, 20/12/1923.

A produção bibliográfica de Volóchinov antes de sua entrada no ILIAZV atesta sua atuação como poeta e crítico de música. Depois do ingresso no ILIAZV, Volóchinov apresentou relatórios regulares nos quais detalhava os trabalhos escritos e publicados, as conferências proferidas e sua atuação docente em instituições de ensino. Esses relatórios parecem atestar que havia um controle e uma cobrança constante e rígida sobre os pós-graduandos e pesquisadores do Instituto. Nos arquivos, foram encontrados seis relatórios de Volóchinov, que passaremos a descrever.

Primeiro relatório (1925-1926)

O primeiro deles (Figura 2), em que se relata a atuação de Volóchinov nos anos 1925 e 1926,[14] está organizado em duas grandes partes: a primeira é dedicada à pesquisa científica e a segunda ao trabalho pedagógico, sendo que ambas estão inter-relacionadas do ponto de vista metodológico, segundo afirma o próprio autor.

Na parte dedicada à pesquisa científica, destaca-se a importância dos trabalhos já publicados ou que se encontram no prelo, a saber:

[14] Na Rússia o ano letivo começa em setembro e termina em junho do ano seguinte.

1) O longo artigo "Do outro lado do social: crítica à psicanálise do ponto de vista do materialismo dialético", publicado na revista *Zvezdá*, 1925, nº 5;

2) Outro extenso trabalho, "A palavra na vida e a palavra na poesia" (resumo expandido do livro *Ensaio de poética sociológica*), também na revista *Zvezdá*, 1926, nº 6;

3) O livro *O freudismo: um esboço crítico*, a ser publicado na editora Lenotguíz;[15]

4) Preparação para publicação do livro *Ensaio de poética sociológica*.

Essa relação revela um modo de trabalho em que primeiramente publicava-se um extenso artigo em uma revista, para depois ser expandido em um livro com a mesma temática. Esse procedimento ocorreu com sucesso no caso do artigo "Do outro lado do social", que se transformou no livro *O freudismo: um esboço crítico*. No entanto, o artigo "A palavra na vida e a palavra na poesia: para uma poética sociológica" não teve o mesmo prosseguimento, pois o livro *Ensaio de poética sociológica* nunca se concretizou, apesar de constar um plano com os capítulos e seus conteúdos no material consultado na Filial de São Petersburgo do Arquivo da Academia Russa de Ciências (Fond 302, op. 2, nº 51, f. 14-15). Para não deixarmos passar nenhum detalhe, gostaríamos de mencionar que a letra desse plano difere tanto da letra do próprio Volóchinov, que pudemos observar no mate-

---

[15] Sobre o interesse de Volóchinov e de outros membros do Círculo de Bakhtin pelos trabalhos de Freud, Nikolai Vassíliev (1995, p. 10) escreveu: "A *intelligentsia* russa viveu naqueles tempos um fervor generalizado pelo freudismo, o que se refletiu diretamente nos interesses científicos do Círculo de Bakhtin". Entre os membros do Círculo que se interessaram pelo freudismo, Vassíliev relata ter Ivan Solertinski ministrado um curso sobre psicologia no qual uma atenção especial foi dedicada aos trabalhos de Freud, e ter Lev Pumpianski preparado o artigo "Por uma crítica de Rank e da psicanálise".

За отчётные два года мною выполнена следующая работа.

Научно-исследовательская.

I Статьи и книги

а) напечатанные и сданные в печать:

1) Статья "По ту сторону социального" (критика психоанализа с точки зрения диалектического материализма) Журнал "Звезда" (Ленотгиз) 1925 г. № 5 – около 2 печ. листов.

2) Статья "Слово в жизни и слово в поэзии" (автореферат нескольких глав книги "Опыт социологической поэтики") Журнал "Звезда" 1926 г. № 6 – 2 печ. листа.

3) Книга "Фрейдизм. Критический очерк" (оглавление книги прилагается) Включена в ноябрьский план Ленотгиза. 8 печ. листов.

б) подготовленные к печати:

Книга "Опыт социологической поэтики" (план книги прилагается) ок. 7½ печ. листов.

II Доклады

1) "Тематическая конструкция од Ломоносова" (социологический анализ ценностной системы русского общества).

2) "Ленский, как пародия на сентиментальный романтизм" (взаимоотношение автора и героя; стилистические приёмы дегероизации Ленского – ироническая метафора, утрированный гиперболизм сравнений и др.; развенчание Пушкиным сентиментального романтизма и как литературного приёма, и как формы мировосприятия).

Параллельно с научно-исследовательской работой, мной проводилась работа педагогическая и общественно-просветительная, в

Figura 2: página inicial do primeiro relatório
de Volóchinov no ILIAZV, 1926.

rial pessoal do autor, quanto da de Bakhtin, conforme já tinha sido observado por Pankóv (1995) a respeito do plano de *Marxismo e filosofia da linguagem*. A seguir, transcrevemos o plano de *Ensaio de poética sociológica* (Figura 3):

"*Ensaio de poética sociológica*
I. Sociologia da forma

Capítulo I. Panorama das tendências atuais da teoria geral da arte e da poética na Europa Ocidental
Pluralismo metodológico. A ruptura entre as disciplinas teóricas e históricas: os principais defeitos dessas tendências. A reavaliação do significado do material: a inclinação formalista. A reavaliação do aspecto psicológico subjetivo.

Capítulo II. O estado atual da poética na URSS
A crítica da orientação psicológica na poética (Potebniá e sua escola). A crítica da orientação linguística (dos diferentes tipos de método formal). A crítica do método histórico-cultural (dos epígonos de Vesselóvski). A crítica das posições do professor Sakúlin.

Capítulo III. A palavra na vida
O enunciado cotidiano real como um fenômeno sócio-histórico concreto. O fenômeno linguístico como uma abstração. A necessidade de aplicação das categorias sociais e históricas para a compreensão dos aspectos formais do enunciado real. O meio extraverbal e a situação do enunciado determinam a sua forma e o seu significado.

Capítulo IV. A análise do enunciado
A parte não verbal ('subentendida') do enunciado. O horizonte social único do enunciado. Os componen-

Опыт социологической поэтики.

I.

Социология формы.

ва I. Обзор современных направлений общего искусствоведения и поэтики в Западной Европе.
Методологический плюрализм. Разрыв теоретических и исторических дисциплин — основные недостатки этих направлений. Переоценка значения материала — формалистический уклон. Переоценка субъективного психологического момента.

ва II. Современное состояние поэтики в СССР.
Критика психологической ориентации поэтики (Потебня и его школа). Критика лингвистической ориентации (разновидностей формального метода). Критика историко-культурного метода (эпигонов Веселовского). Критика воззрений проф. Сакулина.

ва III. Слово в жизни
Действительное жизненное высказывание, как конкретное социально-историческое явление. Языковое явление, как лингвистическая абстракция. Необходимость применения социальных исторических категорий для понимания формальных сторон действительного высказывания. Внесловесная среда и ситуация высказывания определяют его форму и значение.

ва IV. Анализ высказывания
Несловесная ("подразумеваемая") часть высказывания. Единый социальный кругозор высказывания. Пространственный, временной и ценностный компоненты этого кругозора. Высказывание, как продукт социального взаимодействия говорящих на основе общего кругозора. "Автор" высказывания; "соавторство" собеседника-слушателя; постановка "героя".

Figura 3: primeira página do plano de Volóchinov
para o livro *Ensaio de poética sociológica*.

tes espacial, temporal e valorativo desse horizonte. O enunciado como produto da interação social dos falantes com base no horizonte comum. O 'autor' do enunciado; a 'coautoria' do interlocutor-ouvinte; a apresentação do protagonista.

Capítulo V. A palavra como avaliação social
O conceito de entonação expressiva. A entonação e a avaliação. As metáforas entonacional e gestual. O caráter secundário da metáfora semântica. A metáfora entonacional e o mito. O meio social da metáfora. A palavra como uma avaliação social. A condensação da avaliação no aspecto artístico formal do enunciado.

Capítulo VI. O reflexo do horizonte social nas formas da língua e na estrutura da imagem
O reflexo das relações sociais entre os falantes na morfologia e na sintaxe das línguas primitivas e as formas excepcionais do plural nas línguas australianas. Os diferentes significados das palavras 'nós', 'outro' etc. e os seus reflexos na língua. As diferentes formas optativas[16] e imperativas. A posição social do falante e do ouvinte determinam a escolha da construção. Os procedimentos estilísticos que equivalem a essas formas nas línguas novas. A imagem e a sua orientação social. A imagem como a vivificação ou renovação da avaliação social na palavra.

Capítulo VII. O conceito de estilo
O estilo como um conjunto das avaliações verbais. Análise sociológica dos motivos fundamentais do estilo. O reflexo da hierarquia social em sua estaticidade e di-

---

[16] Refere-se ao predicado que expressa um desejo ou uma vontade, isto é, parece tratar-se do modo subjuntivo em português.

namicidade: no léxico, na epitetologia, nas alterações semânticas (metafóricas, metonímicas etc.). A unidade do estilo como unidade e firmeza da posição socioavaliativa do falante.

Capítulo VIII. A sociologia do gênero
A classificação das formas do gênero do ponto de vista da posição dos principais participantes do evento da criação: do autor, do ouvinte, do protagonista. Os fatores técnico-materiais e sociológicos do gênero. O grau de abrangência do horizonte social que determina o gênero. Os gêneros maiores e menores ('de câmara'). O grau de abrangência do horizonte social e o seu reflexo na estrutura do gênero. Os gêneros dialéticos e não dialéticos. A arquitetônica do gênero e a arquitetônica sócio-política. A evolução do poema como gênero, do século XVII ao XX. A evolução do romance nos séculos XVII e XIX. A morte dos gêneros. O problema do romance moderno. A evolução dos gêneros líricos.

Capítulo IX. Resultados da análise sociológica da forma
A forma artística como um sistema de avaliações sociais. As avaliações sociais formadoras e não formadoras da forma. A técnica da forma condicionada pela natureza do material linguístico. Os fatores biológicos da forma (do ritmo). O problema da inter-relação entre a forma e o conteúdo. A forma como avaliação do conteúdo. Os métodos sociológicos de análise do conteúdo.

Capítulo X. O caráter de classe das avaliações formadoras de forma
A avaliação formadora de forma como uma avaliação constante, essencial. Os agrupamentos ocasionais não são dotados de forças artístico-criativas. O caráter

superficial e abstrato de todas as avaliações entre classes e extraclasses. A arte 'nacional' e arte de classes."

(Fond 302, op. 2, n° 51, f. 14-15)

Esse longo plano evidencia diversos aspectos da produção intelectual de Volóchinov em consonância com os demais trabalhos produzidos por outros autores do Círculo de Bakhtin, em especial o próprio Bakhtin e Medviédev.

Primeiramente, observamos que as sete seções do artigo "A palavra na vida e a palavra na poesia: para uma poética sociológica", de Valentin Volóchinov, correspondem aos capítulos III, IV, V, VI e VII do plano acima. Em segundo lugar, destaca-se o fato de que os planos dos capítulos I e II são muito próximos da parte inicial do livro assinado por Pável Medviédev, *O método formal nos estudos literários: introdução crítica a uma poética sociológica* (1928), o que parece sinalizar a estreita colaboração entre os autores do Círculo. Em seguida, parte dos temas abordados em *Marxismo e filosofia da linguagem*, de Volóchinov, se fazem presentes nos planos dos capítulos III a X, com destaque para "O enunciado como produto da interação social dos falantes com base no horizonte comum", que parece ser o embrião da futura tese central de *Marxismo e filosofia da linguagem*, de que a "interação discursiva" e o "enunciado" constituem a realidade fundamental da linguagem verbal humana. Por fim, ressaltamos a semelhança de temas relacionados no plano com temas de obras posteriormente publicadas e assinadas por Mikhail Bakhtin, a saber:

1) A monografia *Problemas da obra de Dostoiévski*, de 1929, e os longos trabalhos sobre o romance dos anos 1930 que se aproximam dos conteúdos "A evolução do romance nos séculos XVII e XIX", "A morte dos gêneros", "O problema do romance moderno" e "A evolução dos gêneros líricos", bem como do capítulo VII, "O conceito de estilo";

2) O ensaio "Os gêneros do discurso", escrito por Bakhtin nos anos 1950, aproxima-se de temas presentes no plano do capítulo VIII, "A sociologia do gênero". Além da tematização do conceito de "gênero", chama a atenção a presença do termo "arquitetônica", que é recorrente nos textos assinados por Bakhtin desde o início dos anos 1920, mas pouco presente nos textos publicados por Volóchinov.

Esse plano nos parece rico em indícios de que houve uma colaboração estreita entre Bakhtin, Medviédev e Volóchinov na segunda metade dos anos 1920, da qual todos os três se beneficiaram em obras publicadas posteriormente. Ainda na pesquisa científica, Volóchinov relata a realização de duas palestras: "A construção temática da ode de Lomonóssov: análise sociológica do sistema valorativo da ode russa" ("Tematítcheskaia konstrúktsia ódy Lomonóssova: sotsiologuítcheski análiz tsénnostnoi sistiémy rússkogo odízma")[17] e "Liénski como paródia do romantismo sentimental" ("Liénski kak paródia na sentimentálnyi romantizm").[18] Essas conferências evidenciam dois aspectos do trabalho científico do autor: primeiramente, observamos a orientação metodológica baseada no método sociológico que toma como objeto o sistema valorativo e a paródia, fenômenos amplamente abordados na obra do Círculo nos anos 1920; em segundo lugar, a análise de clássicos da literatura russa em consonância com a participação de Volóchinov na

[17] Mikhail Lomonóssov (1711-1765), eminente cientista e enciclopedista russo, fundador de diversos domínios científicos (física, química, astronomia, geografia, gramática etc.), pioneiro na criação da linguagem poética russa e autor de diversas odes.

[18] Vladímir Liénski é um dos personagens principais do romance em versos de Aleksandr Púchkin (1799-1837), *Ievguêni Oniéguin* (publicado em capítulos entre 1823 e 1831).

Subseção de Metodologia da Literatura e com seu trabalho como professor de literatura russa tanto no ILIAZV quanto em outras instituições.

Na parte dedicada ao trabalho pedagógico, Volóchinov relata que lecionou as disciplinas História da Cultura Material, Materialismo Histórico e História da Literatura, na Escola Estatal Técnica, Industrial e Artística, importante instituição de ensino superior de São Petersburgo, em que se formaram diversos artistas russos expoentes. Além desse trabalho regular, Volóchinov proferiu palestras combinadas com concertos de piano sobre história da cultura, sociologia da música e história da literatura para o Comitê de Educação da Província, que realizava trabalho educacional em associações de trabalhadores.

Valentin Volóchinov encerra o relatório ressaltando a sobrecarga de trabalho docente que o impedia de avançar na sua pesquisa científica sobre a sociologia da arte (verbal, musical e plástica). Em razão disso, solicita auxílio do governo para poder se dedicar mais à sua vocação principal: a pesquisa científica. Ele planejava publicar uma grande obra sobre o tema, para a qual já teria finalizado a primeira parte, o mencionado plano *Ensaio de poética sociológica*, cuja descrição de capítulos e seus temas principais constam da pasta de documentos pessoais de Volóchinov. A respeito dessa obra, duas questões permanecem sem resposta. *Ensaio de poética sociológica* seria um livro que nunca foi publicado? O autor teria transformado esse trabalho em *Marxismo e filosofia da linguagem*, no qual encontramos menções aos diversos signos ideológicos (musicais, verbais, plásticos etc.)?

Segundo relatório (1926-1927)

O relatório seguinte, correspondente ao ano letivo de 1926-1927, não se encontra na pasta pessoal de Volóchinov, consultada na Filial de São Petersburgo do Arquivo da Academia Russa de Ciências, mas o encontramos publicado por Pankóv (1995, pp. 76-7) na revista *Dialog, Karnaval, Khronotop*. O relatório está dividido em duas grandes partes: pesquisa científica e prática científica. Na primeira, Volóchinov cita os seguintes trabalhos:

1) Novamente o artigo "A palavra na vida e a palavra na poesia" e o livro *O freudismo: um esboço crítico*, o qual desta vez é acompanhado pela indicação da editora (Lenotguiz) e do ano da publicação (1927);

2) A palestra "A estrutura poética como uma estrutura sociológica" ("Poetítcheskaia struktúra kak struktúra sotsiologuítcheskaia"), prevista para ser proferida no ILIAZV em 18/6/1927;

3) A preparação do livro *Introdução a uma poética sociológica*, com indicação de que será publicado.

No final dessa parte, Volóchinov acrescenta que leu e analisou uma série de obras sobre marxismo para fazer o exame de doutoramento.

A segunda parte, referente à prática científica, está assim dividida:

1) Atividades como palestrante: palestras sobre história da cultura musical e sobre história da literatura, realizadas em clubes, hospitais etc.

2) Atividades pedagógicas: lecionou as disciplinas Materialismo Histórico e História da Literatura na Escola Estatal Técnica, Industrial e Artística.

Ao final do relatório consta a aprovação do examinador, Gorbatchóv, que destaca o caráter inovador e complexo das questões de metodologia da teoria da literatura, apontando ainda "o sucesso significativo alcançado por Volóchinov e o trabalho bastante satisfatório para o período relatado" (Pankóv, 1995, p. 77).

O segundo relatório de Volóchinov nos permite acompanhar a evolução do seu trabalho ainda como pesquisador colaborador do ILIAZV, do qual destacamos três aspectos. Primeiramente, observamos que o artigo "Do outro lado do social", seguindo a sequência artigo-livro, agora já se transformou na obra *O freudismo: um esboço crítico*, em vias de publicação. Em seguida, apontamos uma alteração no título do plano do livro *Ensaio de poética sociológica*, que se transformou em *Introdução a uma poética sociológica*, remetendo ao subtítulo da obra assinada por Medviédev, *O método formal nos estudos literários: introdução crítica a uma poética sociológica*. Essa semelhança permite, mais uma vez, apontar que havia uma estreita colaboração entre Volóchinov, Medviédev e Bakhtin nos anos 1920. Por fim, Volóchinov relata o seu preparo ao exame de seleção para o doutoramento por meio da leitura de obras marxistas que, conforme descrevemos acima, constavam da lista de leituras obrigatórias ao ingresso no ILIAZV.

Terceiro relatório (1927-1928)

O terceiro relatório[19] recobre o período de janeiro de 1927 a maio de 1928, quando Volóchinov aparece, pela primeira vez, como doutorando do ILIAZV, estatuto que permite a obtenção de bolsa de estudos e, consequentemente, uma maior dedicação à pesquisa, o que era seu desejo manifesto já no primeiro relatório, quando estava ainda na situação de pesquisador colaborador sem vínculo formal com a instituição. O relatório está dividido em quatro partes e é

---

[19] Este também não se encontra na pasta pessoal de Valentin Volóchinov consultada na Filial de São Petersburgo do Arquivo da Academia Russa de Ciências. Mas também o encontramos publicado por Pankóv (1995, pp. 77-8) na revista *Dialog, Karnaval, Khronotop*.

acompanhado de dois manuscritos e de comentários de seu orientador, Vassili Desnítski:

1) Apresentação de dois textos já publicados: o livro *O freudismo: um esboço crítico* (*Freidízm: kritítcheski ótcherk*) (Volóchinov, 1927, 163 p.), acompanhado da seguinte descrição "esboço de aplicação da análise marxista à obra de Sigmund Freud e sua escola" (Pankóv, 1995, p. 77), e o artigo "O problema da transmissão do discurso alheio: ensaio de pesquisa sociolinguística" ("Probliéma peredátchi tchujói riétchi: ópyt sotstiolingvistítcheskogo isslédovania"), acompanhado de uma descrição detalhada de seus capítulos e conteúdos, que Volóchinov, no relatório em questão, afirma já ter sido aceito para publicação na coletânea *Contra o idealismo na linguística* (*Prótiv idealízma v iazykoznánii*).[20]

Em seguida, apresenta quatro capítulos de um livro já citado em relatórios anteriores, *Introdução a uma poética sociológica*: "Capítulo I. Estrutura sociológica dos enunciados cotidianos elementares; Capítulo II. Estrutura sociológica da 'vivência' e da 'expressão'; Capítulo III. Estrutura sociológica da forma poética; Capítulo IV. A sociologia do gênero" (Pankóv, 1995, pp. 77-8). O terceiro capítulo foi apresentado como palestra na reunião da Subseção de Metodologia da Literatura do ILIAZV em 28 de fevereiro do corrente ano. (Pankóv, 1995). No final do relatório, Pankóv traz um fragmento da minuta dessa reunião, no qual Vassili Desnítski,

---

[20] Alpátov (2005, p. 84) faz dois comentários pertinentes a respeito deste artigo: primeiramente, ele observa que, apesar de a publicação ter sido aprovada, a coletânea, por alguma razão, não chegou a ser concretizada e "é possível supor que, quando a publicação da coletânea não aconteceu, Volóchinov decidiu juntar o artigo já pronto ao livro [*Marxismo e filosofia da linguagem*] na condição de terceira parte"; em segundo lugar, Alpátov observa não ter sido preservado o termo "sociolinguística" neste livro, acrescentando ainda que, apenas a partir dos anos 1960 ele passou a ser amplamente utilizado na União Soviética.

orientador científico de Volóchinov, comenta a apresentação de seu orientando: "[...] a palestra do camarada Volóchinov é extremamente interessante; o espírito de nossas buscas marxistas paira sobre todas as partes do trabalho e esperamos que no futuro o palestrante nos apresente o seu trabalho de forma mais completa" (Pankóv, 1995, p. 78).

Ainda nessa primeira parte, Volóchinov relaciona um resumo expandido (*avtoreferát*) do livro *Marxismo e filosofia da linguagem: problemas fundamentais do método sociológico na ciência da linguagem* (*Marksizm i filossófia iazyká: osnóvy sotsiologuítcheskogo miétoda v naúke o iazykié*), que está acompanhado de um plano detalhado de suas partes, capítulos e conteúdos. O autor menciona que esta obra encontra-se em fase de preparação para ser publicada, e já foi aceita pela editora GIZ em maio de 1928.

2) Acompanhamento da bibliografia científica em francês e alemão, principalmente sobre questões de poética e filosofia da linguagem.

3) Atividades profissionais, desde 1925, como professor de História da Literatura e da Cultura Material na Escola Estatal Técnica, Industrial e Artística junto à Academia das Artes.

4) Até janeiro de 1928, época em que passa a ser bolsista, ministra palestras sobre temas histórico-literários e histórico-musicais em três instituições estatais de popularização científica: *Gubpolitprosviét* (Departamento da Educação Política da Província), *Gubprofsoviét* (Departamento dos Conselhos Profissionais da Província) e *Domprosviét* (Casa da Educação).

Valentin Volóchinov encerra o relatório com menção a sua atuação como membro da direção da área de literatura e como secretário da Subseção de Metodologia da Literatura.

Esse relatório oferece alguns elementos pertinentes para compreendermos a trajetória acadêmica de Volóchinov no

ILIAZV e seu processo de produção científica. Por um lado, o livro *Introdução a uma poética sociológica*, presente desde o primeiro relatório, não chegou a ser publicado, e alguns de seus conteúdos — por exemplo, o capítulo "Estrutura sociológica da forma poética" — foram abordados no livro de Pável Medviédev (*O método formal nos estudos literários: introdução crítica a uma poética sociológica*) e mesmo em *Marxismo e filosofia da linguagem* ("Estrutura sociológica dos enunciados cotidianos elementares", "Estrutura sociológica da 'vivência' e da 'expressão'"). Chama a atenção o fato de que os temas propostos por Volóchinov no plano do livro *Introdução a uma poética sociológica* também serão abordados por Medviédev no livro *O método formal nos estudos literários*, o que parece apontar, conforme já comentamos a respeito do relatório anterior, para um diálogo e uma temática comum entre os autores. Por outro, menciona-se, pela primeira vez e como já prontos para publicação, os textos *O problema da transmissão do discurso alheio* e *Marxismo e filosofia da linguagem*, os quais se tornarão uma obra única, publicada no final de 1929. Uma hipótese para a rapidez na produção dessas obras é o fato de que Volóchinov tornou-se bolsista do ILIAZV justamente no período desse relatório, o que pode ter lhe proporcionado uma maior dedicação às atividades de pesquisa.

Gostaríamos ainda de destacar a avaliação de Vassili Desnítski, orientador científico, a respeito da palestra proferida por Volóchinov, "A estrutura sociológica da forma poética". Desnítski valoriza a qualidade do trabalho e sua importância para os estudos marxistas desenvolvidos no ILIAZV, o que ressalta o contexto acadêmico da produção das obras de Volóchinov, no qual o marxismo é uma orientação teórico-metodológica hegemônica.

QUARTO RELATÓRIO (1928-1929)

Este relatório (Figura 4) está dividido em cinco partes, nas quais são abordadas as seguintes atividades:

1) O trabalho científico no ILIAZV, realizado na Subseção de Metodologia da Literatura, que resultou na publicação, em 1929, do livro *Marxismo e filosofia da linguagem* como parte da coleção *Questões de Metodologia e Teoria da Língua e da Literatura* (*Vopróssy Metodológuii i Teórii Iaziká i Literatúry*) (ILIAZV/Pribói);

2) Trabalho científico fora do ILIAZV por meio da publicação do artigo "As mais novas correntes do pensamento linguístico no Ocidente" ("Noviéchie tetchiénia lingvistítcheskoi mysli na Západe") na revista *Literatura e Marxismo* (1928, livro 5) e da colaboração na coletânea *Faculdade Trabalhadora em Casa* (*Rabfák na Domú*), editora GIZ, seções de Literatura e de Teoria do Discurso Literário;

3) Trabalho com línguas estrangeiras por meio da preparação de duas traduções: o artigo de K. Bühler, "Vom Wesen der Syntax", e de duas seções do livro de E. Cassirer, *Philosophie der symbolischen Formen*;

4) Trabalho prático-pedagógico na Escola Estatal Técnica, Industrial e Artística de Leningrado, na qual ministra as disciplinas História da Cultura Material e História da Literatura Russa;

5) Trabalho social: é membro da comissão de cultura e realiza atividades de educação cultural na Escola Estatal Técnica, Industrial e Artística de Leningrado sob a forma de palestras, entrevistas e saraus literário-musicais.

Valentin Volóchinov encerra o relatório identificando-se como doutorando e secretário da Subseção de Metodologia da Literatura.

Neste relatório ficamos sabendo que o livro *Marxismo e filosofia da linguagem* já foi publicado, bem como o artigo

40   Sheila Grillo e Ekaterina Vólkova Américo

Отчёт о работе аспиранта
В. Н. Волошинова за 1928-1929 уч. год.

Научная работа в Институте:

Итогом занятий в п/секции методологии литературы является книга: "Марксизм и философия языка", вышедшая в 1929 год в серии "Вопросы методологии и теории языка и литературы" — ИЛЯЗВ - "Прибой".

Научная работа вне Института:

1) Статья "Новейшие течения лингвистической мысли на Западе". Напечатана в журнале "Литература и марксизм" (1928 г., кн. 5)

2) "Работа на дому". ГИЗ. 1929. Отделы: "Литература"; "Теория художественной речи."

В. Занятия новыми языками.

Подготовлены к печати:

1) перевод статьи К. Бюлера "Vom Wesen der Syntax";
2) перевод двух отделов книги Э. Кассирера "Philosophie der symbolischen Formen".

Г. Педагогическая и практическая работа:

Веду педагогическую работу в Госуд. Художеств.-Промышленном Техникуме (преподаю историю материальной культуры и историю русской литературы)

Д. Общественная работа:

Являюсь членом культкомиссии и веду культ.-просвет. работу в Г. Х. П. Техникуме (доклады; собеседования; проведение лит.-муз. вечеров монтажного типа).

Секретарь п/секции методологии лит. аспирант В. Волошинов.

19 7/I 29.

Figura 4: página inicial do quarto relatório
de Volóchinov no ILIAZV, 1929.

"As mais novas correntes do pensamento linguístico no Ocidente". Ao consultarmos e fotocopiarmos o mencionado artigo na Biblioteca da Academia de Ciências em São Petersburgo, descobrimos, segundo uma nota de rodapé do próprio autor, tratar-se de um resumo expandido de três capítulos de *Marxismo e filosofia da linguagem*, repetindo, portanto, o procedimento já observado a propósito, por exemplo, do artigo "Do outro lado do social" (1925), que se transformou no livro *O freudismo: um esboço crítico* (1927).

Se no relatório anterior encontramos menção ao acompanhamento de bibliografia sobre poética e filosofia da linguagem em francês e alemão, agora, pela primeira vez, Volóchinov relata a realização de traduções de dois textos em alemão de autores que são citados em artigos e no livro *Marxismo e filosofia da linguagem*.

Por fim, gostaríamos de destacar que as atividades pedagógicas de Volóchinov concentram-se nas áreas de literatura e de cultura material. Nesse domínio, ele colaborou no projeto *Faculdade Trabalhadora em Casa (Rabfák na Domú)* da editora GIZ, seção de literatura e teoria da linguagem literária, que produzia material didático para estudos autodidatas de trabalhadores desejosos por obter formação superior, mas que, em razão dos horários de trabalho, não podiam frequentar aulas presenciais nas universidades, ou para aqueles que simplesmente queriam ampliar seus conhecimentos. Além disso, Volóchinov manteve suas atividades sociais de divulgação de conhecimento nas áreas de literatura, de cultura e de música. Percebemos, portanto, que Volóchinov continuou envolvido não apenas com a pesquisa acadêmica, mas também com a socialização desses saberes para um público de trabalhadores e não especialistas.

Defesa da tese
e avaliação da atuação de Volóchinov

As informações a respeito da defesa de doutorado de Volóchinov são contraditórias e lacunares. Por um lado, encontramos, na pasta pessoal do autor, um documento assinado pelo diretor do ILIAZV, Nikolai Derjávin, que menciona a defesa da tese de doutorado de Volóchinov em 1º de outubro de 1929 (Fond 302, op. 2, nº 51, f. 18). Por outro, não localizamos nenhuma menção ao título da tese nem ao relatório da defesa com as avaliações da banca. Vassíliev (1995) escreve que o tema da tese de Volóchinov foi "provavelmente" a transmissão do discurso alheio e suas relações com a linguística e a poética, mas não fornece o título exato do trabalho nem outros detalhes concretos.

Na bibliografia a respeito da trajetória de Valentin Nikoláievitch Volóchinov também encontramos informações contraditórias. Por um lado, seu biógrafo, Nikolai Vassíliev, escreve que "Volóchinov trabalhava nessa época em uma dissertação cujo tema coincidia com o tema desse capítulo, isto é, o discurso indireto livre" (Vassíliev, 2003, p. 74), referindo-se ao quarto capítulo da terceira parte de *Marxismo e filosofia da linguagem*. A mesma informação aparece na cronologia do Círculo de Bakhtin preparada por Brandist, Shepherd e Tihanov (2004). Por outro, Alpátov (2012, p. 181), eminente historiador russo da linguística e estudioso da obra do Círculo, afirma que entre 1925 e 1930, época em que Volóchinov integrava o ILIAZV, "o sistema de teses foi abolido, porém os doutorandos deveriam, periodicamente, prestar contas das atividades realizadas", dando a entender que, por esse motivo, Volóchinov poderia ter obtido o título de doutor (*kandidat naúk*) sem a realização da defesa de tese.

Dessa mesma época data uma solicitação endereçada à Academia Russa de Ciências, recomendando a aceitação de Volóchinov para a pós-graduação. A seguir, transcrevemos esse documento (Figura 5) por conter uma descrição das qualidades acadêmicas de Volóchinov:

"À Presidência da Academia de Ciências da URSS. À Comissão de Ingresso na Pós-Graduação

De acordo com a resolução do colegiado do ILIAZV do dia 17 de outubro de 1929, o Instituto sugere a candidatura de V. N. Volóchinov como pós-graduando da Academia de Ciências da URSS. No outono desse ano de 1929, V. N. Volóchinov termina a sua preparação de pós-graduação no ILIAZV, sendo um dos pós-graduandos mais capazes. Os seus estudos abarcaram principalmente a área de poética sociológica, que reúne as duas linhas principais da atividade científica do Instituto: a literária e a linguística. O seu livro *Marxismo e filosofia da linguagem* revelou nele um pesquisador marxista experiente, obtendo muita repercussão na imprensa. V. N. Volóchinov é um dos principais participantes do grupo de metodologia da literatura, participando mais ativamente em sua reorganização em decorrência das novas tarefas marxistas da RANION (Associação Russa dos Institutos de Pesquisa Científica), e desde 1927 foi seu secretário permanente.

V. N. Volóchinov domina bem duas línguas estrangeiras (alemão e francês).

Diretor do Instituto: Iákovlev
Secretário científico: Iakubínski
Redator: Ukhtómskaia"

Não sabemos a resposta da Academia de Ciências da União Soviética e se Valentin Volóchinov conseguiu conti-

Р.С.Ф.С.Р.

И. К. П.

РАНИОН
Ѳ-ИССЛЕДОВАТЕЛЬСК.
ИНСТИТУТ
ительной ис
ратур и яз
ада и пост ...

_____ 1929 г.

№ 144

ЛЕНИНГРАД
ерситетская наб. 7/Унив.3.
елефон № 98-17.

В ПРЕЗИДИУМ АКАДЕМИИ НАУК СССР.

/в КОМИССИЮ ПО ПРИЕМУ АСПИРАНТУРЫ/.

Согласно постановлению Коллегии И Л Я З В от
17-го Октября 1929 г., -Институт выдвигает кандидатуру
В.Н.ВОЛОШИНОВА в аспиранты Академии Наук СССР.

В.Н.ВОЛОШИНОВ текущей осенью 1929 г. заканчивает
свою аспирантскую подготовку в И Л Я З В и является
одним из самых способных аспирантов. Ево занятия про-
текали, главным образом, в области социологической
поэтики, об"единяющей обе основные линии научной дея-
тельности Института, -литературную и лингвистическую.
Его книга "Марксизм и философия языка"- показала в нем
марксистски подготовленного научного работника и вызва-
ла много откликов в печати. В.Н.ВОЛОШИНОВ является
одним из основных работников группы методологии литературы и принимал ближайшее участие в ее реорганизации
в связи с новыми марксистскими заданиями Р А Н И О Н
и состоял с 1927 года ее бессменным Секретарем.

В.Н.ВОЛОШИНОВ хорошо владеет двумя иностранными
языками /немецким и французским/.

Директор Института:-

Ученый Секретарь:-

Делопроизводитель:-

Figura 5: ofício do ILIAZV à Academia de Ciências da URSS
recomendando Volóchinov, 1929.

nuar seus estudos nela. No entanto, está claro seu desejo de prosseguir sua pesquisa e de obter os próximos graus na carreira científica. O desempenho acadêmico de Volóchinov é muito bem avaliado pela direção do ILIAZV: "sendo um dos pós-graduandos mais capazes". Segundo a direção do Instituto, suas pesquisas se destacam por reunir as duas principais linhas de atividade científica, a linguística e a literária, bem como por sua reflexão madura na orientação teórico--metodológica marxista. Por fim, ressalta-se a sua participação ativa na administração e na organização das atividades da Subseção de Metodologia da Literatura.

Quinto relatório (1930)

Pela primeira vez, Volóchinov aparece como docente pesquisador de primeiro nível do agora Instituto Estatal de Cultura Linguística (GIRK, *Gossudárstvennyi Institút Retchevói Kultúry*). O relatório se organiza em duas grandes partes: trabalhos realizados no ILIAZV e fora dele.

No ILIAZV, relata-se:

1) "Trabalho de organização científica" em que descreve suas atividades administrativas no ILIAZV como secretário do Gabinete (*Kabiniét*)[21] de Metodologia da Literatura; presidiu sete reuniões do referido Gabinete e do grupo de poética sociológica; foi secretário em dez reuniões do conselho e no plenário do Gabinete; preparou o plano da coletânea de traduções *Questões de Metodologia e Teoria da Língua e da Literatura no Ocidente* (*Vopróssy Teórii i Metodológuii Iazyká i Literatúry na Západe*). Volóchinov finaliza com a seguinte declaração: "A partir de 13 de fevereiro do corrente ano, passei a trabalhar em ritmo acelerado em ra-

---

[21] Nos relatórios anteriores, Volóchinov utiliza o termo "subseção" para se referir à unidade de pesquisa em metodologia da literatura.

zão do fato de o Gabinete de Metodologia da Literatura ter sido declarado uma brigada de choque dos teóricos marxistas da literatura".[22]

2) Pesquisa científica: publicação do artigo "Sobre as fronteiras entre a poética e a linguística" ("O granítsakh poétiki i lingvístiki") na coletânea *Na luta pelo marxismo na ciência literária* (*V borbié za marksizm v literatúrnoi naúke*),[23] que foi apresentado como palestra em uma reunião do grupo de poética sociológica.

3) Popularização científica: publicação de uma série de artigos na revista *Literatúrnaia Utchióba* (*Estudos da Literatura*) sob o título geral "Estilística do discurso literário" ("Stilístika khudójestvennoi riétchi"), a saber: "O que é a linguagem/língua?" ("Tchto takóie iazik?"),[24] "A construção do enunciado" ("Konstrúktsia jíznennogo vyskázyvania"),[25] "A palavra e sua função social" ("Slovo i ego sotsiálnaia fúnktsia")[26] e "Gênero e estilo do enunciado literário" ("Slóvo i ego sotsiálnaia fúnktsia").[27]

Na parte sobre o trabalho fora do ILIAZV, Volóchinov relaciona as seguintes atividades:

1) Direção de seminário sobre metodologia da literatura para os professores do distrito de Volodárski, onde mi-

---

[22] Trecho original: "S 13-ogo fevralia s.g. perechiol na udárnuiu rabótu v sviazí s obiavliéniem kabiniéta metodológuii literatúry udárnoi brigádoi literaturoviédov-marksístov".

[23] Essa coletânea foi publicada na coleção *Questões de Metodologia e Teoria da Língua e da Literatura* (*Vopróssy Teórii i Metodólguii Iazyká i Literatúry*) na editora Pribói, de Leningrado, em 1930. A referida coleção é formada por obras produzidas por pesquisadores do ILIAZV.

[24] Volóchinov, 1930a.

[25] Volóchinov, 1930b.

[26] Volóchinov, 1930c.

[27] Com a observação: "Está em preparação para publicação". O artigo não foi publicado nem encontrado nos arquivos russos.

nistrou as palestras "Estrutura sociológica da 'vivência' e da 'expressão'" ("Sotsiologuítcheskaia struktúra 'perejivánia' e 'vyrajénia'") e "Ensaio de sociologia do gênero" ("Ópyt sotsiológuii janra");

2) Ministrou aulas de língua e literatura russa na Escola Estatal Técnica, Industrial e Artística de Leningrado, onde também presidiu a Comissão de Cultura, organizando palestras, oficinas etc.

Esse relatório diferencia-se dos demais pela sua ênfase no relato de trabalhos de gestão científica, que ocupam o primeiro lugar, bem como pela presença de termos de propaganda soviética ("brigada de choque", "ritmo acelerado"). Em seguida, destacamos as atividades de "popularização científica" — termo empregado pela primeira vez —, resultando na produção de quatro textos. Apesar de Volóchinov mencionar quatro artigos, ao que se sabe, apenas três foram efetivamente publicados no periódico *Estudos da Literatura*, que traz em sua folha de rosto a informação de que é uma *Revista para Autoformação (Jurnál dliá Samoobrazovániia)*. A mudança de nome do Instituto e o fato de as atividades científicas perderem espaço para as administrativas no relatório de Volóchinov não constituem alterações apenas formais, mas sinalizam mudanças mais amplas na organização das instituições científicas soviéticas. Ao introduzir uma palestra sobre Olga Freidenberg, integrante do ILIAZV na mesma época de Volóchinov, Nina Braguínskaia comenta essa reorganização:

> "No verão de 1930 o Comissariado Popular da Educação renomeou o ILIAZV para Instituto Estatal de Cultura Linguística. Essa troca de nome não foi apenas formal, por trás dela havia também uma mudança quantitativa e qualitativa na composição do Instituto: ele foi significativamente redu-

zido, foram eliminados ou pediram demissão cientistas de renome e os acadêmicos antigos [...] e vieram os pós-graduandos, membros do Komsomol[28] e do Partido, selecionados por sua fidelidade partidária. [...] No lugar de 'atividades abstratas', surge uma instituição científica soviética." (Braguínskaia, 1995, p. 247).[29]

Portanto, o penúltimo relatório de Volóchinov, assim como os demais, é um enunciado concreto, cuja constituição e compreensão se dá em estreita ligação com a situação social imediata e com o horizonte ideológico mais amplo. A palavra autoritária ("brigada de choque") invade o enunciado de Volóchinov, que deve se submeter ao primeiro plano quinquenal (1928-1932) imposto pelo regime stalinista, com metas econômicas a todas as áreas da sociedade soviética.

Sexto relatório (1931)

Volóchinov aqui continua como pesquisador-docente, porém, diferentemente dos relatórios anteriores, este compreende apenas os três primeiros meses de 1931 e está dividido em duas partes: trabalho de pesquisa científica e trabalho administrativo.

---

[28] Abreviatura de União Comunista da Juventude.

[29] Trecho original: "Itak, letom 1930 g. Narkomat Prosveschenia pereimenoval ILIAZV v Gosudárstvennyi institut retchevói kultúry. Pereimenovánie ne bylo formalnym, za nim stoiálo izmeniénie i sostava instituta, kolítchestvennogo i kátchestvennogo — on sokratílsia v niéskolko raz, iz nego byli udalený i uchlí sami krúpnyie utchiónyie i stáryie akadiémiki [...] i prichlí 'aspiránty', sotsiálno orfiltróvannyie komsomóltsy i partíitsy. [...] Vmesto vsekh étikh 'otórvannykh ot jízni' zaniátii voznikáiet soviétskoie naútchnoie uchrejdiénie".

Registros de Valentin Volóchinov nos arquivos do ILIAZV   49

1) Trabalho de pesquisa científica: preparo para publicação da primeira parte de um livro denominado *Introdução à dialética da palavra* (*Vvediénie v dialiéktiku slova*); realização da palestra "Gênero e estilo do enunciado literário" ("Janr i stil khudójesvennogo vyskázyvania") no Gabinete de Metodologia da Literatura; participação ativa em todas as reuniões dos Gabinetes de Metodologia da Literatura e de Literatura Russa; frequência episódica ao Gabinete de Linguística Geral;

2) Trabalho administrativo: substituiu o chefe do Gabinete de Metodologia da Literatura, onde também presidiu uma série de reuniões.

Destacamos aqui a diminuição do período compreendido pelo relatório provavelmente em consequência da reorganização administrativa do Instituto, fato já apontado no anterior, acarretando o menor volume de atividades relatadas. O livro mencionado parece nunca ter saído, sendo que as últimas publicações efetivas de Volóchinov são os artigos da revista *Estudos da Literatura*, mencionados no relatório anterior. Pela primeira vez, Volóchinov relata que frequentou as reuniões do Gabinete de Linguística Geral, área mais próxima de publicações como *Marxismo e filosofia da linguagem*. As atividades administrativas mostram que ele deixou de ser secretário e tornou-se vice-chefe do Gabinete de Metodologia da Literatura, portanto parece ter obtido uma certa promoção em sua posição institucional.

Os últimos registros da atuação de Volóchinov no Instituto ocorrem no *Plano de Produção do Setor de Literatura do Instituto Estatal de Cultura e Linguística para o ano de 1932*, no qual aparece como participante dos Gabinetes de Processo Literário e de Método Criativo, bem como do grupo de Literatura Antirreligiosa. Apesar disso, este é o último relatório constante do arquivo pessoal do autor na Filial de São Petersburgo do Arquivo da Academia de Ciências.

Segundo Nikolai Vassíliev (1995), após a reformulação do GIRK, em 1932, quando o setor de literatura foi liquidado e o de linguística tornou-se a base do Instituto de Linguística de Leningrado, Volóchinov passou a dar aulas no Instituto Pedagógico A. I. Guértsen e no Instituto de Elevação da Qualificação dos Trabalhadores da Arte até o ano de 1934, quando teve de parar de trabalhar devido ao agravamento de sua tuberculose, vindo a falecer em 13 de junho de 1936.

Descobertas da pesquisa em arquivo

Os relatórios de Volóchinov são enunciados concretos a refletir e refratar a situação imediata de comunicação e o horizonte ideológico mais amplo.

É impossível analisá-los e compreendê-los sem considerar as transformações ocorridas na União Soviética e a sua repercussão no ILIAZV, que, a partir de 1928, teve que se adaptar às novas orientações econômicas de Stálin, chamadas de Plano Quinquenal, visando à transformação de um país agrário em industrial. Como resultado desse Plano, mesmo as instituições científicas da área de ciências humanas sofreram profundas reorganizações e tiveram que elaborar metas a serem cumpridas. Pudemos testemunhar a influência desse macrocontexto político-econômico nos relatórios de Volóchinov.

O material encontrado nos arquivos permitiu, por um lado, fornecer informações concretas e precisas sobre alguns aspectos da trajetória acadêmica e mesmo pessoal de Valentin Volóchinov no contexto da sua atuação no ILIAZV e depois no GIRK:

1) Antes do seu ingresso no ILIAZV, Volóchinov foi músico, compositor e produziu poemas, resenhas e pequenos artigos sobre música. Vassíliev (1995) relata que, ainda em Vítebsk, Volóchinov desistiu de ser poeta, por compreender que

não tinha grande talento, preferindo manter suas atividades de músico, compositor e crítico de música;

2) Já em meados dos anos 1920, a teoria marxista tinha se tornado hegemônica e constava das leituras obrigatórias para ingresso no ILIAZV, o que pode explicar a presença da teoria marxista em obras de Volóchinov;

3) Os relatórios de Volóchinov evidenciam um modo de trabalho recorrente, em que primeiramente ele publicava um extenso artigo em uma revista, para depois expandi-lo em um livro com a mesma temática. Uma possível explicação é a necessidade de apresentar resultados rápidos de seu trabalho de pesquisa, forçando-o a produzir primeiramente artigos, que demandavam menos tempo, para depois publicar um livro completo;

4) O plano geral da obra *Introdução à poética sociológica*, constante do primeiro relatório (1925-1926), revela que o conteúdo dos capítulos compreendia temas tratados mais tarde tanto por Mikhail Bakhtin quanto por Pável Medviédev, podendo indicar a estreita colaboração acadêmica dos autores entre 1925 e 1929, quando os três se encontravam em Leningrado;

5) Volóchinov atuou intensamente na Subseção de Metodologia da Literatura, tanto em atividades administrativas quanto científicas, apesar de duas de suas obras mais conhecidas no Brasil — *O freudismo* (1927) e *Marxismo e filosofia da linguagem* (1929) — tratarem de temas mais próximos do campo de estudos da filosofia da linguagem e da linguística. Nesse aspecto, é bom lembrar que, segundo carta de Iakubínski de 1933 (Fond 302, op. 1, nº 97, f. 3), o ILIAZV, à época, era o único instituto de pesquisa da União Soviética onde ocorriam pesquisas tanto na área de literatura quanto na de linguística. Consequentemente, os limites imprecisos entre teoria da literatura e linguística nesse contexto acadêmico, e a riqueza daí decorrente, podem ter beneficiado as obras de Volóchinov, de Medviédev e mesmo de Bakhtin;

6) Em mais de um documento constante dos arquivos do ILIAZV aparecem comentários bastante elogiosos à atuação e à produção científica de Volóchinov, que atestam seu talento pessoal para produzir as obras assinadas por ele.

Por outro lado, porém, observamos lacunas, insolúveis até o momento, sobre esses mesmos temas: o que teria acontecido com o livro *Introdução à poética sociológica*, citado nos três primeiros relatórios?[30] Por que o livro *Marxismo e filosofia da linguagem* saiu em janeiro de 1929, conforme a pesquisa de Alpátov (2005, p. 91), e a defesa da tese teria ocorrido somente em outubro de 1929, segundo documentos encontrados nos arquivos? Por que o tema da tese de doutorado de Volóchinov, bem como a ata de defesa, não foram encontrados nos arquivos? O que aconteceu com o artigo "Gênero e estilo do enunciado literário"? Qual foi a resposta da Academia de Ciências da União Soviética ao pedido da direção do ILIAZV de aceitar Volóchinov como pós-graduando naquela instituição?

Se estivéssemos no domínio da atividade estética, conforme teoriza Bakhtin (1993), a arquitetônica do autor teria encontrado uma forma para dar acabamento e conclusão a essas lacunas. No entanto, na esfera da atividade científica temos que nos contentar com o relato dos registros encontrados, preservando tanto a sua concretude, quanto o seu inacabamento, a sua inconclusibilidade e incompletude.

Referências bibliográficas

ALPÁTOV, V. M. *Iazikoviédi, vostokoviédi, istóriki*. Moscou: Iazikí Slaviánskikh Kultur, 2012.

---

[30] Alpátov (2005, p. 93) também afirma que o destino desse livro é misterioso.

_____. *Volóchinov, Bakhtin i lingvística* [*Volóchinov, Bakhtin e a linguística*]. Moscou: Iazikí Slaviánskikh Kultur, 2005.

_____. "The Bakhtin Circle and Problems in Linguistics". In: BRANDIST, C.; SHEPHERD, D.; TIHANOV, G. (orgs.). *The Bakhtin Circle: In the Master's Absence*. Manchester: Manchester University Press, 2004, pp. 70-96.

BAKHTIN, M. M. *Questões de literatura e de estética: a teoria do romance.* Tradução de A. F. Bernardini e outros. São Paulo: Hucitec/Editora Unesp, 1993 (3ª ed.).

_____. *M. M. Bakhtin (pod máskoi)* [*M. M. Bakhtin (sob máscara)*]. Organização e preparação de I. V. Pechkov. Comentários de I. V. Pechkov e V. L. Mákhlin. Moscou: Labirint, 2000.

BRAGUÍNSKAIA, N. *Siste, Viator! Predislóvie k dokládu O. M. Freidenberg "O nepodvíjnykh siujetakh i brodiátchikh teoriétikakh". Odissei: tcheloviék v istórii.* Moscou: Naúka, 1995, pp. 244-71.

BRANDIST, C.; SHEPHERD, D.; TIHANOV, G. *The Bakhtin Circle: In the Master's Absence.* Manchester: Manchester University Press, 2004.

DUVÁKIN, V. D. *Bessiédi V. D Duvákina s M. M. Bakhtinim* [*Conversas de V. D. Duvákin com M. M. Bakhtin*]. S. G. Botcharov e V. V. Razdichévski (orgs.). Moscou: Progress, 1996.

GRILLO, S. V. C.; AMÉRICO, E. V. "Valentin Nikoláievitch Volóchinov: detalhes da vida e da obra encontrados em arquivos". *Alfa: Revista de Linguística*, Unesp (online), v. 61, 2017, pp. 255-81.

INSTITUTO DE HISTÓRIA COMPARADA DAS LITERATURAS E LÍNGUAS DO OCIDENTE E DO ORIENTE [ILIAZV]. Filial ARAN, São Petersburgo, Fond 302, op. 1, nº 275.

_____. Filial ARAN, São Petersburgo, Fond 302, op. 1, nº 271.

_____. Filial ARAN, São Petersburgo, Fond 302, op. 1, nº 270.

_____. Filial ARAN, São Petersburgo, Fond 302, op. 1, nº 223.

_____. Filial ARAN, São Petersburgo, Fond 302, op. 1, nº 97.

_____. Filial ARAN, São Petersburgo, Fond 302, op. 1, nº 56.

_____. Filial ARAN, São Petersburgo, Fond 302, op. 2, nº 51.

IVÁNOV, V. V. "Ob ávtorstve knig V. N. Volóchinova i P. N. Medviédeva". *Dialog, Karnaval, Khronotop*, Moscou, nº 4, 1995, pp. 134-9. Disponível em: <http://nevmenandr.net/dkx>. Acesso: 12/11/2011.

_____. "Znatchiénie idei M. M. Bakhtiná o znáke, vyskázyvanii i dialogue dliá sovremiénnoi semiótiki". In: *Ízbrannye trudý po semiótike i istórii kultúry*, t. VI. Moscou: Znak, 2009, pp. 183-217.

MEDVIÉDEV, P. N. *O método formal nos estudos literários: introdução crítica a uma poética sociológica*. Tradução de S. C. Grillo e E. V. Américo. São Paulo: Contexto, 2012 [1928].

MEDVIÉDEV, I. P. "Pável Nikoláievitch Medviédev: nota biográfica". In: MEDVIÉDEV, P. N. *O método formal nos estudos literários: introdução crítica a uma poética sociológica*. Tradução de S. C. Grillo e E. V. Américo. São Paulo: Contexto, 2012, pp. 247-55.

PANKÓV, N. A. "Mifologuema Volóchinova (nieskolko zametchánii kak by na póliakh arkhívnykh materiálov)". *Dialog, Karnaval, Khronotop*, Vítebsk, v. 2, 1995, pp. 66-9.

VASSÍLIEV, N. L. "Istória vopróssa ob ávtorstve 'spórnykh tiékstov', pripíssyvaiemykh M. M. Bakhtinu". *Integrátsia Obrazovánia*, n° 3, 2003, pp. 68-97.

_____. "V. N. Volóchinov: biografítchekii ótcherk". In: VOLÓCHINOV, V. N. *Filossófiia i sotsiológuia gumanitárnykh naúk* [*Filosofia e sociologia das ciências humanas*]. São Petersburgo: Asta Press, 1995, pp. 5-22.

VOLÓCHINOV, V. N. *Marxismo e filosofia da linguagem: problemas fundamentais do método sociológico na ciência da linguagem*. Tradução de S. C. Grillo e E. V. Américo. São Paulo: Editora 34, 2017 [1929].

_____. *A construção da enunciação e outros ensaios*. Tradução de J. W. Geraldi. São Carlos: Pedro e João Editores, 2013.

_____. "Lítchnoe delo". *Dialog, Karnaval, Khronotop*, Vítebsk, n° 2, 1995a, pp. 70-99.

_____. *Filossófiia i sotsiológuia gumanitárnykh naúk* [*Filosofia e sociologia das ciências humanas*]. São Petersburgo: Asta Press, 1995b.

_____. "Tchto takóie iazík?" ["O que é a linguagem/língua?"]. *Literatúrnaia Utchióba*, n° 2, 1930a, pp. 48-66.

_____. "Konstrúktsia jíznennogo vyskázyvania" ["A construção do enunciado"]. *Literatúrnaia Utchióba*, n° 3, 1930b, pp. 65-87.

_____. "Slovo i ego sotsiálnaia fúnktsia" ["A palavra e sua função social"]. *Literatúrnaia Utchióba*, n° 5, 1930c, pp. 43-59.

_____. "O granítsakh poétiki i lingvístiki" ["Sobre as fronteiras entre a poética e a linguística"]. In: DESNÍTSKI, V. (org.). *V borbié za marksizm v literatúrnoi naúke* [*Na luta pelo marxismo na ciência literária*]. Leningrado: Pribói, 1930d, pp. 203-40.

_____. "Novéichie tetchéniia lingvistítcheskoi mýsli na Západe" ["As mais novas correntes do pensamento linguístico no Ocidente"]. *Literatura i Marksizm*, Leningrado, v. 5, 1928, pp. 115-49.

_____. *Freidízm: kritítcheski ótcherk* [*O freudismo: um esboço crítico*]. Leningrado: GIZ, 1927 [ed. bras.: Mikhail Bakhtin, *O freudismo: um esboço crítico*. Tradução de Paulo Bezerra. São Paulo: Perspectiva, 2001].

ENSAIOS

Do outro lado do social:
sobre o freudismo[1]

> "— Quanto a mim, de apenas uma coisa estou convencido — disse o médico.
> — De quê? — perguntei, desejoso de conhecer a opinião de uma pessoa que até então permanecera calada.
> — De que mais dia menos dia morrerei numa bela manhã.
> — Sou mais afortunado do que o senhor! — disse eu. — Além dessa, tenho outra convicção: exatamente a de que numa das mais detestáveis tardes tive a infelicidade de nascer."
>
> Liérmontov, *O herói do nosso tempo*[2]

I

Certamente, não resta dúvida alguma de que, se eu não tivesse nascido, em uma tarde bela ou detestável, *para mim* não haveria mundo exterior ou interior, nenhum conteúdo na minha vida, nem os seus resultados; não haveria quaisquer questões, dúvidas ou problemas. O fato do *meu* nasci-

---

[1] Ensaio publicado em *Zvezdá*, Leningrado, 1925, n° 5, pp. 186-214. O título faz alusão ao livro *Além do princípio do prazer* (1920), de Sigmund Freud, cujo título foi traduzido para o russo como *Do outro lado do princípio do prazer*. No primeiro relatório ao ILIAZV, o ensaio de Volóchinov apresentou outro subtítulo: "Do outro lado do social: crítica à psicanálise do ponto de vista do materialismo dialético". (N. da T.)

[2] Mikhail Liérmontov, *O herói do nosso tempo*, tradução de Paulo Bezerra, São Paulo, Martins Fontes, 1999, p. 112. (N. da T.)

mento é *conditio sine qua non* de toda a *minha* vida e atividade. O significado da morte não é menos verdadeiro. No entanto, se para mim o mundo se restringe a esses dois momentos extremos da minha vida pessoal, se eles se tornam um aspecto determinante da minha visão de mundo, alfa e ômega da minha sabedoria da vida, acontecimentos que pretendem concorrer com a história — talvez seja possível dizer que tal vida resulta ser tanto nula quanto vazia. Contemplamos o fundo do poço somente quando ele está vazio.

Quando uma classe social se encontra no estágio de decomposição e é forçada a abandonar a arena da história, sua ideologia começa a repetir e a variar incessantemente o seguinte tema: "O homem é acima de tudo um animal", tentando, a partir desse ponto de vista, outra vez reavaliar todos os valores do mundo e sobretudo da história. Já a segunda parte da fórmula de Aristóteles ("O homem é um animal *social*") é completamente esquecida; a ideologia transfere o centro de gravidade para o conceito abstrato de organismo biológico, e os três acontecimentos fundamentais da vida de todo animal — nascimento, ato sexual e morte — devem substituir a história.

O que há de não social e de não histórico no homem é isolado de modo abstrato e declarado como a medida e o critério superiores para tudo o que for social e histórico. Como se fosse possível refugiar-se da antiga atmosfera da história, que se tornou desconfortável e fria, no aconchego orgânico do lado animal do homem!

Qual importância pode ter o nascimento e a vida do homem biológico abstrato para o *conteúdo* da atividade da vida e seus resultados?

Uma pessoa isolada, agindo em nome próprio, por sua conta e risco, não pode de modo algum ter relação com a história. Somente como parte do todo social, na sua classe e por meio da sua classe, a pessoa torna-se historicamente real e ativa. Para entrar na história não é suficiente o nascer físico

— assim nasce um animal, mas ele não entra para a história —, é preciso uma espécie de segundo nascimento, social. Não é um organismo biológico abstrato que nasce, mas um camponês um latifundiário, um proletário ou um burguês, e isto é o principal; além disso, ele nasce russo ou francês etc., e, finalmente, no ano 18- ou no ano 19-, e somente então começa a história, bem como a ideologia. Todas as tentativas de escapar desse nascimento social, e de tudo deduzir do fato biológico do nascimento e da vida desse organismo isolado, tudo isso é inútil, está condenado ao fracasso de antemão: não há um único ato do ser humano íntegro, uma única construção ideológica, que possa ser explicado e compreendido por esse caminho, e mesmo as questões puramente específicas da biologia não encontrarão uma solução final sem que se considere o lugar social ocupado pelo organismo humano particular a ser estudado. Até na biologia é impossível interessar-se, como ocorreu até o presente momento, somente pela idade do ser humano.

No entanto, justamente esse organismo biológico abstrato tornou-se o herói da filosofia burguesa do final do século XIX e do início do XX. A filosofia do "conhecimento puro", do "eu criador", da "ideia" e do "espírito absoluto", a filosofia heroica da época burguesa, ainda bastante forte e sensata a seu modo, repleta do *páthos* histórico e burguês-organizador, foi substituída por uma "filosofia da vida", passiva e frouxa, sob um verniz biológico que conjuga de todos os modos e com todos os prefixos e sufixos possíveis o verbo "viver": vivenciar, sobreviver, reviver etc.

Os termos biológicos dos processos orgânicos invadiram a visão de mundo: para tudo tentaram encontrar uma metáfora biológica, que vivificasse de modo agradável o objeto petrificado na frieza do conhecimento puramente kantiano. Schopenhauer e Nietzsche tornaram-se os mentores do pensamento, representando respectivamente dois polos da escala emocional do biologismo: o pessimista e o otimista. Henri Bergson, Georg Simmel, Hans Driesch, William James e os pragmáticos, e até Max Scheler e os fenomenólogos, e, finalmente Oswald Spengler; dos russos, Stepún, Frank e, em parte, Lósski.[3] Apesar de tudo, todos esses pensadores, que são, em geral, heterogêneos, confluem no essencial: no centro de suas formulações está a vida compreendida organicamente como fundamento de tudo, como realidade última; todos eles se encontram na luta contra o kantianismo ou a filosofia da consciência. Para a filosofia burguesa moderna, só tem importância e valor aquilo que pode ser vivenciado e assimilado de modo orgânico: somente o fluxo da vida orgânica é real.

O problema da história é abordado, porém de modo peculiar. Nisto também tentaram sustentar o primado do biológico: tudo o que não se consegue introduzir à força nos limites sufocantes da erradicação orgânica; tudo o que não se consegue traduzir na linguagem subjetiva da autossuficiência da vida é declarado como ficção, abstração ruim, maquinismo, e assim por diante. Basta lembrarmos do conseguinte biologismo histórico de Spengler.

É claro que os métodos de toda essa filosofia biológica são subjetivos; o orgânico é vivenciado e concebido desde o interior; o conhecimento e o método de análise racional (transcendental) é substituído pela intuição, pela identificação interior com o objeto do conhecimento, pela empatia; o subjetivismo lógico do idealismo clássico é substituído ainda pelo péssimo subjetivismo de uma vaga vivência orgânica.

---

[3] Fiódor Ávgustovitch Stepún (1884-1995), filósofo próximo da escola neokantiana de Baden. Semión Liudvígovitch Frank (1877-1950), filósofo e psicólogo proponente de uma síntese do pensamento racional com a fé religiosa e o platonismo cristão. Nikolai Onúfrievitch Lósski (1870-1965), representante eminente da filosofia religiosa russa e um dos fundadores da corrente do "intuitivismo" na filosofia. Os três foram expulsos da URSS em 1922 nos chamados "barcos dos filósofos", que levaram mais de 160 intelectuais para o porto de Estetino, então parte da Alemanha. (N. da T.)

O freudismo também é uma espécie caraterística da filosofia biológica contemporânea, sendo talvez a expressão mais coerente e nítida daquela tração para fora do mundo da história e do social, na direção do aconchego sedutor da autossuficiência orgânica e da erradicação da vida.

Nosso presente trabalho é justamente dedicado ao freudismo. No entanto, nos limites deste ensaio, poderemos abordar apenas as concepções fundamentais de Freud — do método e do "inconsciente" —, tentando, a partir desses fundamentos, revelar aquilo que nos interessa na tendência ideológica geral da contemporaneidade burguesa. Consideramos necessário preceder essa crítica com uma exposição preliminar, construída de modo a que primeiramente fiquem claros os seus principais fundamentos, que definem as linhas mestras dessa teoria, os quais a tornaram tão sedutora para o conjunto amplo da burguesia europeia.

II

Provavelmente, muitos leitores já estão prontos a objetar que o freudismo não é uma filosofia: trata-se de uma teoria científica e empírica particular, neutra em relação a qualquer visão de mundo; Freud é um naturalista, chega a ser materialista; ele trabalha com métodos objetivos etc. etc.[4] Real-

---

[4] Nas literaturas russa e europeia ocidental foram feitas tentativas de articular o freudismo ao materialismo dialético. Essas tentativas, como mostraremos mais à frente, são fundamentadas em um equívoco. Eis os artigos russos mais importantes dos últimos tempos que tentaram apaziguar Freud com o marxismo: A. B. Zálkind, "Freidízm i marksizm" ["Freudismo e marxismo"], "Ótcherki kultury revoliútsionogo vriémeni" ["Esboços da cultura dos tempos revolucionários"]; B. Bikhóvski, "O metodologuítechskikh osnovániakh psikhoanalitítcheskogo utchéniia Freida" ["Sobre os fundamentos metodológicos da doutrina psicanalítica de

Do outro lado do social: sobre o freudismo 63

mente, na base do freudismo encontram-se alguns fatos irrefutáveis do ponto de vista científico e algumas observações empíricas; mas veremos que esse núcleo empírico e em certo grau neutro dificilmente é tão amplo como aparenta ser; já no próprio Freud,[5] esse núcleo é coberto densamente de todos os lados por uma visão de mundo pouco neutra, e no freudismo em seu todo esse núcleo simplesmente se dissolve no mar da filosofice subjetiva. Atualmente o freudismo é muito divulgado no mundo inteiro, e esse sucesso junto ao grande público não decorre, em absoluto, do aspecto neutro do ponto de vista científico dessa doutrina.[6]

O *páthos* do freudismo é o *páthos* da descoberta de um novo mundo, de todo um continente desconhecido que se encontra do outro lado do social e do histórico, e, podemos di-

Freud"], *Pod Známenem Markcízma* [*Sob a Bandeira do Marxismo*], n° 12, 1923; B. D. Fridman, "Osnovníe psikhologuítcheskie vozzriéniia Freida i teóriia istorítcheskogo materialízma" ["Fundamentos da perspectiva psicológica de Freud e da teoria do materialismo histórico"], *Psikhólguia i marksízm* [*Psicologia e marxismo*], organizado por K. N. Kornílov); A. R. Lúria, "Psikhoanáliz kak sistiéma monistítcheskoe psikhólguii" ["A psicanálise como sistema da psicologia monista"], *ibid*. Mais comedidas: M. A. Reisner, "Freid i ego chkóla o relíguii" ["Freud e sua escola sobre a religião"], *Petchát i Revoliútsiia* [*Imprensa e Revolução*], n° 2, 1924, e outros. V. A. Iúrinets assume uma posição completamente correta no excelente artigo "Freidízm i marksizm" ["Freudismo e o marxismo"], revista *Pod Známenem Markcízma*, n° 8-9, 1924.

[5] Os dois trabalhos mais recentes de Freud, *Jenseits des Lustprinzips* [*Além do princípio do prazer*] (1921) e *Das Ich und das Es* [*O Eu e o Id*] (1923), são livros puramente filosóficos e não deixam nenhuma dúvida sobre os fundamentos da visão de mundo do autor.

[6] No último congresso mundial de psicanalistas, ocorrido em 1922, foi expresso por muitos dos seus participantes o temor de que o aspecto especulativo da psicanálise tenha encoberto completamente seu objetivo terapêutico original (sobre isso ver Sándor Ferenczi e Otto Rank: *Entwicklungsziele der Psychoanalyse* [*Objetivos para a evolução da psicanálise*] (1924).

zer sem medo, totalmente do outro lado do material. Esse novo continente — que poderia ter sido previsto desde o princípio, mas que Freud demorou para descobrir — mostrou-se fora do espaço e fora do tempo, ilógico (nele não há contradições nem negações) e imutável; esse mundo é o *inconsciente*.

O inconsciente não é novidade. Nós o conhecemos muito bem no contexto subjetivo e filosófico de Heinz Hartmann e no contexto científico árido de Jean-Martin Charcot[7] e sua escola (Pierre Janet e outros). No início do seu desenvolvimento, o inconsciente de Freud estava ligado de modo genético ao segundo (Charcot), mas no seu final aproximou-se quase de modo espiritual do primeiro (Hartmann). Entretanto, no essencial o inconsciente é totalmente típico e muito característico do nosso tempo.

Ainda no ano de 1889, em Nancy, Freud — então um humilde médico vienense, recém-chegado para completar sua formação na França — surpreendeu-se com o experimento de Hippolyte Bernheim:[8] uma paciente hipnotizada foi sugestionada a abrir um guarda-chuva que estava no canto da sala algum tempo depois de despertar. Quando despertou do sono hipnótico, a senhora cumpriu a ordem exatamente no prazo determinado: foi até o canto e abriu o guarda-chuva na sala. Questionada sobre os motivos do seu ato, ela respondeu que queria apenas certificar-se de que o guarda-chuva era mesmo dela. As razões não correspondiam em nada aos motivos reais do ato e foram inventados *post factum*, mas satisfaziam completamente à consciência da paciente. Em se-

---

[7] Jean-Martin Charcot (1825-1893), psiquiatra francês que foi professor de Freud. Ele é o fundador da nova ciência sobre a natureza psicogênica da histeria, a qual tratava com o método da hipnose. (N. da T.)

[8] Sobre isso ver Freud: "Zur Geschichte der psychoanalytischen Bewegung" ["A história do movimento psicanalítico"], *Sammlung kleiner Schriften zur Neurosenlehre* [*Coletânea de pequenos escritos sobre a teoria da neurose*], 4. Folge.

Do outro lado do social: sobre o freudismo

guida, Bernheim a forçou, por meio de indagações insistentes e orientando o seu pensamento, a lembrar-se da razão real do ato; ele conseguiu, ainda que com grande esforço, tornar consciente a ordem dada durante a hipnose e eliminar a amnésia hipnótica (esquecimento).

Esse experimento nos introduz maravilhosamente nos fundamentos mesmos da concepção inicial de Freud.[9] Três teses fundamentais definem essa concepção no início do caminho:

1) A motivação da consciência, *apesar de toda a sua sinceridade subjetiva*, não corresponde sempre às razões reais do ato;

2) O ato é determinado frequentemente por forças *em ação no psiquismo*, mas que *não são acessíveis à consciência*;

3) Essas forças podem se tornar acessíveis à consciência com a ajuda de procedimentos específicos.

Com base nessas três teses foi elaborado o método inicial de Freud, chamado de *catártico*, em conjunto com o seu colega e veterano, o doutor Josef Breuer.

A essência desse método consiste no seguinte: na base das doenças nervosas psicogênicas (causadas por traumas psíquicos e não orgânicos), e em particular da histeria, estão as formações psíquicas que não alcançam a consciência, que estão amnesiadas, esquecidas por ela, às quais não se pode eliminar nem reagir de modo normal; são elas que formam os sintomas doentios da histeria.[10] É necessário eliminar a amnésia, tornar essas formações psíquicas conscientes ao entrelaçá-las no tecido único da consciência e, desse modo, permitir uma reação a elas e a sua eliminação. Com isso, o sintoma é suprimido. A catarse é justamente isso (um termo aris-

---

[9] Para o que se segue ver: Breuer e Freud, *Studien über Hysterie* [*Estudos sobre a histeria*], 1ª ed. 1895, 2ª ed. 1910, 4ª ed. 1922.

[10] *Ibid.*, 4ª ed. 1922, pp. 1-14.

totélico: a catarse é uma purificação dos afetos do terror e da compaixão. Ela é o resultado estético da tragédia).

Para alcançar esse objetivo — a eliminação da amnésia e a reação — Freud e Breuer utilizavam a hipnose (total e parcial). Nesse estágio de desenvolvimento, a definição de inconsciente é muito próxima à da escola de Charcot (e principalmente à de Janet), que é a de *hipnoide* (um estado próximo à hipnose), como um corpo estranho no psiquismo, que não está ligado a outros aspectos da consciência por meio de fios associativos fortes, quebrando, com isso, a sua unidade. No estágio normal do psiquismo, aproxima-se dessa formação o sonho (sonhar em estado de vigília), cuja construção encontra-se mais livre das estreitas conexões associativas que penetram a consciência.[11] No período breueriano, o significado do aspecto sexual ainda estava totalmente ausente. É assim que se apresenta o inconsciente de Freud no seu berço.

Notaremos o caráter *puramente psíquico* desse recém-nascido. Se Breuer ainda tentou conferir uma fundamentação fisiológica ao seu método,[12] Freud desde o início deu as costas à fisiologia. Observaremos ainda mais um aspecto: somente por meio da tradução à linguagem da consciência é possível obter os produtos do inconsciente, ou seja, o caminho para o inconsciente ocorre a partir da consciência e através da consciência.

O aspecto mais essencial da etapa posterior do desenvolvimento do freudismo é a dinamização do aparelho psíquico e, acima de tudo, a famosa tese sobre o *recalque*.[13]

O que é o recalque?

---

[11] *Ibid.*, pp. 188 ss.

[12] *Ibid.*, pp. 161 ss.

[13] Sobre isso ver Freud, *Zur Geschichte der psychoanalytischen Bewegung* [*A história do movimento psicanalítico*].

Do outro lado do social: sobre o freudismo

Nas primeiras etapas do desenvolvimento da personalidade, o nosso psiquismo ainda não sabe a diferença entre o possível e o impossível, entre o benéfico e o prejudicial, entre o permitido e o proibido. O psiquismo é dirigido por um princípio apenas: o *princípio do prazer* (*Lustprinzip*);[14] nessa fase do desenvolvimento, nascem no psiquismo de modo livre e sem obstáculos as representações, os sentimentos e os desejos, que nos estágios seguintes do desenvolvimento deixariam a consciência apavorada devido ao seu caráter criminoso e vicioso.

No psiquismo infantil tudo é permitido, e ele — talvez isso seja inesperado para nós — usa muito amplamente esse privilégio para acumular um estoque enorme das mais pecaminosas imagens, sentimentos e desejos; é claro que são pecaminosos do ponto de vista das próximas etapas do desenvolvimento. À hegemonia absoluta do princípio do prazer se une, nesse estágio, a capacidade alucinatória de satisfazer os desejos,[15] admitida em hipótese por Freud; a criança ainda não conhece a diferença entre o real e o irreal: o imaginado já é real para ela. *No sono*, o homem preserva essa satisfação alucinatória dos desejos por toda a vida.

Nas etapas posteriores do desenvolvimento, a hegemonia do princípio do prazer começa a ser disputada por outro, de realização psíquica: o princípio de *realidade*. Agora, todo o material psíquico deve ser testado do ponto de vista de cada um desses princípios. Aquilo que é desejado ou aquilo que promete prazer pode resultar em insatisfação, e por isso causar sofrimento, ou, caso houver satisfação, pode trazer consigo consequências desagradáveis. Tais desejos devem ser su-

---

[14] Freud, *Formulierungen über die zwei Prinzipien des psychischen Geschehens* [*Formulações sobre os dois princípios psíquicos*] (*Kleiner Schriften*, 3. Folge), p. 271 (3ª ed.).

[15] Ver Freud, *A interpretação dos sonhos*, 1900 [ed. bras.: trad. R. Zwick, Porto Alegre, L&PM, 2016, pp. 570-3, 593-5].

primidos. Ocorre uma seleção psíquica, e apenas aquela formação espiritual que passar pelo duplo teste é legalizada, do ponto de vista de ambos os princípios, e passa a integrar um sistema superior do psíquico — a *consciência* —, ou apenas ganha a possibilidade de integrá-la, ou seja, torna-se *pré--consciente*. Aquilo que não passar no teste torna-se ilegal e é *recalcado* no sistema do *inconsciente*. Esse recalque que ocorre de modo ininterrupto durante toda a vida do homem é realizado *mecanicamente, sem qualquer participação da consciência*; a consciência se percebe de modo totalmente pronto e purificado. Ela não registra o recalcado e pode nem suspeitar da sua existência e composição. O recalque é governado por uma instância psíquica específica que Freud chama, de modo figurado, de *censura*; a censura está na fronteira dos sistemas do inconsciente e do pré-consciente. Tudo o que está na consciência passou pela censura.[16]

Desse modo, do ponto de vista da dinâmica psíquica, *o inconsciente pode ser definido como o recalcado*.

Qual é a composição e o conteúdo do inconsciente? A atividade psíquica é posta em movimento pelos estímulos externos e internos do organismo. Os estímulos internos são de origem somática, isto é, são gerados no nosso corpo. As *representações psíquicas* desses estímulos somáticos internos são denominadas por Freud de *pulsões (Triebe)*.[17] Freud divide todas as pulsões, de acordo com o objetivo e a origem somática (essa origem praticamente não é estudada por Freud), em dois grupos: sexuais, cujo objetivo é a continuação da espécie, nem que seja às custas da vida do indivíduo, e as *pul-*

---

[16] *Ibid.*, pp. 116 e 439, e também *Iá i Onó* [*O Eu e o Id*] (Leningrado, 1925), caps. I-II.

[17] Em relação ao que se segue, conferir *Sammlung kleiner Schriften zur Neurosenlehre* [*Coletânea de pequenos escritos sobre a teoria da neurose*].

sões do *"Eu" (Ichtriebe)*,[18] cujo objetivo é a autopreservação do indivíduo. Esses dois grupos de pulsões não podem ser reduzidos um ao outro e podem conflitar entre si de diferentes maneiras.

Antes de tudo, vamos nos deter nas pulsões sexuais. São elas que fornecem o material principal para o sistema do inconsciente. O grupo dessas pulsões foi aquele que Freud melhor pesquisou e talvez justamente aqui, no campo da sexologia, estejam seus principais méritos científicos (é claro, se abstrairmos o fato de ele superestimar de modo colossal e ideológico o papel do aspecto sexual na cultura.)

Falamos acima que, nos primeiros estágios de desenvolvimento psíquico, a criança acumula um enorme estoque de sentimentos e desejos que são imorais do ponto de vista da consciência. Provavelmente essa afirmação deve ter causado grande surpresa e protestos do leitor que desconhece por completo o freudismo. Como uma criança poderia ter desejos imorais?

A pulsão sexual ou *libido* (apetite sexual) é própria à criança desde o início, nasce junto com ela e tem uma vida ininterrupta que às vezes apenas enfraquece, mas nunca se extingue no seu corpo e no seu psiquismo. O amadurecimento sexual é apenas uma etapa no desenvolvimento da libido, mas de modo algum é o seu início.[19]

Nos estágios iniciais do desenvolvimento, mais precisamente quando o princípio da realidade ainda está fraco e o princípio do prazer com o seu "tudo é permitido" reina no

---

[18] A versão Standard inglesa da obra de Freud traduziu *das Ich* por "ego", o que passou para as primeiras traduções brasileiras. No entanto, Paulo César de Souza (Companhia das Letras), autor de uma tradução mais recente, preferiu o termo "eu", acompanhando outras línguas latinas (o espanhol *yo*, o catalão *jo*, o italiano *io*, o francês *moi*). (N. da T.)

[19] Freud, *Drei Abhandlungen zur Sexualtheorie* [*Três ensaios sobre a teoria da sexualidade*].

psiquismo, a pulsão sexual caracteriza-se pelas seguintes particularidades fundamentais:

1. As genitálias (os órgãos sexuais) ainda não se transformaram no centro somático organizador das origens da pulsão; elas são apenas uma das zonas eróticas (partes do corpo sexualmente estimuláveis), com as quais concorrem com êxito as outras zonas, tais como: a cavidade bucal (na sucção); o ânus ou a zona anal (orifício anal) — durante a expulsão das fezes (defecação); a pele; o polegar da mão ou do pé na sucção etc.[20] É possível dizer que a libido esteja disseminada por todo o organismo da criança, e qualquer parte do corpo pode ser a sua origem somática. Como ainda não existe a primazia das genitálias que, no período do amadurecimento sexual, tudo subjuga ao seu poder e controle, podemos chamar essa primeira etapa de *período pré-genital do desenvolvimento da libido*.[21]

2. As pulsões sexuais da criança não atingem a diferenciação e a autonomia completas e estão estreitamente ligadas às outras necessidades e aos processos de sua satisfação: ao processo de se alimentar (a sucção do peito), de urinar, de defecar, e assim por diante, atribuindo a todos esses processos um sentido sexual.

3. A pulsão sexual é satisfeita dentro do seu próprio organismo e não necessita de objeto (outro indivíduo), o que se torna claro a partir dos itens anteriores: a criança é *autoerótica*.

4. A diferenciação sexual da *libido* é ainda instável (não há a primazia das genitálias); no primeiro estágio a pulsão sexual é *bissexual*.

5. A criança pode ser chamada de *pervertida* de modo *polimórfico* (multiforme), o que decorre do exposto acima:

[20] *Ibid.*
[21] *Ibid.*

Do outro lado do social: sobre o freudismo

ela tende ao homossexualismo por ser bissexual e autoerótica; tende ao sadismo, ao masoquismo e a outras perversões,
pois a sua *libido* está dissipada por todo o seu corpo, podendo juntar-se a qualquer processo ou sensação orgânica.
É justamente o ato sexual normal que é o menos compreensível à criança.[22]
Esses são os traços principais do erotismo infantil.

A partir do que foi dito, torna-se clara a enorme quantidade de desejos, dos quais decorrem representações e sentimentos, que nascem no terreno da *libido* infantil e depois
são recalcados impiedosamente no inconsciente.

O mais importante acontecimento dessa parte recalcada da história da vida sexual infantil é a ligação da *libido*
com a mãe e, em decorrência disso, o ódio ao pai, o assim
chamado *complexo de Édipo*. Esse complexo é o ponto central de toda a doutrina freudista. A sua essência consiste no
seguinte: o primeiro objeto da pulsão erótica do indivíduo —
obviamente no sentido do erotismo infantil caracterizado acima — é sua mãe. As relações da criança com a mãe são sexualizadas desde o início.[23] De acordo com Otto Rank, até
o tempo que o feto passa no ventre materno possui caráter
libidinoso e, por conseguinte, a tragédia do Édipo começa a
partir do ato do nascimento, quando ocorre a primeira e a
mais difícil separação entre a libido e a mãe, ou seja, a ruptura da união com ela. No entanto, a libido continua a ten-
der para a mãe, sexualizando cada ato dos seus cuidados e

---

[22] *Ibid.*

[23] A esse respeito conferir Freud, *A interpretação dos sonhos* (1900),
[ed. bras.: trad. R. Zwick, Porto Alegre, L&PM, 2016, pp. 282 ss.], depois *Drei Abhandlungen zur Sexualtheorie* [*Três ensaios sobre a teoria da
sexualidade*], bem como as obras de Jung, *Die Bedeutung des Vaters für
das Schicksal des Einzelnen* [*A importância do pai no destino do indivíduo*], e Rank, 1) *Das Inzest-Motiv in Dichtung und Sage* [*O motivo do incesto na poesia e nas lendas*], e 2) *Trauma der Geburt* [*O trauma do nascimento*] (1923).

preocupações com a criança: a amamentação, o banho, a ajuda na defecação etc. Nessas horas são inevitáveis os toques na genitália que despertam na criança uma sensação agradável e às vezes até a primeira ereção;[24] a criança é atraída para a cama da mãe, para o seu corpo, e a memória vaga do organismo a atrai ao *uterus* materno, ao retorno para esse *uterus*, ou seja, a criança é organicamente atraída ao *incesto*.[25] Nesse processo, é inevitável o surgimento de desejos, sentimentos e representações incestuosos. O pai, o guardião do limiar materno, torna-se o rival dessas pulsões do pequeno Édipo. Ele possui a mãe naquele sentido que a criança consegue adivinhar vagamente por meio do seu corpo. Por fim, o pai se intromete ativamente, tornando-se um empecilho nas relações entre a criança e a mãe: não permite que ela a ponha na cama, obriga-a a ser independente, a prescindir da ajuda da mãe, e assim por diante. Disso decorre o ódio ao pai, o desejo infantil da sua morte, que permitiria à criança possuir sua mãe com exclusividade. O predomínio quase completo do princípio do prazer abre grandes perspectivas tanto às tendências incestuosas quanto às hostis, ajudando a elaborar sentimentos, imagens e desejos relacionados a ele.

O princípio da realidade e a voz do pai com as suas proibições, que se torna a voz da consciência, entram em embate com as pulsões incestuosas, recalcando-as no inconsciente, sujeitando à amnésia todo o complexo de Édipo: costumamos não lembrar nada do que aconteceu antes da idade de quatro anos. No lugar das pulsões recalcadas surge o medo, que pode levar a fobias infantis caso o complexo de Édipo seja intenso (uma doença nervosa ocasionada pelo medo).[26]

[24] Freud, *Drei Abhandlungen*.

[25] Rank, *Trauma der Geburt*.

[26] Freud, "Geschichte der Phobie eines fünfjährigen Knaben" ["Análise de uma fobia de um menino de cinco anos"] (*Kleiner Schriften*, 3. Folge, pp. 1 ss.).

Esse primeiro acontecimento pré-histórico da vida do homem tem, segundo o freudismo, uma importância enorme e decisiva para toda a sua vida posterior. Esse primeiro amor e esse primeiro ódio do homem permanecerão para sempre como os sentimentos mais íntegros e orgânicos da sua vida. Nesse sentido, eles não serão superados por nenhuma relação posterior. Em comparação com esse primeiro amor esquecido, que foi precedido por uma união orgânica total com seu objeto — a mãe —, as novas relações que se dão à luz da consciência parecem algo superficial, mental, e que não abarcam as profundezas do organismo. Rank chega a considerar que todas as relações posteriores da vida são apenas sucedâneos dessas primeiras, e que o futuro *coitus* é apenas uma compensação parcial do estado intrauterino perdido.[27] Todos os acontecimentos da vida adulta tomam a sua força psíquica desse primeiro acontecimento, que é recalcado para o inconsciente, e brilham apenas com uma luz emprestada. Na vida posterior, o homem encena de modo recorrente — sem ter consciência disso, é claro — esse acontecimento primário do complexo de Édipo com novos participantes, transferindo para eles os seus sentimentos recalcados pela mãe e pelo pai e, portanto, eternamente vivos (pois no inconsciente nada é eliminado). Freud, que é, de modo geral, mais cauteloso, supõe que o destino da vida amorosa do ser humano dependa de quanto este conseguir libertar a sua libido da fixação na mãe; o primeiro objeto do amor juvenil costuma parecer-se com a mãe.[28] A imagem da mãe pode desempenhar um papel fatídico no desenvolvimento da libido: o medo do incesto, que na consciência torna o amor pela mãe explicitamente espiritual, um amor-respeito, totalmente incompatível

---

[27] Rank, *Trauma der Geburt*.

[28] Freud, "Zur Psychologie des Liebeslebens" ["Sobre a psicologia da vida amorosa"] (*Kleiner Schriften*, 4. Folge).

com qualquer pensamento sensual, une-se estreitamente a qualquer respeito, a qualquer espiritualidade, o que muitas vezes torna impossível o *coitus* com uma mulher respeitada e amada espiritualmente (a imagem da mãe como causa da impotência psíquica). Tudo isso resulta na separação fatídica de uma única libido em dois fluxos — paixão sensual e apego espiritual — impossíveis de serem unidos em um só objeto.[29]

O complexo de Édipo — o sol central do sistema do inconsciente — atrai para si os grupos menores das formações psíquicas recalcadas, que continuam a surgir ao longo de toda a vida do homem. A cultura e a evolução cultural do indivíduo exigem cada vez mais recalques; mas, de modo geral, pode-se dizer que a principal massa — a principal reserva do inconsciente — consiste em pulsões infantis de caráter sexual.

As pulsões do "Eu" são quase completamente ignoradas por Freud. A sua contribuição ao inconsciente é quase nula. É possível apontar apenas as pulsões agressivas (hostis), que tomam, no psiquismo infantil com o seu "tudo é permitido", um caráter bastante feroz. Aos seus inimigos, uma criança costuma desejar nada menos do que a morte. As sentenças de morte são emitidas pelos motivos mais egoístas e mesquinhos a todas as pessoas próximas, principalmente aos irmãos menores, que disputam o amor da mãe e do pai. Quantos assassinatos são realizados mentalmente por causa de brinquedos! É claro que a "morte" na mente infantil possui muito pouco em comum com o nosso conceito de morte. É simplesmente uma partida para algum lugar ou a eliminação de uma pessoa inconveniente (segundo Otto Rank, a morte possui também um tom emocionalmente positivo para as crianças e os selvagens: o retorno para o útero materno).

---

[29] *Ibid.*

Esse é o conteúdo do sistema do inconsciente.

Resumindo, é possível definir o inconsciente do seguinte modo: ele inclui tudo o que o organismo poderia fazer se fosse entregue ao puro princípio do prazer, se não estivesse atado ao princípio da realidade e à cultura, aquilo que ele realmente desejou e realizou em grau ínfimo no período da primeira infância da vida, quando a pressão da realidade e da cultura era significativamente mais fraca, quando o homem era mais livre na manifestação da sua autossatisfação autêntica e orgânica.

III

Mas de onde conhecemos esse inconsciente e o seu conteúdo, e ainda de modo tão detalhado? Em outras palavras, em que se sustenta essa doutrina sobre o inconsciente por nós exposta, com quais métodos ela foi obtida e qual é a garantia do fundamento científico destes?

Ao falar sobre a primeira concepção do inconsciente em Freud, notamos que o caminho metodológico até ele se deu por meio da consciência. Isso é válido mesmo para o seu método maduro.[30] A sua essência consiste na *análise interpretativa de algumas formações particulares da consciência*, passíveis de serem reduzidas a suas raízes inconscientes. É necessário nos determos mais minuciosamente sobre essas formações particulares.

Como sabemos, o inconsciente não tem acesso direto ao consciente e ao pré-consciente, em cujo limiar a censura funciona. No entanto, as pulsões recalcadas não morrem e, co-

---

[30] "De modo que todo o nosso conhecimento está sempre ligado à consciência. Também o *Ics* [inconsciente] só podemos conhecer ao torná-lo consciente" [ed. bras.: Freud, *Obras completas*, vol. 6, trad. P. C. de Souza, São Paulo, Companhia das Letras, 2011, p. 22].

mo o recalque não pode eliminar a sua atividade e energia, essas pulsões novamente tendem a irromper na consciência.

Uma pulsão recalcada consegue realizar isso apenas por meio de *compromisso* e *distorção* suficientes para enganar a vigilância da censura. Essas formações psíquicas distorcidas se formam no inconsciente e a partir daí penetram no consciente sem obstáculos, por meio da censura enganada pela distorção, e só então o pesquisador os encontra e os submete, como nós falamos, à análise interpretativa.

Todas essas formações de compromisso, sobre as quais se sustenta o método freudiano, podem ser divididas em dois grupos: formações *patológicas* — sintomas, ideias delirantes, fenômenos patológicos da vida cotidiana tais como esquecimento de nomes, lapsos de fala e de escrita etc. — e *normais* — sonhos, mitos, imagens da criação artística; ideias filosóficas, sociais e políticas, ou seja, todo o campo das ideologias. As fronteiras entre esses dois grupos são instáveis.

O estudo mais notável de Freud foi dedicado aos sonhos. Os métodos de Freud para a interpretação das imagens do sonho tornaram-se clássicos e exemplares para todos os outros campos de pesquisa de formações de compromisso.

No sonho, Freud distingue dois aspectos: o *conteúdo manifesto* (*manifester Inhalt*) do sonho, isto é, aquelas imagens tiradas normalmente das impressões indiferentes do dia anterior, as quais são facilmente rememoradas por nós; e os *sentidos latentes* do sonho (*latente Traumgedanken*), que temem a luz da consciência e são habilmente mascarados por imagens do conteúdo manifesto.[31] Como penetrar nesses sentidos latentes, ou seja, como interpretar os sonhos? Para isso, é proposto o *método das associações livres* (*freie Ein-*

---

[31] Freud, *A interpretação dos sonhos* (1900) [ed. bras.: trad. R. Zwick, Porto Alegre, L&PM, 2016, pp. 117 ss].

Do outro lado do social: sobre o freudismo

fälle) em relação às imagens do sonho analisado.[32] É preciso dar liberdade plena ao seu psiquismo, ou seja, enfraquecer todas as instâncias de contenção, crítica e controle: deve-se acolher tudo o que se passa pela cabeça, os pensamentos e imagens mais absurdos, que à primeira vista não têm a menor relação com o sonho em questão; é preciso tornar tudo acessível à consciência, é preciso tornar-se completamente passivo e simplesmente apreender tudo o que penetra livremente no psiquismo.

Ao iniciar tal trabalho, logo notamos que ele encontra uma forte *resistência* da nossa consciência; nasce um protesto interior contra a interpretação empreendida do sonho, que assume diversas formas: ora nos parece que o conteúdo manifesto está claro e por isso não necessita de uma explicação especial, ora, ao contrário, parece-nos que o sonho é tão absurdo e insensato que não há nem pode haver qualquer sentido nele. Por fim, criticamos os sentidos e as representações que nos vêm à mente, reprimindo-os no momento do seu surgimento, por não terem relação com o sonho ou por serem completamente fortuitos. Em outras palavras, *tendemos a preservar e a sustentar o ponto de vista da consciência legal*, que em nada foge das leis desse território psíquico superior. A resistência precisa ser vencida a fim de se atingir os sentidos latentes do sonho, pois ela, ou seja, a resistência que agora vivenciamos, é justamente aquela força que, na qualidade de censura inconsciente, resulta em distorção do conteúdo verdadeiro do sonho, que foi transformado nas imagens manifestas; é essa força que agora freia o nosso trabalho; ela também é o motivo do esquecimento fácil e rápido dos sonhos e das suas distorções involuntárias diante das tentativas de relembrá-lo.[33] No entanto, a presença dessa resistência é

[32] *Ibid.* [pp. 121-7].

[33] *Ibid.* [pp. 143 ss.].

um indicador importante: sem dúvida onde ela existe há uma pulsão recalcada e inconsciente, que tenta chegar ao consciente, e esse é o motivo por que a força da resistência foi mobilizada. As formações de compromisso são justamente imagens manifestas dos sonhos que tomam o lugar dessa pulsão recalcada, assumindo a única forma admitida pela censura. Quando, por fim, todas as manifestações variadas da resistência forem vencidas, as ideias e as imagens livres que passam de modo livre pela consciência, apesar de aparentemente fortuitas e desconexas, revelam-se elos daquela corrente pela qual é possível chegar à pulsão recalcada, isto é, ao conteúdo latente do sonho. Esse conteúdo é a *realização camuflada de um desejo*,[34] na maioria dos casos erótico e frequentemente de um erotismo infantil. As imagens do sonho manifesto são representações substituintes — símbolos — dos objetos de desejo, ou, em todo caso, têm alguma relação com uma pulsão recalcada. As leis de formação desses símbolos, que substituem os objetos da pulsão recalcada, são muito complexas. Em seus traços essenciais, o seu objetivo determinante consiste no seguinte: por um lado, conservar alguma relação, ainda que distante, com a representação recalcada; por outro, adquirir uma forma legal, correta, aceitável para a consciência. Isso é alcançado por meio da fusão de várias imagens em um misto; da introdução de uma série de imagens intermediárias — elos relacionados tanto com a representação recalcada quanto com a manifesta, presente no sonho; da introdução de imagens com sentido diretamente oposto; da transferência de emoções e afetos dos seus objetos reais para outros detalhes insignificantes do sonho; da transformação dos afetos em seu contrário.[35] Não podemos analisar mais detalhadamente esse trabalho do sonho. Ob-

[34] *Ibid.* [pp. 156 ss.].
[35] *Ibid.* [pp. 301 ss.].

Do outro lado do social: sobre o freudismo

servamos apenas que, de acordo com Freud, as leis de formação dos sonhos são as mesmas que as leis de formação dos mitos e das imagens artísticas (o mito pode ser definido como um sonho coletivo em vigília).

Com base no grande material de interpretação dos sonhos e por meio da utilização das imagens do folclore é possível construir uma tipologia elaborada dos símbolos dos sonhos. Esse trabalho foi parcialmente realizado por Wilhelm Stekel.[36]

No entanto, qual é o sentido dessas imagens substituintes (símbolos dos sonhos, dos mitos e da criação artística), desses compromissos da consciência com o inconsciente, do permitido com o proibido, porém sempre desejado?

Eles servem de escape para as pulsões recalcadas ao permitirem que o inconsciente se esvazie parcialmente, com isso limpando o psiquismo das energias suprimidas acumuladas no seu interior. A criação de símbolos é uma compensação parcial pela recusa de satisfazer todas as pulsões e os desejos do organismo sob pressão do princípio da realidade; é uma libertação parcial e de compromisso da realidade, a volta ao paraíso infantil com seu "tudo é permitido" e com sua satisfação alucinatória dos desejos. O próprio estado biológico do organismo durante o sonho é uma repetição parcial do estado intrauterino do feto: novamente desempenhamos esse estado (é claro, de modo inconsciente), desempenhamos a volta ao seio materno; estamos despidos, nos enrolamos no cobertor, dobramos as pernas, curvamos o pescoço, ou seja, recriamos a posição fetal; o organismo se fecha para todos os impulsos e influências externos e, por fim, os sonhos restabelecem parcialmente o poder do princípio do prazer.

Por meio desse método e desses resultados, Freud submete à análise outros tipos de formações de compromisso.

---

[36] Stekel, *Die Sprache des Traumes* [*A linguagem dos sonhos*, 1911].

Obviamente, o principal para Freud são os fenômenos psicopatológicos, e pode-se dizer de antemão que os avanços práticos mais valiosos da psicanálise devem ser procurados justamente nessa área. Não é por acaso que muitos protestam contra a sua ampliação para fora dos limites da psiquiatria, considerando que ele é, primeira e talvez excepcionalmente, um método psicoterapêutico produtivo e uma hipótese de trabalho sustentada pelo sucesso prático no campo de tratamento das neuroses. No entanto, esse lado da psicanálise é o que menos nos interessa aqui. Certamente não foram os êxitos terapêuticos que despertaram um enorme interesse na psicanálise e conquistaram a atenção do grande público, que é totalmente leigo em medicina e não sabe distinguir a psicose da neurose. O que nos importa é justamente a extrapolação da psicanálise, dos limites da psiquiatria para o campo da ideologia.[37]

O próprio Freud aplicou o método de interpretação dos sonhos e dos sintomas neuróticos primeiramente aos fenômenos estéticos da piada e do chiste.[38] A forma dos chistes é regida pelas mesmas leis que constituem a estrutura formal das imagens do sonho, isto é, as leis de formação das representações substituintes: o mesmo mecanismo de contornar o legal por meio da fusão de representações e palavras, da substituição das imagens, da ambiguidade verbal, da transferência do significado de um plano ao outro, do deslocamento de emoções, e assim por diante. A piada e o chiste tendem a contornar a realidade, a libertar a vida da seriedade, dando

---

[37] Ferenczi e Rank, *Entwicklungsziele der Psychoanalyse* [*Objetivos para a evolução da psicanálise*], pp. 57 ss. Esse livro evidencia que o método psicoterapêutico da psicanálise tende a sair do isolamento: são restabelecidos os direitos da hipnose e é reconhecida a necessidade de colaborar com outros métodos.

[38] Freud, *Der Witz und seine Beziehung zum Unbewussten* [*O chiste e sua relação com o inconsciente*].

Do outro lado do social: sobre o freudismo

vazão às pulsões infantis recalcadas, sejam elas sexuais ou agressivas. Os chistes sexuais nasceram da obscenidade, como sua substituição estética. O que é a obscenidade? — É um sucedâneo da ação e da satisfação sexual. A obscenidade pressupõe a presença de uma mulher, mesmo que seja imaginária. Ela objetiva que a mulher participe da excitação sexual. Trata-se do procedimento da sedução. A nomeação dos objetos obscenos representa o sucedâneo de vê-los, mostrá-los e apalpá-los. Ao tomar a forma de um chiste, a obscenidade mascara ainda mais a sua tendência, tornando-a culturalmente mais aceitável para a consciência. Uma boa piada precisa de um ouvinte, o seu objetivo não é apenas contornar a proibição, mas também agradar esse terceiro, agradar pelo riso, transformando-o em um partidário, e com isso realizar uma espécie de socialização do pecado.

Nos chistes agressivos, é liberada, sob a máscara de uma forma artística, a hostilidade infantil a qualquer lei, imposição, governo ou casamento, para os quais é transferida a relação inconsciente com o pai e com a autoridade paterna (o complexo de Édipo), e, por fim, a hostilidade a qualquer outra pessoa (autossuficiência infantil). Desse modo, o chiste é também um escape para as energias suprimidas do inconsciente, ou seja, no final das contas, ele serve a esse inconsciente, sendo regido por ele. As suas necessidades criam a forma e o conteúdo do chiste, o que, é claro, é proveitoso a todo organismo.

O mesmo ocorre em todos os campos da criação ideológica!

Todo o ideológico advém das mesmas raízes psico-orgânicas, e toda a sua composição, a sua forma e o seu conteúdo podem ser reduzidos a elas sem deixar resíduos. Cada aspecto do ideológico é estritamente determinado pelo biopsicológico. O ideológico é um produto de compromisso do embate das forças dentro do organismo, o indicador do equilíbrio ou do desequilíbrio alcançados nesse embate. Assim, de acordo com Freud, um sintoma neurótico ou uma ideia delirante são totalmente análogos às formações ideológicas, ao assinalarem a preponderância do inconsciente ou o agravamento perigoso do embate. O próprio Freud aplicou seu método ao estudo dos fenômenos religiosos e sociológicos.[39] Não nos deteremos neles. Adiante, trataremos brevemente das suas conclusões nessas áreas de pesquisa. Agora devemos passar para a nossa principal tarefa: a avaliação crítica dos métodos e fundamentos do freudismo, definidos a partir do que foi exposto acima.

IV

A primeira e principal pergunta: será que o método de Freud pode ser considerado objetivo?

Freud e os freudistas acreditam ter realizado uma reforma radical na psicologia antiga, ter lançado os fundamentos de uma ciência totalmente nova sobre o psíquico.

Infelizmente, nem Freud nem os freudistas tentaram demonstrar de modo preciso e detalhado a relação entre os próprios métodos e a psicologia contemporânea a eles. Esse é o grande defeito do freudismo. A escola psicanalítica, que no início sofreu perseguições coletivas de todo o mundo científico, isolou-se em si mesma e adquiriu hábitos de trabalho e de pensamento um tanto sectários, não de todo adequados a uma ciência. Freud e seus alunos citavam-se e referiam-se apenas uns aos outros; e em uma época mais posterior começaram a citar ainda Schopenhauer e Nietzsche. O restante do mundo quase não existia para eles.[40]

---

[39] Freud, *Totem und Tabu* [*Totem e tabu*] (1913) e *Massenpsychologie und Ich-Analyse* [*Psicologia das massas e análise do Eu*] (1921).

[40] É preciso notar que justamente a ciência oficial, até o momento,

Desse modo, Freud nunca fez uma tentativa séria de distinguir-se de outros métodos e tendências psicológicos: não está clara a sua relação com o método introspectivo (a auto-observação);[41] com o método dos experimentos laboratoriais; com as novas tentativas de métodos objetivos tais como o assim chamado behaviorismo americano (a psicologia como ciência sobre o comportamento); com a escola de Würzburg[42] (August Messer e outros); com a psicologia funcional[43] (Carl Stumpf e outros), e assim por diante. Tampouco permanece clara a posição de Freud na famosa discussão que inquietava os psicólogos e filósofos contemporâneos, a respeito do paralelismo psicofísico e da causalidade psicofísica.[44]

não legalizou por completo o freudismo, e falar sobre ele nos círculos filosóficos acadêmicos é considerado até mesmo de mau tom. Conferir Fritz Wittels, *Sigmund Freud, der Mann, die Lehre, die Schule* [*Sigmund Freud, o homem, a teoria e a escola*] (1924).

[41] Método desenvolvido por Wilhelm Wundt (1832-1920), em associação com experimentos de laboratório, para estudar os estados psíquicos. O método introspectivo foi um dos fundamentos da psicologia experimental do final do século XIX. (N. da T.)

[42] No início do século XX, sob a liderança do psicólogo alemão Oswald Külpe (1862-1915), um grupo de pesquisadores da Universidade de Würzburg analisou os processos psíquicos superiores, como o pensamento e a vontade, utilizando experiências laboratoriais em combinação com o método introspectivo. (N. da T.)

[43] Surgida sob a influência das teorias de Charles Darwin e Herbert Spencer, a psicologia funcional estudou os processos psíquicos do ponto de vista da adaptação do organismo ao ambiente. (N. da T.)

[44] O próprio Freud admite a causalidade psicofísica, porém, ao mesmo tempo, entrega a cada passo os hábitos de um paralelista; além disso, todo o seu método é embasado na premissa oculta e não explícita de que para qualquer fenômeno corporal é possível encontrar um equivalente psíquico correspondente (no psiquismo inconsciente), e, portanto, é possível desconsiderar os fenômenos diretamente corporais, trabalhando apenas com os seus substitutos psíquicos.

Quando Freud e seus discípulos contrapõem a sua concepção do psíquico a todo o restante da psicologia, infelizmente sem ao menos darem-se ao trabalho de diferenciar essa psicologia restante, eles a acusam do seguinte: *a identificação do psíquico com o consciente*. Enquanto que, para a psicanálise, o consciente é apenas um dos sistemas do psíquico.[45]

Será que essa diferença entre a psicanálise e todo o restante da psicologia é de fato tão grande e abre tamanho abismo entre elas que não pode haver nada em comum? Não poderia haver nem mesmo um mínimo de linguagem comum necessária para um acerto de contas e para a delimitação? — Freud e seus discípulos aparentemente estão convencidos de que não.

Contudo, será que as coisas são assim mesmo?

Infelizmente, o freudismo acabou transferindo para as suas construções todos os defeitos da psicologia subjetiva contemporânea a ele e, em alguns casos, nem esteve à altura da "ciência psicológica" da sua época. É fácil certificar-se disso, é preciso somente não se deixar enganar por sua terminologia sectária, porém, em geral, marcante e certeira.

Antes de tudo, o freudismo assimilou de modo dogmático a antiga divisão dos fenômenos psíquicos em vontade (desejos, aspirações), sentimento (emoções, afetos) e cognição (sensações, representações, pensamentos), divisão esta que se origina em Johannes Nikolaus Tetens, e que se tornou comumente aceita graças a Kant; sendo assim, o freudismo mantém as mesmas definições dessas capacidades correntes na psicologia da sua época e, como podemos ver, a mesma diferenciação. De fato, a psicanálise sempre opera com dese-

---

[45] Freud, *A interpretação dos sonhos* (1900) [ed. bras.: trad. R. Zwick, Porto Alegre, L&PM, 2016, pp. 638-48], e *O Eu e o Id* [ed. bras.: *Obras completas*, vol. 6, trad. P. C. de Souza, São Paulo, Companhia das Letras, 2011, pp. 14-7].

Do outro lado do social: sobre o freudismo

jos — basta lembrarmos, por exemplo, da afirmação freudiana de que o sonho é a realização de um desejo —, pois este é o fundamento da interpretação dos sonhos e de todo o freudismo. A psicanálise opera também com representações e sensações, sentimentos e emoções enquanto *elementos psíquicos firmes, irredutíveis uns aos outros*. Em seguida — e isso é o mais importante —, todos esses elementos psíquicos com o seu significado corriqueiro são transferidos por Freud, com dogmatismo já totalmente incompreensível, para o campo do inconsciente. Para ele, *até o inconsciente consiste de representações* (memórias que são cópias das sensações), *de emoções, de afetos, de desejos*! *O inconsciente é construído por Freud pela analogia com a consciência, sendo que essa analogia é observada até nos mínimos detalhes.*

É claro que permanece a divisão topográfica entre os sistemas, ou seja, eles são distinguidos de acordo com sua posição no aparato psíquico *representado em imagens*: a consciência é posicionada junto aos centros sensoriais, já o inconsciente, do lado oposto do aparato.[46] Permanece ainda a sua inter-relação dinâmica: o inconsciente é recalcado, esquecido e descartado. Apesar disso, podemos falar que essas duas formações psíquicas, que se encontram em lugares diferentes e lutam entre si de modo hostil, são totalmente análogas em sua composição científico-psicológica — são simplesmente duas forças, compostas pelos mesmos elementos, que entraram em choque. Qual é a diferença entre esse fenômeno e a *double conscience* (consciência dupla) de Charcot? — Somente a dinâmica.

Desse modo, *do ponto de vista da composição elementar* (isto é, se abstrairmos o *conteúdo* dos pensamentos, dos

---

[46] Conferir os desenhos de Freud em *A interpretação dos sonhos* (1900) [ed. bras.: trad. R. Zwick, Porto Alegre, L&PM, 2016, pp. 384-8], e *O Eu e o Id* [ed. bras.: *Obras completas*, vol. 6, trad. P. C. de Souza, São Paulo, Companhia das Letras, 2011], pp. 14-9.

sentimentos, das representações etc.), *o inconsciente pode ser chamado de uma outra consciência, cuja diferenciação não é menos complexa.*

Onde então estaria o abismo entre a psicanálise e a psicologia subjetiva, tanto a moderna quanto a antiga? Se colocarmos o "inconsciente" e a "consciência" fora dos parêntesis, então sobrará dentro deles a velha e bem conhecida "vida psíquica", com seus sentimentos, desejos e representações, com suas relações (associações), ou seja, todo aquele material com o qual operou e opera a psicologia subjetiva; foi dela que Freud emprestou esse material, apenas renovando-o com a sua dinâmica. No entanto, quando a psicologia subjetiva elaborou todos esses conceitos, ela se baseou na identificação do psíquico com o consciente! Talvez seja apenas nessa identificação que esses conceitos possuam algum sentido, isto é, sirvam apenas à consciência.

Será que temos motivos sérios para supor que no inconsciente há uma existência *separada* de representações, desejos e sentimentos, *totalmente definidos em sua qualidade e conteúdo objetivo?* Não seria melhor supor que "algo inconsciente" — digamos, alguma energia — assuma essas formas diferenciadas apenas ao entrar na consciência e apenas para a consciência, isto é, para a *auto-observação interior* (introspecção), ali transformando-se pela primeira vez em desejo, em representação objetual ou em sentimento? Parece-nos que é exatamente isso. Podemos compreender o inconsciente apenas como *algo atuante* — uma energia, uma força (psíquica ou somática) — que, ao penetrar na consciência, toma nela, e apenas para ela, as formas e o conteúdo (mesmo que eles sejam imprecisos para o sujeito que está se observando e mais nítidos para o médico interpretante) que o freudismo *projeta* posteriormente e de modo acrítico no seu assim chamado "inconsciente". Por meio dessa projeção, cria-se um mundo extremamente complexo, multiforme e de objetos diferenciados com representações materiais, imagens salientes (relacio-

Do outro lado do social: sobre o freudismo 87

nados entre si de modo bastante complexo), desejos nítidos (pois o desejo inconsciente sabe o que quer e apenas o desejo consciente pode equivocar-se nessa relação!), e assim por diante.

Consideramos que essa hipótese já seja o mínimo necessário para explicar todos os fatos efetivamente empíricos da conduta humana estabelecidos por Freud e seus discípulos, pois uma ciência pode supor apenas um mínimo de hipóteses.

O que seria esse *algo atuante* que corresponde ao inconsciente freudiano"?

O perigo aqui é afundar-se ainda mais na lama e inventar uma substância metafísica ainda pior do que o Id de Freud!

O leitor pode ficar totalmente tranquilo, pois neste ponto não pretendemos admitir nem mesmo a energia psíquica em uma forma não diferenciada; consideramos que neste ponto agem os mecanismos semelhantes àqueles que conhecemos bem sob o nome de *reflexos* (o acadêmico Pávlov[47] e sua escola) e de *tropismos* (Loeb[48]), em parte, além de outros quimismos; ou seja, trata-se de processos puramente somáticos e materiais. De qualquer modo, as definições científicas dos fenômenos freudianos do inconsciente podem se encontrar apenas nesse campo. Obviamente, por enquanto, ainda não podemos traduzi-los de modo completo para essa lingua-

---

[47] Ivan Pávlov (1849-1936), fisiólogo russo que ganhou o Prêmio Nobel de Medicina em 1904 por sua obra no campo da fisiologia da digestão em animais. Ficou conhecido por suas pesquisas sobre o papel dos reflexos condicionados na psicologia comportamental. (N. da T.)

[48] Jacques Loeb (1859-1924), fisiólogo e biólogo alemão. Liderou a tendência mecanicista na zoo-psicologia e criou a doutrina dos tropismos, que explica as reações dos organismos vivos por meio de fatores físico-químicos e não psíquicos. (N. da T.)

gem científica materialista, mas ao menos sabemos em qual direção pode ser feita essa tradução.

Evidentemente, não podemos concluir, a partir do que foi dito, que o psíquico não existe (Entchmeniada[49]), ou que ele é inacessível à ciência, ou, por fim, que ele deve ser identificado com a consciência, como fez a antiga psicologia. O psíquico certamente existe. Para o marxismo, é inaceitável qualquer agnosticismo. A identificação do psíquico com a consciência não tem fundamento algum. Tampouco a divisão do psiquismo em duas esferas — a do consciente e a do inconsciente —, tomando como princípio a consciência, como é feito pelo freudismo. É claro, podemos dividir o psiquismo como bem quisermos: em consciência e não consciência, assim como em sentimentos e não sentimentos, em desejo e não desejo (o princípio dicotômico). No entanto, os não sentimentos não significam insensibilidade, o não desejo não é falta de vontade (de fazer algo). Desse modo, afirmamos que a não consciência da psicologia científica (da psicologia do comportamento, cujo último capítulo até o momento consiste na reflexologia) em nada parecerá com o inconsciente freudiano; faltará justamente aquele tom valorativo emocional, incabível na ciência, que torna possíveis as oposições do tipo: "eu e o mundo", "o Eu e o Id", "prazer e realidade", "consciente e inconsciente", e assim por diante.

O inconsciente, por sua própria definição, inevitavelmente será inimigo da consciência; já o não consciente não demonstra em absoluto a sua relação com o consciente no psiquismo.[50] De todo modo, não podemos falar de dois mun-

---

[49] Referência a Immanuil Semiónovitch Éntchmen (1891-1966), criador da teoria da "nova biologia", que causou grande polêmica em círculos intelectuais russos da década de 1920. Essa teoria foi criticada por Nikolai Bukhárin no artigo homônimo "Entchmeniada". (N. da T.)

[50] Pelo visto, o próprio Freud entende que o seu inconsciente é ten-

dos, de dois sistemas. Não há fundamento algum para tais hipóteses *en masse*.

Voltemos, porém, ao inconsciente freudiano. Vamos nos deter em alguns aspectos extremamente curiosos dessa hipótese, que confirmam a nossa suposição de que lidamos, nesse caso, com uma projeção grandiosa do psiquismo consciente e com a sua interpretação (pelo analista junto com o analisado) no quasi-inconsciente, que é, na verdade, o somático. Prestemos atenção no trabalho da censura. De acordo com Freud, a censura é totalmente inconsciente (ela, como se sabe, encontra-se na fronteira entre o inconsciente e o pré--consciente).[51] Freud frequentemente fala sobre seu mecanismo. No entanto, com que precisão esse mecanismo inconsciente (e o que pode ser mais mecânico do que o mecanismo criado pela consciência humana!) advinha todas as nuances dos pensamentos, das representações, dos detalhes mais sutis das imagens, e assim por diante! Em comparação com essa censura, qualquer censor da época de Nicolau[52] nem um mecanismo chega a ser, mas simplesmente uma pedra de gelo.[53]

dencioso (inclui a avaliação da ordem metafísica oculta) e tenta enfraquecê-lo um pouco em seu último trabalho (*Iá i Onó* [O *Eu e o Id*, pp. 14 ss.]), definindo o inconsciente como o não verbal; ele se transforma em pré-consciente (de onde sempre pode passar para a consciência), "por meio da junção com as representações verbais correspondentes". Isso se aproxima da definição behaviorista da consciência como "comportamento verbalizado". — Conferir Vygótski, "Soznánie kak probliéma psikhológuii povediénia" ["A consciência como problema da psicologia do comportamento"] (*Psikhológuia i marksizm* [*Psicologia e marxismo*], organizado por K. N. Kornílov).

[51] Conferir *Iá i Onó* [O *Eu e o Id*, pp. 14-5].

[52] Referência à rígida censura da época do tsar Nicolau I (1825-1855). (N. da T.)

[53] Para isso aponta V. Iúrinets em seu artigo, bem como Paul Maag em seu livro *Geschlechtsleben und seelische Störungen: Beiträge zur Neu-*

É claro que a "censura" freudiana é muito mais consciente do que a consciência do paciente, pois ela é ainda reforçada pela consciência do psicanalista! Não somente o termo "censura", mas todo o sentido atribuído a ele por Freud revela-se, desse modo, totalmente metafórico. É uma imagem semiartística, e nada mais (em certas condições, pode ser de grande utilidade prática). É a consciência (e ainda reforçada por uma segunda consciência, do analista) projetada para algum lugar nas profundezas do psiquismo. Quanto aos outros mecanismos freudianos, o que há de mecânico neles?

O mecanismo do *recalque* não é somente útil do ponto de vista biológico, mas também é extremamente competente e informado do ponto de vista cultural, apesar de ser estreitamente orientado pela moral burguesa, mesmo quando é projetado para o psiquismo de um selvagem ou de um grego antigo como o Édipo mítico, entre outros, mas, em geral, apesar de tudo, encontra-se à altura da cultura contemporânea e das suas exigências. Em toda parte, vemos o trabalho da consciência a interpretar o não consciente e muitas vezes até os processos que não são psíquicos, "sentindo a empatia" do seu trabalho com os fenômenos estudados, do mesmo modo que nós sentimos o toque da pena no papel. Na realidade, podemos sentir apenas a pressão do cabo de madeira nos dedos da mão, mas projetamos a nossa sensação para a extremidade da pena. É preciso observar que escreveríamos muito mal se não exercêssemos essa empatia (isto é, se não sentíssemos a extremidade da pena); na prática, a empatia pode ser de grande utilidade.

O mecanismo da "transferência" (*Übertagung*) é particularmente característico. A transferência é um aspecto muito importante na teoria e na prática psicanalíticas; esse

rosenlehre und zur Kritik der Psychoanalyse [*Desordens mentais e a vida sexual: contribuições para a teoria da neurose e a crítica à psicanálise*].

aspecto é entendido por Freud como uma transferência inconsciente da pulsão recalcada, especialmente da libido, do seu objeto direto para um outro, substituto: assim, a pulsão pela mãe ou pelo pai, ou a inimizade em relação a eles (o complexo de Édipo), é transferida para o médico durante as seções de psicanálise, sendo assim eliminada (esse é o sentido de "transferência" na prática psicoterapêutica). Na vida, transferimos o tempo todo a nossa libido recalcada para outras pessoas, forçando-as de modo inconsciente a desempenhar para nós os papéis de pai, mãe e irmãos. É uma espécie de ciclo, o eterno retorno da mesma situação, que lembra a teoria de Nietzsche ou a "vontade" insaciável de Schopenhauer.

No entanto, não seria mais correto dizer que o médico e o paciente, em um esforço partilhado, apenas projetam para o complexo inconsciente (paterno ou materno) as suas relações verdadeiras e terapêuticas (ou, mais precisamente, alguns elementos delas, ou o seu esquema geral, pois tratam-se de relações muito complexas)? Nesse processo, algo do complexo é adivinhado corretamente, algo é realmente lembrado pelo paciente, algo é explicado mediante situações semelhantes (ou seja, não é a transferência que cria a semelhança, mas, pelo contrário, é a situação semelhante que remete à transferência), e, por fim, algo — o que talvez seja o mais importante — é explicado pela constituição orgânica do paciente, que, sendo uma medida de certo modo constante, dá um tom semelhante a todas as situações pelas quais o paciente passa ao longo da sua vida. Desse modo, o mecanismo freudiano da transferência é construído como uma metáfora que permite, por meio de uma imagem dinâmica, abarcar os diferentes aspectos determinantes do comportamento do paciente como um todo. Pelo visto, essa metáfora é útil à prática psicoterapêutica.

Reiteramos: o freudismo, em muitos casos, opera com as grandezas reais do comportamento humano, e na prática sabe se orientar no meio delas, mas, por enquanto, ele não encontrou os métodos efetivamente científicos da sua abordagem teórica.

Desse modo, ele continua a operar com o antigo método da psicologia subjetiva que consiste na auto-observação (com toda a sua tendenciosidade que, no caso dos neuróticos, tem um tom predominantemente *confessional*) e na sua interpretação. O que há de novo é a grandiosa concepção metafórica da dinâmica psíquica, atrás da qual encontra-se, na maioria dos casos, a dinâmica material dos processos somáticos[54] ainda não estudados pela ciência, porém essa dinâmica (os "mecanismos") é abordada por Freud usando a velha linguagem da consciência subjetiva.

V

Como Freud interpreta os aspectos materiais objetivos — somáticos, biológicos, sociológicos — que determinam o psiquismo subjetivo?

Alguns consideram Freud um materialista. Semelhante afirmação é baseada em um equívoco total. É verdade que Freud fala o tempo todo de aspectos somáticos, por exemplo: sobre as origens somáticas das pulsões, sobre as zonas erógenas do nosso organismo e assim por diante. O próprio pansexualismo, pelo visto, aproxima o psiquismo do corpo. Outros aspectos do freudismo também podem parecer materialistas; por exemplo, a doutrina sobre os caracteres anal e urinário. De acordo com Freud, o caráter, considerado pela antiga psicologia idealista como algo espiritual e ético, é determinado pelo domínio de alguma das zonas erógenas (a anal ou a urinária), pela retenção do caráter sexual das fezes

---

[54] Em parte, trata-se também do reflexo de processos que ocorrem fora do organismo.

Do outro lado do social: sobre o freudismo

ou da urina, o que resulta na elaboração de hábitos e avaliações espirituais gerais.[55]

No entanto, se olharmos mais atentamente para o tratamento que os psicanalistas dão a alguns aspectos somáticos, chegaremos à conclusão de que o seu materialismo é totalmente fictício. Freud e os freudistas não abordam em absoluto o somático e o material tomados como realidade externa determinante do psiquismo, a qual é estudada pela fisiologia e outros campos das ciências naturais.

Freud não tem nenhum interesse pela composição puramente objetiva e material do somático nem pelos seus processos materiais, mas excepcionalmente pelo seu significado subjetivo para o psiquismo, tentando definir esse significado no interior do próprio psiquismo. Ele se importa apenas com o *reflexo do somático no psíquico*, sem se importar com o que ele é de verdade, fora do psíquico e segundo os métodos objetivos das ciências naturais (que, de fato, são materialistas). E exatamente assim é a famosa teoria de Freud sobre as zonas erógenas: ele não nos apresenta a fisiologia dessas zonas e não se fundamenta em nenhuma teoria fisiológica específica sobre elas com o objetivo de dividir o trabalho; ele não se interessa pelo quimismo dessas zonas, ou de outras. Freud se interessa apenas pelo *equivalente psíquico* (e, portanto, inevitavelmente subjetivo-psíquico) dessas zonas e pelo seu lugar na libido, compreendida sob a ótica psicanalítica.

Sobre o papel das genitálias no *organismo material* do homem Freud não diz nada na linguagem objetiva dos fisiólogos e biólogos (que consideram, é claro, também o aspecto social), mas elucida apenas o papel dos seus equivalentes psíquicos no psiquismo subjetivo a partir do seu interior, isto é, na linguagem da psicologia subjetiva.

---

[55] Conferir Freud, *Kleiner Schriften zur Neurosenlehre*, 2. Folge, "Charakter und Analerotik" ["Caráter e erotismo anal"].

Sim, podemos dizer sem medo que, *para Freud, o material existe apenas na tradução para o psíquico, e mais que isso: apenas como um aspecto do psíquico.* No entanto, isso já começa a aparecer com o espiritualismo. De fato, do freudismo ao espiritualismo basta dar um passo. Para o freudismo, a realidade é somente o "princípio da realidade" psíquico, ou seja, somente o seu avesso psíquico.

Os próprios freudistas dão a isso uma expressão verbal um pouco diferente: eles afirmam (Rank, Pfister[56] e principalmente Groddeck[57]) que o mundo em Freud não é psíquico nem material, mas algo terceiro, e que Freud conseguiu apalpar uma área das formações em que o físico e o psíquico ainda não se separaram, não se tornaram independentes e específicos. Segundo eles, as "pulsões" freudianas possuem esse caráter fronteiriço e neutro.

Parece-nos que tais formações fronteiriças e centrais são muito perigosas, pois a sua neutralidade é fictícia! De fato, Freud não deixa nenhuma dúvida a respeito da verdadeira orientação da sua tração orgânica: ele é atraído ao espiritualismo em sua nova formação biológica (outro representante contemporâneo dessa tendência é Hans Driesch).

Aproximamo-nos, portanto, do biologismo de Freud.

Muitos afirmam que a psicanálise é essencialmente uma biologia do psíquico ou uma biologia da psique.

De fato, conceitos e termos biológicos inundam os trabalhos de psicanálise. No entanto, ao serem introduzidos no contexto freudiano, esses termos perdem o seu significado biológico comum, ou seja, é como se perdessem o seu tom

---

[56] Oskar Pfister (1873-1956), pastor luterano e psicanalista suíço que se correspondeu por muito tempo com Freud. Associou as ideias psicanalíticas à psicoterapia religiosa. (N. da T.)

[57] Georg Groddeck (1866-1934), médico e escritor alemão considerado o pioneiro da medicina psicossomática. Exerceu influência sobre o trabalho de Freud, sendo citado no livro *O Eu e o Id*. (N. da T.)

principal, carregando apenas as suas tonalidades. O biológico tem o mesmo destino do físico: é diluído no psíquico-subjetivo, impregna-se inteiramente dele e perde a sua solidez material e objetiva. *Na psicanálise, o organismo objetivo-biológico é apenas um brinquedo nas mãos das pulsões subjetivas da psique.* Inicialmente, Freud destaca as suas famosas "pulsões", pelo visto, de modo totalmente objetivo e biológico, como um dos aspectos da realidade material em dependência estreita do meio circundante; mas, em seguida, toda a realidade torna-se aos poucos apenas um aspecto das pulsões — precisamente, das pulsões do Eu —, apenas um "princípio da realidade" psíquico, posto no mesmo plano e na mesma dimensão do "princípio do prazer".

Freud psicologizava o organismo e todos os processos orgânicos. O mesmo poderia ser dito sobre o sociológico, que também é definido inteiramente pelo aspecto psíquico individual. A necessidade objetiva socioeconômica desapareceu sem deixar rastros. Não apenas as formas políticas como também as econômicas (a base) são deduzidas de "mecanismos psíquicos" já bem conhecidos: a transferência da libido para o líder da tribo; a alienação do Eu ideal e a sua identificação com o dirigente; a autoidentificação com outros membros do coletivo, o que *cria a coesão e a união social sem qualquer apoio na base material*; a redução do capitalismo ao erotismo anal (o acúmulo de fezes é sublimado pelo acúmulo do ouro); são esses os exemplos evidentes da sociologia freudista.[58]

Portanto, observamos em todo lugar a mesma tendência ideológica: dissolver na psique a necessidade material externa e *opor a história social ao organismo biológico psi-*

---

[58] Há uma crítica excelente dessa "sociologia" no artigo de V. Iúrinets.

cologizado, tomado como um macrocosmo associal autossuficiente.

Toda a existência que determina a consciência transforma-se em existência interior e, por fim, simplesmente em uma consciência ao avesso. É verdade que, comparada com o idealismo filosófico, ela é mais espontânea e mais trágica, o que está em perfeita concordância com o espírito da época, pouco benévolo em relação ao lógico e ao racional; porém, em compensação, ela também é pouco material e pouco objetiva. Agora podemos finalmente definir o inconsciente freudiano. Ele é uma *projeção imagética, no interior ou na profundidade da psique* (do psiquismo), *da necessidade material* (física, fisiológica e socioeconômica) *dramatizada, emocionalmente saturada* e *traduzida para esse fim de modo peculiar na linguagem da consciência subjetiva.*

Os métodos de Freud são procedimentos dessa tradução peculiar, cujo dicionário foi emprestado principalmente da antiga psicologia subjetiva.

Desse modo, ao transferir de modo hábil e quase imperceptível os processos materiais (na maioria dos casos não estudados) à psique, e ao reelaborá-la, segundo o espírito dos nossos tempos, como "máquina" ("mecanismos", "dinâmica" e assim por diante), Freud imaginava estar apoiando essa instituição caduca.

É isso que alguns tomam por materialismo dialético!

VI

Como Freud chegou a semelhante projeção? Como explicar, levando em consideração o que afirmamos acima, os sucessos terapêuticos do seu método, os quais certamente não se pode negar?

Consideramos que na raiz dessa projeção grandiosa encontra-se um acontecimento concreto, que se repete todos os dias na vida de Freud e que determina, por fim, todos os hábitos do seu pensamento e até da sua percepção do mundo.

Temos em vista as relações complexas entre o médico psiquiatra e o paciente neurótico, isto é, esse pequeno mundo social, com seus embates específicos, com a tendência do doente a esconder do médico alguns aspectos da sua vida, a enganá-lo, a persistir em seus sintomas, e assim por diante. Esse pequeno fenômeno social é muito complexo. A base econômica, o aspecto fisiológico e o aspecto ideológico-burguês (moral e estético), tudo isso determina a inter-relação concreta em seu todo. O médico orienta-se nela de modo prático: tateia as suas forças reais determinantes, aprende a administrá-las, mas com certeza não pode defini-las em toda a sua complexidade (a fisiologia da neurose é um tema que quase não foi desenvolvido, isso sem falar da sua sociologia), de modo prático e científico (materialista). Portanto, em razão desse desconhecimento teórico surge a *metáfora como imagem dramatizada de orientação prática* e, como toda imagem, ela é subjetiva e relativa, apesar de ser útil nesse caso.

O *mecanismo* freudiano, em sua primeira formação, não passa de *uma expressão metafórica, dramatizada e apenas ornamentada com termos científicos do trabalho do médico com o histérico, resultando na vitória prática do primeiro.*

Nisso não há nada de surpreendente: é comum a dramatização da relação prática com o objeto e do próprio objeto. O artilheiro representa para si o seu canhão como um ser vivo. O operário, que conhece todas as "manhas" da sua máquina melhor do que o engenheiro formado, não saberá definir a "vida" dela em termos teóricos, mas nos falará sobre ela de modo vivo e figurado. É comum enfrentarmos forças e começarmos a nos orientar nelas, dirigi-las por meio de ações das mãos e dos pés (ou com palavras e exortações verbais, quando as forças se dão no organismo humano e não há outros meios) muito antes de se tornar possível a sua definição científica. E quando desejamos representá-las, não definiremos essas forças, efetivamente, mas a nossa relação com elas, nossos hábitos, objetivos e ações. Na área da psicologia é especialmente difícil evitar o pensamento imagético e ilegítimo. A própria língua nos oferece apenas metáforas para expressar as vivências interiores. Não é possível dizer nem duas palavras sobre o psicológico sem usar duas metáforas. Esse é o último campo em que os métodos cognitivos objetivos podem triunfar. Pode-se dizer que a psicologia subjetiva ainda se encontra sob o domínio da metáfora e dificilmente poderá se livrar dela no seu terreno, isto é, nos limites do método subjetivo. É por isso que não devemos ficar surpresos com a essência metafórica da psicanálise.

É evidente que esse núcleo metafórico *profissional* da teoria de Freud é mascarado e oculto, pois é envolto de modo extremamente hábil por uma terminologia científica. Nos limites da sua aplicação profissional, esse método imagético é até certo ponto admissível.

No entanto, a metáfora gerada no consultório do médico burguês vienense, que encontrava-se no caminho das principais aspirações ideológicas de uma burguesia em decomposição, verificou-se muito feliz: surgiu na hora e no lugar certos. Mas depois ela começou a crescer e transformou-se, diante dos nossos olhos, em uma visão de mundo.

Na penumbra do consultório, a sessão psicanalítica, com seus embates, com todas as suas peripécias vivas e dramáticas, acabou por tornar-se um símbolo, isto é, a chave da dinamicidade do mundo e do drama universal da humanidade. O palco trágico, com sua *Oresteia* e a tragédia de Édipo, reduziu-se ao consultório médico modernizado, no qual dividem-se os papeis para a encenação do famigerado "complexo de Édipo". Como é típico à psicanálise, o próprio estilo dessa expressão — a combinação do seco e do científico (o complexo) com o estético e o patético (Édipo e as associações estéticas relacionadas a ele no ambiente de *O nascimento da*

Do outro lado do social: sobre o freudismo

tragédia de Nietzsche) — é uma espécie de monóculo colocado no olho cego de Édipo.

A inter-relação particular e pessoal dos dois (médico e paciente) moldou todas as concepções do freudismo: a cisão do organismo em dois polos (as pulsões do Eu e as pulsões sexuais), geralmente inimigos um do outro; a cisão do psiquismo (a consciência e o inconsciente, o Eu e o Id) etc. Essas forças pares são hipostasiadas, tornam-se pessoas que entram em embate ideológico uma com a outra. Os dois representam ainda o protótipo de todas as relações sociais. Aqui também se encontra uma das raízes do pansexualismo freudiano. A questão é que o "par", como um *mínimo social*, é mais fácil de ser isolado e transformado em um microcosmo que não precisa de nada e de ninguém; é preciso apenas sexualizar esse par: o amor pode ser feliz até numa choupana e, para os apaixonados, o resto do mundo não existe.

Todas as épocas de decadência e desagregação social caracterizam-se pela reavaliação do sexual, do ponto de vista da vida e da ideologia, o que inevitavelmente resulta na sua compreensão unilateral: coloca-se em primeiro plano o seu lado associal, tomado de modo abstrato. O sexual tende a tornar-se substituto do social. Todas as pessoas se dividem, antes de mais nada, e às vezes unicamente, em homens e mulheres. Nenhuma outra divisão parece existir. Apenas aquelas relações sociais que podem ser sexualizadas são compreendidas e valorizadas. Todo o resto perde o seu sentido e a sua importância. Assim aconteceu tanto nas vésperas de 1789 quanto na época da decadência romana, e agora estamos observando o mesmo na Europa burguesa. Um traço extremamente característico e interessante do freudismo é a sexualização absoluta da família e de todas as relações familiares, sem exceção (o complexo de Édipo). Aparentemente, a família, esse pilar e fundamento do capitalismo, tornou-se pouco compreensível e pouco sentida do ponto de vista econômico e social, o que possibilitou a sua sexualização absoluta em uma espécie de nova concepção, o "estranhamento", como diriam os nossos "formalistas". Com efeito, o complexo de Édipo é um magnífico estranhamento da célula familiar. O pai não é o dono da empresa e o filho não é o seu herdeiro; o pai é apenas o marido da mãe e o filho é o seu rival! No entanto, sabemos que o mito de Édipo tampouco surgiu no terreno do sexual (o sexual como sempre é apenas um sobretom), mas no do econômico: a mãe era a proprietária (um resquício do matriarcado) e apenas a mão dela dava direito ao trono (a sucessão pela linha feminina): o filho era obrigado ou a partir, ou a eliminar o pai. Apenas nesse terreno pode nascer o motivo de Édipo (Hildebrand e Hadubrand na antiga épica germânica, Rostam e Sohrab na épica iraniana, o combate entre Iliá-Múromets e o filho na épica russa e assim por diante). Freud sexualizou esse motivo e, por meio dele, estranhou a família.[59]

A concepção freudiana do mundo e da sociedade, por meio da sexualização de todos os objetos e relações, acertou o alvo. É isso que explica o seu sucesso. As relações sexualizadas *de ambos* encobriram tudo e todos, tornando-se protótipo e medida de todas as outras relações. O mundo sufocante do outro lado do social, construído pela atual filosofia burguesa, inevitavelmente teve que procurar na sexualidade (compreendida de modo abstrato) aquela que talvez seja a sua mais importante base.

∗ ∗ ∗

[59] Os três épicos citados têm como tema um pai e um filho que se encontram pela primeira vez no campo de batalha e não são capazes de identificar um ao outro. Com exceção do épico alemão *Hildebrandslied* (século IX), cujo final é desconhecido, todos terminam com o pai assassinando o filho. A tragédia de Rostam e Sohrab integra o épico persa *Shahnameh* [*Livro dos Reis*], escrito por Ferdusi no século X. Iliá-Múromets é um herói do folclore oral russo. (N. da T.)

Do outro lado do social: sobre o freudismo

Agora, amparados pela nossa avaliação prática dos fundamentos do freudismo, podemos tirar algumas conclusões em relação àqueles aspectos que foram destacados acima, isto é, em relação à interpretação dos sonhos e ao chiste. A avaliação do método e a definição do inconsciente, acima apresentadas, permite que o façamos em poucas palavras.

As formações de compromisso ou de substituição — as imagens dos sonhos, dos mitos e da criação artística — de fato não podem ser compreendidas por meio da sua interpretação superficial pela consciência. As motivações da consciência, apesar de toda a sua sinceridade subjetiva, não são uma explicação objetiva de quaisquer construções ideológicas (reconheçamos os sonhos como uma forma embrionária dessas construções). Todos os aspectos da ideologia são rigorosamente determinados por forças puramente materiais. Será que elas podem ser reduzidas apenas à base socioeconômica e explicadas a partir dela como necessárias?

É claro que não, e o marxismo jamais afirmou isso.[60] Na base das construções ideológicas haverá sempre um resquício irredutível (e será grande nos sonhos). Esse resquício deve ser explicado pela biologia, pela fisiologia e, por fim, pela psicologia *objetiva*. Entretanto, em primeiro lugar, esse resquício não deve em absoluto ser analisado de modo isolado, pois o biológico e o psicológico são apenas aspectos abstratos. Na ideologia concreta, ele ganhará uma carne histórica e socioeconômica, o que diz respeito não apenas às imagens artísticas, mitológicas e filosóficas, como também aos sonhos. Em segundo lugar, esse resquício, por ser mais constante, é o aspecto menos criativo da ideologia; ele não determina o seu

---

[60] Para mais detalhes sobre isso, conferir Karl Kautsky, "Chto khótchet i tchto mójet dat materialistítcheskoie ponimánie istórii" ["O que quer e o que pode dar a compreensão materialista da história"], na coletânea *Istorítcheski materializm* [*Materialismo histórico*], organizada por Semion Semkóvski.

conteúdo atual e vivo, pois nele o que menos se discute é o de todo comum (o que é universal para a humanidade e até para os animais) ou o de todo individual (o singular). O primeiro está subentendido, o segundo não é interessante. A construção ideológica é, antes de tudo, social.

Como então procede Freud? Sem reconhecer que os motivos conscientes explicam exaustivamente o "conteúdo evidente" da imagem — com o que, é claro, devemos concordar —, Freud procura para ela a *determinante puramente psíquica no inconsciente* (a pulsão infantil), *que define a imagem ideológica na íntegra e em todos os seus aspectos.*

Como resultado, chegamos a uma conclusão surpreendente: *toda cultura* (e não apenas o sonho) *vive quase sem exceção em função das pulsões infantis!* Trata-se de uma "base infantil" que, segundo Freud, substitui inteiramente a base socioeconômica!

No entanto, já sabemos o que é o inconsciente freudiano, e por isso já podemos afirmar: o "conteúdo oculto" de Freud (os desejos infantis dos sonhos realizados, as pulsões infantis dos mitos e da criação artística, e assim por diante) é a imagem metafórica de um certo x construída por analogia com a consciência (já abordamos essa construção). A incógnita x é a necessidade material: *socioeconômica*, fisiológica, biológica e *objetivo-psicológica*. Essa necessidade material não é consciente, mas de modo algum é "inconsciente" no sentido freudiano.

O método de fantasiar livremente é o método da construção da metáfora (o "inconsciente") e de sua projeção para a incógnita x. Evidentemente, esse fantasiar não é ocasional; porém, ele mesmo precisa de uma *explicação objetiva.* É óbvio que, na explicação da imagem do sonho, os aspectos biológicos e psicológicos são muito importantes. Entretanto, nas imagens mitológicas e artísticas — em particular as do chiste e da filosofia —, todo o essencial e atual (criativo) está sujeito à explicação socioeconômica.

Do outro lado do social: sobre o freudismo   103

Do ponto de vista desenvolvido por nós, é possível realizar uma análise interessante de todas as formações metafóricas (os complexos e os seus aspectos) que povoam o inconsciente freudiano.

No entanto, isso ultrapassa os limites do nosso ensaio.

VII

A melhor prova da veracidade da nossa visão sobre a psicanálise, sobre o seu núcleo metafórico principal e sobre as suas amplas tendências ideológicas, é o último livro de Otto Rank, *Das Trauma der Geburt* [*O trauma do nascimento*], de 1924. Trata-se de um magnífico *reductio ad absurdum* do freudismo.

É preciso notar que Rank é o discípulo preferido de Freud, e é considerado o freudiano mais ortodoxo; o livro é dedicado ao mestre por ocasião do seu aniversário. Portanto, é impossível considerá-lo um fenômeno fortuito. É a última palavra da psicanálise, que o próprio Freud provavelmente assinaria.

Toda a vida humana e toda a criação cultural são, de acordo com Rank, nada mais do que a eliminação e a superação do trauma do nascimento sob diferentes modos e meios.

O nascimento do ser humano é traumático: o organismo expulso do útero materno experimenta um choque terrível, comparável apenas ao choque natural da morte. O horror e a dor desse trauma são justamente o início do psiquismo humano. O medo do nascimento torna-se o primeiro momento a ser recalcado, que atrai a si todos os posteriores. Ele é a raiz do inconsciente e, em geral, de todo o psíquico. Durante toda a sua vida posterior, o homem não consegue superar o pavor do nascimento. Entretanto, junto com o pavor nasce a atração de retorno ao paraíso vivido no estado intrauterino. Daí surge a relação ambígua com o útero materno: ele ao mesmo tempo atrai e repulsa. Essa ânsia pelo retorno e esse pavor permanecem para sempre na alma humana como fonte de toda a sua produtividade ao longo da vida.

O estado intrauterino se caracteriza pela ausência da ruptura entre o desejo, a necessidade e a sua satisfação, ou seja, entre o organismo e a realidade externa: para um embrião, o mundo externo é o organismo da mãe que representa uma espécie de continuação direta do seu próprio organismo.

Todas as características do paraíso e do século de ouro nos mitos e nas sagas, as características da união ideal do universo e da futura harmonia na filosofia e, por fim, as utopias sociais demonstram com clareza que se originam na mesma atração à vida intrauterina vivida certa vez, ou seja, baseiam-se na memória imprecisa e inconsciente do paraíso que existiu de fato e, nesse sentido, não são uma invenção.

No entanto, os portões do paraíso são vigiados por um guardião austero — o pavor do nascimento —, que sempre se ergue e lança esse pavor no inconsciente quando no psiquismo surge o desejo do retorno.

O trauma do nascimento se reproduz nos sintomas doentios: no medo infantil, nas neuroses e nas psicoses. Ele se repete de modo não produtivo pelo corpo do doente, porém sem ser superado. A superação do trauma ocorre somente por meio da criação cultural (incluindo a economia e a tecnologia). Rank define essa criação como um conjunto de esforços para transformar o mundo externo em um substituto (*Ersatzbildung*) do útero materno.

Nesse sentido, toda a cultura e a tecnologia são simbólicas. Vivemos em um mundo de símbolos que, no fim das contas, significam uma só coisa: o útero materno e os caminhos até ele. O que é a caverna na qual se abrigava o homem primitivo? O que é o quarto, a casa, o Estado etc. a não ser símbolos substitutivos do ventre protetor?

Rank tenta deduzir a forma artística dessa mesma fonte: assim as estátuas arcaicas, com seus corpos encolhidos e inequivocamente sentados, demonstram a posição fetal. Apenas a plasticidade das esculturas gregas, um atleta que se movimenta livremente no mundo externo, simboliza a superação do trauma. Os gregos resolveram o mistério da esfinge, que era o mistério do nascimento humano.

Desse modo, toda a criação é condicionada, tanto do ponto de vista da forma quanto do conteúdo, pelo ato de nascimento no mundo. Entretanto, de acordo com Rank, o melhor substituto do paraíso, a compensação mais completa do trauma do nascimento, é a vida erótica que resulta em coitos, esse retorno parcial para o útero, unicamente possível para um homem.[61] Para o nosso inconsciente, a morte é o retorno para o útero, e o medo relacionado a ela repete o pavor do nascimento. As formas arcaicas de sepultamento: o enterro (na "mãe terra"), a posição sentada do defunto (uma alusão ao feto), o sepultamento no barco (o *uterus*, o líquido amniótico), o formato do caixão e, por fim, os ritos relacionados ao sepultamento, tudo isso demonstra a compreensão inconsciente da morte como um retorno. O costume grego de queimar os cadáveres também assinala uma melhor sucedida superação do trauma. As últimas convulsões agônicas, segundo Rank, reproduzem com exatidão, no plano corporal, as primeiras convulsões de um organismo que está nascendo.

Nem é preciso dizer que os métodos que Rank apresenta nessa obra são totalmente subjetivos: ele nem tenta fazer uma análise objetiva e fisiológica do trauma do nascimento e da sua influência possível sobre a vida posterior do organismo físico. *Ele busca*, no inconsciente humano, *apenas as recordações sobre o trauma*; ele procura o fundo da experiência subjetiva e pensa que encontrará também nesse fundo todo o físico.

---

[61] Conferir sobre isso também Sándor Ferenczi, *Versuch einer Genitaltheorie* [*Esboço de uma teoria genital*] (1924).

É extremamente característico o modo como Rank entende as sessões psicanalíticas: em sua opinião, elas reproduzem nada menos que o ato do nascimento (o próprio tratamento psicanalítico costuma durar cerca de nove meses). No início a libido do paciente se fixa no médico; a sala na penumbra (apenas o paciente fica na parte iluminada, já o médico, na penumbra) representa para o paciente (para o seu inconsciente, é claro) o útero materno. O fim do tratamento reproduz o trauma do nascimento: o paciente deve se livrar do médico e eliminar, nesse momento, o trauma da sua separação da mãe. Se ele tiver sucesso nisso, poderá deixar para trás a atração improdutiva, isto é, o útero, que é a fonte última de todas as neuroses.

O significado metafórico da seção de psicanálise para todo o freudismo revela-se aqui com extrema clareza, e, além disso, a tendência ideológica de toda essa teoria é levada até o seu limite lógico. Consideramos que tudo isso dispensa quaisquer comentários críticos.

Voltemos àquilo com que começamos o nosso trabalho: à tarde detestável do nosso nascimento. De acordo com Rank, somos obrigados a permanecer nesse momento durante toda a nossa vida, até que chegue a bela manhã da morte; porém, infelizmente, ela não nos fará avançar, pois a sua agonia apenas repetirá o trauma do nascimento. Estamos de volta à sentença indiferente de Petchórin, na nossa epígrafe, mas devemos reconhecer nela certa vantagem em relação à sentença de Rank: ela ao menos é *irônica*. O tom do livro de Rank é profético e proclamador (lembra Spengler, mas com menos talento). Entretanto, o conteúdo da proclamação profética é simples: o organismo humano nasce apenas para mastigar durante toda a vida uma mesma goma, o trauma do seu nascimento.

A principal aspiração da filosofia burguesa é criar um mundo do outro lado do social, reunir nele tudo que pode ser extraído de modo abstrato do homem íntegro, hipostasiar (personificar) esses aspectos abstratos e preenchê-los com todo tipo de funções. O cosmismo da antroposofia (Rudolf Steiner), o biologismo de Henri Bergson com outros *dii minores*[62] da filosofia da vida e, por fim, o psicobiologismo de Freud analisado por nós, essas três tendências que dividiram entre si todo o mundo burguês servem, cada uma à sua maneira, a essa aspiração da filosofia burguesa. A fusão da extrema abstração com imagens claramente semiartísticas, ou diretamente artísticas, caracteriza todas as três tendências. Elas definiram a fisionomia do *Kulturmensch* burguês contemporâneo — steineriano, bergsoniano, freudiano — bem como os três altares da sua fé e adoração: a *magia*, o *instinto* e o *sexual*. O freudismo possui menos *páthos*, por isso as tendências de petrificação nele são mais aparentes, claras e cínicas (mas será que isso o faz parecer com o materialismo?).

No nosso ensaio, tentamos revelar essas *tendências principais que consistem em, por meio da projeção imagética, reduzir ao paraíso abafado do organismo psicologizado toda a necessidade material externa, e representá-la apenas como um jogo de forças psíquicas interiores — pulsões sexuais e pulsões do "Eu"*.

Como resultado, primeiramente toda a cultura e toda a história revelaram-se como substitutas do coito, e depois o coito como o substituto do estado fetal intrauterino. Falta apenas dar um passo final e reconhecer esse último como substituto da pura inexistência.

Isso ao menos seria coerente![63]

---

[62] Em latim no original: "deidades menores". (N. da T.)

[63] O próprio Freud não teve medo de tirar essa última conclusão, mas o fez de modo muito cauteloso e camuflado. Cf. *Jenseits des Lustprinzips* [*Além do princípio do prazer*].

A palavra na vida e a palavra na poesia: para uma poética sociológica[1]

I

Na ciência sobre a literatura, o método sociológico foi aplicado quase exclusivamente na elaboração de questões *históricas*; entretanto, os problemas da assim chamada *poética teórica* — todo o conjunto de questões relacionadas à forma literária, seus diferentes aspectos, o estilo etc. — permaneceram praticamente intocados por esse método. Existe uma opinião errônea, apoiada, porém, por alguns marxistas, de que o método sociológico torna-se legítimo

---

[1] Ensaio publicado em *Zvezdá*, nº 6, pp. 244-67, Leningrado, 1926. O primeiro significado de *slovo* é "palavra", tal como está na tradução espanhola de Tatiana Bubnova (Mijail M. Bajtin, *Hacia una filosofía del acto ético: de los borradores y otros escritos*, Barcelona/San Juan, Anthropos/Universidad de Puerto Rico, 1997). No entanto, o termo também foi traduzido por "discurso" a partir da tradução francesa de Tzvetan Todorov (Mikhaïl Bakhtine, *Le principe dialogique suivi des écrits du Cercle de Bakhtine*, Paris, Éditions du Seuil, 1981) e da tradução americana de John Richmond (Ann Shukman, *Bakhtin School Papers*, nº 10, Somerton/Oxford/Colchester, University of Essex, 1983). Trabalha em favor da tradução como "palavra" o fato de, na sequência do artigo, travar-se um diálogo com os formalistas e sua teoria da arte embasada em muito nas obras dos futuristas russos, cujo conhecido manifesto se chama *Slóvo kak takovóie* [*A palavra como tal*]. No entanto, a tradução como "discurso" tem a seu favor o fato de que a linguagem é considerada na relação com o seu meio social, com o criador e o contemplador, com a sua esfera de circulação etc. (N. da T.)

apenas quando a forma poética artística, acrescida do aspecto ideológico — o conteúdo —, passa a desenvolver-se historicamente nas condições da realidade social exterior. Já a forma é dotada de sua própria natureza e lei artísticas específicas, que não são sociológicas.

Tal visão contradiz por completo os próprios fundamentos do método marxista: seu *monismo* e sua *historicidade*. A ruptura entre a forma e o conteúdo, a ruptura entre a teoria e a história, esse é o resultado de semelhante perspectiva.

No entanto, detenhamo-nos nessa perspectiva errônea um pouco mais detalhadamente, pois ela é muito característica de toda a teoria da arte contemporânea.

O desenvolvimento mais claro e consequente desse ponto de vista foi feito recentemente pelo professor Sakúlin.[2] Na literatura e na história ele distingue duas séries: a imanente (interna) e a causal. O "núcleo artístico" imanente da literatura possui suas próprias leis e estrutura, e é apto a uma evolução autônoma "natural". Entretanto, no processo desse desenvolvimento, a literatura sofre a influência "causal" do meio social *extra-artístico*. O "núcleo imanente" da literatura, com sua estrutura e evolução autônomas, encontra-se fora da competência do sociólogo, pois essa área é domínio da poética teórica e histórica, que tem sua metodologia própria.[3] Já o método sociológico pode estudar com êxito apenas a in-

---

[2] P. N. Sakúlin, *Sotsiologuítcheski miétod v literaturoviédenii* [*O método sociológico na teoria literária*], 1925. [Pável Nikítitch Sakúlin (1868-1930) foi teórico da literatura e linguista. Atuou como professor na Universidade Estatal de Moscou e escreveu manuais de sintaxe da língua russa e de história da literatura russa do século XIX. Participou da reforma ortográfica da língua russa ocorrida logo após a revolução. (N. da T.)]

[3] "Os elementos da forma poética (som, palavra, imagem, ritmo, composição, gênero), a temática poética, o estilo artístico como um todo, tudo isso é estudado previamente de modo imanente por meio dos métodos elaborados pela poética teórica a partir da psicologia, da estética e da

teração causal com o meio social extra-artístico circundante. A análise imanente (não sociológica) da essência da literatura e das suas leis autônomas internas deve preceder a análise sociológica.[4] É claro que um sociólogo marxista não pode concordar com essa afirmação. Entretanto, é preciso reconhecer que até então a sociologia, quase sem exceção, costumava analisar as questões concretas da história literária sem ter feito nenhuma tentativa séria de abordar, com a ajuda dos seus métodos, a assim chamada estrutura "imanente" da obra literária. De fato, esta última encontra-se inteiramente sob o domínio do estético, do psicológico e dos outros métodos que nada têm a ver com a sociologia.

Para se ter certeza disso, basta observar qualquer trabalho atual sobre a poética ou, mais amplamente, sobre a teoria da arte. Não encontraremos nesses trabalhos nenhum vestígio de uma abordagem por meio de categorias sociológicas. A arte é interpretada como se a sua "natureza" fosse tão estranha à sociologia quanto a estrutura física ou química do

linguística, e hoje praticados em particular pelo assim chamado método formal" (Sakúlin, *Sotsiologuítcheski miétod v literaturoviédenii* [*O método sociológico na teoria literária*], p. 27).

[4] "Ao encararmos a literatura como um fenômeno social, chegamos inevitavelmente à questão da sua condicionalidade causal. A nosso ver, trata-se de uma causalidade sociológica. Apenas agora um historiador da literatura obtém o direito de assumir a posição de sociólogo e apresentar os seus 'porquês', com o propósito de incluir os fatos literários no processo geral da vida social do período em questão e depois definir o seu lugar no movimento histórico como um todo. É aí que entra em vigor o método sociológico que, ao ser aplicado à história da literatura, torna-se histórico-sociológico.

No primeiro estágio, o imanente, a obra era concebida como um valor artístico em sua importância social e histórica." (Sakúlin, *Sotsiologuítcheski miétod v literaturoviédenii* [*O método sociológico na teoria literária*], pp. 27 e 28).

A palavra na vida e a palavra na poesia

corpo. A maioria dos teóricos da arte da Europa Ocidental e da Rússia afirma justamente isso em relação à literatura e a toda a arte, e com base nisso delimitam de modo persistente os estudos da arte como uma ciência específica sem quaisquer abordagens sociológicas.

Nas linhas a seguir, exporemos de modo aproximado essa posição. Todo objeto que se tornou alvo de demanda e oferta, isto é, toda mercadoria, obedece, no que diz respeito ao seu valor e ao seu movimento dentro da sociedade humana, a leis socioeconômicas; porém, mesmo se conhecermos bem essas leis, não entenderemos absolutamente nada da estrutura físico-química desse objeto que se tornou mercadoria. Ao contrário, os estudos da mercadoria ainda precisarão da análise físico-química prévia. Apenas um físico-químico é capaz de realizar essa análise com a ajuda dos seus métodos específicos. Na opinião desses teóricos, algo análogo ocorre com a arte. Ela também, ao se tornar um fator social e ao experimentar a influência dos demais fatores também sociais, obedece, é claro, à lei sociológica geral, porém nunca conseguiremos deduzir dessa lei a *essência estética* da arte, assim como não podemos deduzir a fórmula química de uma mercadoria a partir da lei econômica que regula a circulação de mercadorias. A teoria da arte e a poética teórica devem buscar justamente essa fórmula "específica" da obra literária, que é independente da sociologia.

Tal compreensão da essência da arte, como já foi dito, contradiz totalmente os fundamentos do marxismo. De fato, é impossível encontrar a fórmula química por meio da sociologia, porém a "fórmula" científica para qualquer área da *ideologia* só pode ser encontrada com a ajuda dos métodos sociológicos. Todos os demais métodos — "imanentes" — perdem-se no subjetivismo sem conseguir encontrar uma saída para o embate inútil de pontos de vista e opiniões, sendo totalmente incapazes de apresentar algo que ao menos de longe se pareça com uma fórmula química precisa e rigorosa. É óbvio que o método marxista tampouco pode aspirar essas qualidades: a essência da ciência da ideologia exclui a possibilidade do rigor e da precisão próprios das ciências da natureza. Entretanto, uma abordagem efetivamente científica da criação ideológica tornou-se possível pela primeira vez graças ao método sociológico na sua compreensão marxista. Os corpos físicos e químicos existem também fora da sociedade humana; já os produtos da criação ideológica surgem apenas nela e para ela. Diferentemente dos corpos da natureza, as definições sociais não chegam *de fora* até esses produtos; *as formações ideológicas são interna e imanentemente sociológicas.* Dificilmente alguém negaria isso em relação às formas políticas e jurídicas, pois que essência imanente e estranha à sociológica pode ser encontrada nelas? As nuances formais mais sutis do direito e da organização política podem ser acessadas por meio do método sociológico e apenas por meio dele. No entanto, o mesmo se estende a outras formas ideológicas. Todas elas são *inteiramente sociológicas*, embora a sua estrutura, imprecisa e complexa, apresente grandes obstáculos à análise precisa.

Do mesmo modo, a arte é imanentemente social: o meio social extra-artístico, ao influenciá-la de fora, encontra nela uma imediata resposta interior. Nesse caso, não é o alheio que age sobre o alheio, mas uma formação social sobre a outra. O *estético*, o jurídico e o cognitivo são *apenas diferentes espécies do social* e, por conseguinte, a teoria da arte pode ser apenas uma *sociologia da arte*.[5] Não resta a ela nenhuma tarefa "imanente".

---

[5] Diferenciamos a história e a teoria da arte apenas no que concerne à divisão técnica do trabalho. Entre elas não deve haver nenhuma ruptura metodológica. As categorias históricas são aplicadas, é claro, em absolutamente todas as áreas das ciências humanas, tanto históricas quanto teóricas.

A palavra na vida e a palavra na poesia

II

Para uma aplicação correta e produtiva da análise sociológica na teoria da arte e, em particular, na poética, é necessário livrar-se de duas opiniões errôneas que estreitam ao extremo os limites da arte ao isolar apenas alguns dos seus aspectos.

A primeira opinião pode ser definida como *fetichização da obra de arte como coisa*. Esse fetichismo atualmente predomina nos estudos da arte. O pesquisador não vê nada além da obra de arte que é analisada, como se toda a arte se reduzisse a ela. O criador e os contempladores permanecem fora do campo de análise.

O segundo ponto de vista, ao contrário, limita-se ao estudo do psiquismo, ora do criador, ora do contemplador (muitas vezes simplesmente equiparando-os). Desse prisma, as vivências daquele que contempla e daquele que cria exaurem a arte.

Desse modo, para um ponto de vista, o objeto de estudo é apenas a estrutura da obra como coisa, já, para o outro, somente o psiquismo individual do criador ou do contemplador.

O primeiro ponto de vista coloca o material no primeiro plano do estudo estético. A forma — compreendida de modo muito estreito como a forma que organiza o material em um objeto único e finalizado — torna-se o principal e praticamente o único objeto de estudo.

Esse primeiro ponto de vista é compartilhado inclusive pelo assim chamado "método formal". Para ele, a obra poética é o material verbal que a forma organiza de um determinado modo. A palavra é aqui abordada não como fenômeno sociológico, mas de um ponto de vista linguístico abstrato. Esse procedimento é bastante compreensível, pois a palavra, quando analisada de modo mais amplo, como um fenômeno

114   Valentin Volóchinov

da comunicação cultural, deixa de ser um objeto autossuficiente e já não pode ser compreendida fora da situação social que a gerou.

O primeiro ponto de vista não pode ser levado até o fim de modo coerente. Ao permanecermos nos limites do aspecto objetual da arte, é impossível até mesmo delimitar o material e os seus componentes com significado artístico. O material, por si só, funde-se diretamente com o ambiente extra-artístico que o circunda e possui uma infinidade de componentes e definições: matemáticas, físicas, químicas e, por fim, linguísticas. Por mais que analisemos todas as propriedades do material e todas as possíveis combinações dessas propriedades, nunca seremos capazes de encontrar o seu significado estético sem trazer de contrabando um outro ponto de vista que não ultrapasse os limites da análise material. Do mesmo modo, por mais que analisemos a estrutura química de um determinado corpo, nunca entenderemos o seu significado e o seu valor comercial sem recorrer ao ponto de vista econômico.

É igualmente inútil a tentativa do segundo ponto de vista de encontrar o estético no psiquismo individual do criador ou do contemplador. Prosseguindo com a nossa analogia econômica, é possível dizer que essa tentativa se igualaria àquela de revelar, por meio da análise do psiquismo individual do proletário, as relações de produção objetivas determinantes da sua posição na sociedade.

Em um balanço final, ambos os pontos de vista pecam pelo mesmo defeito: *eles tentam encontrar o todo na parte*, isto é, a estrutura da parte isolada de modo abstrato é apresentada como a estrutura do todo. Entretanto, o "artístico" em sua totalidade não se encontra no objeto nem no psiquismo do criador ou do contemplador abordados de modo isolado: o "artístico" abarca todos os três aspectos. Ele é *uma forma específica da inter-relação entre o criador e os contempladores fixada na obra artística.*

A palavra na vida e a palavra na poesia

A base dessa *comunicação artística* é a mesma das outras formas sociais, porém a comunicação artística mantém a sua peculiaridade: é um tipo específico de comunicação que possui uma forma única, própria apenas a ela. *Compreender essa forma específica da comunicação social, realizada e fixada no material da forma artística, é a tarefa da poética sociológica.* Quando considerada fora e independente dessa comunicação, a obra artística é simplesmente um objeto físico ou um exercício linguístico, pois ela se torna artística apenas graças à interação entre o criador e o contemplador, ou seja, como aspecto essencial no acontecimento dessa interação. No material da obra artística, tudo aquilo que não fizer parte da comunicação entre o criador e o contemplador, que não puder tornar-se um *medium*, o meio dessa comunicação, tampouco pode adquirir um significado artístico.

Os métodos que ignoram a essência social da arte, tentando encontrar a sua natureza e as suas particularidades apenas na organização da obra como objeto, são na verdade obrigados a *projetar* a inter-relação social entre o criador e o contemplador nos diferentes aspectos do material e dos procedimentos da sua organização. Do mesmo modo, a estética psicológica projeta essas mesmas relações no psiquismo individual daquele que a recebe. Essa projeção distorce a pureza das inter-relações e cria uma imagem falsa tanto do material quanto do psiquismo.

Como já havíamos dito, a comunicação estética fixada na obra artística é totalmente peculiar e não pode ser reduzida a outros tipos de comunicação ideológica: política, jurídica, moral e de outros tipos. Se a comunicação política cria as instituições e as formas jurídicas correspondentes, a comunicação estética organiza apenas a obra artística; já se a comunicação política recusa essa tarefa, se ela tende a criar uma organização ou forma política, por mais efêmeras que sejam, ela perde a sua peculiaridade. *O traço característico da comunicação estética consiste justamente em esgotar-se por completo na criação da obra artística e nas suas recriações constantes mediante a contemplação cocriativa, sem necessidade de outras objetivações.* No entanto, é claro, essa forma peculiar de comunicação *não é isolada*: ela participa do fluxo único da vida social, reflete em si a base econômica comum, interage e troca forças com outras formas de comunicação.

O objetivo do nosso trabalho é tentar compreender a forma do enunciado poético enquanto forma dessa comunicação estética específica, realizada no material da palavra. No entanto, para isso teremos que analisar mais detalhadamente alguns aspectos do enunciado verbal fora da arte: no discurso *cotidiano* comum, pois nele já se encontram os fundamentos, as potências (as possibilidades) da futura forma literária. A essência social da palavra se apresenta aqui com mais precisão e clareza, assim como a análise da relação entre o enunciado e o meio social circundante torna-se mais fácil.

III

Obviamente, a palavra na vida não é autossuficiente. Ela surge da situação cotidiana extraverbal e mantém uma relação muito estreita com ela. Mais do que isso, a palavra é completada diretamente pela própria vida e não pode ser separada dela sem que o seu sentido seja perdido.

Costumamos atribuir as seguintes características e avaliações aos enunciados cotidianos: "é mentira", "é verdade", "é corajoso", "não podia ter dito isso", e assim por diante.

Essas avaliações, e outras semelhantes a elas, independentemente do critério pelo qual elas se guiem — ético, cognitivo, político ou de outros tipos — incluem muito mais do que se encontra nos aspectos verbal e linguístico do enunciado: *as avaliações englobam, junto com a palavra, a situação extraverbal do enunciado*. Essas opiniões e avaliações se referem a um certo todo, no qual a palavra entra em contato direto com o acontecimento cotidiano, fundindo-se com ele em uma unidade indivisível. A própria palavra, quando abordada de modo isolado, como um fenômeno puramente linguístico, não pode, é claro, ser nem verdadeira, nem falsa, nem ousada, nem tímida.

Como então a palavra cotidiana se relaciona com a situação extraverbal que a gerou? Vamos analisar isso com um exemplo que foi propositalmente simplificado.

Duas pessoas estão sentadas em um quarto. Estão caladas. Uma diz: "Puxa!". A outra não responde nada.

Para nós, que não estávamos no quarto antes disso, toda essa "conversa" é totalmente incompreensível. O enunciado "Puxa!", tomado de modo isolado, é vazio e privado de qualquer sentido. No entanto, a conversa peculiar desses dois, que, na verdade, consiste em apenas uma palavra pronunciada com entonação expressiva, é repleta de sentido e de significado, e é muito bem finalizada.

Para descobrir o sentido e o significado dessa conversa é preciso analisá-la. Entretanto, o que exatamente podemos submeter à análise? Por mais que nos preocupássemos com o lado puramente verbal do enunciado, por mais precisa que seja a nossa definição do aspecto fonético, morfológico e semântico da palavra "puxa", não chegaremos nem perto da compreensão do sentido integral da conversa.

Suponhamos que sabemos também da entonação com a qual foi pronunciada a nossa palavra, com indignação e reprovação, mas atenuada por um certo grau de humor. Essa informação preenche um pouco o vazio semântico da interjeição "puxa", porém não revela o significado do todo.

O que nos falta, então? — Aquele "contexto extraverbal" no qual a palavra "puxa" fazia sentido ao ouvinte. Esse *contexto extraverbal* do enunciado é composto por três aspectos: 1) o *horizonte espacial comum* dos falantes (a unidade do visível: o quarto, a janela etc.); 2) *o conhecimento e a compreensão da situação comum aos dois*; e finalmente 3) a *avaliação comum* dessa situação.

No momento da conversa, ambos os interlocutores *olharam* pela janela e *viram* que começou a nevar; ambos *sabem* que já é maio e a primavera deveria ter começado faz tempo; finalmente, *ambos estão cansados* do inverno que custa a terminar; *ambos estão esperando* a primavera e *ambos estão descontentes* com a neve tardia. É sobre tudo isso que *o enunciado apoia-se diretamente* — o "visto por ambos" (flocos de neve vistos pela janela), o "conhecido por ambos" (o mês de maio) e o "avaliado em concordância" (o inverno que já cansou, a primavera desejada) —, tudo isso está incluído no seu sentido vivo e é absorvido por ele, permanecendo, no entanto, sem marcação e expressão verbal. Os flocos de neve estão do outro lado da janela, a data está na folha do calendário, e a avaliação, no psiquismo do falante. Mas tudo isso está *subentendido* na palavra "puxa".

Agora que tomamos ciência desses "subentendidos", ou seja, do *horizonte espacial e semântico comum* dos falantes, torna-se totalmente claro o sentido global do enunciado "puxa", assim como a sua entonação.

Como então esse horizonte extraverbal se relaciona com a palavra, isto é, o dito com o não dito?

Em primeiro lugar, está totalmente claro que a palavra aqui não reflete em absoluto a situação extraverbal do mesmo modo que o espelho reflete o objeto. Nesse caso, a palavra tende a *resolver a situação*, atribuindo a ela uma espécie de *conclusão avaliativa*. Com muito mais frequência, o enunciado cotidiano continua e desenvolve ativamente a situação, bem como traça o plano da ação futura e a organiza. Para nós, é importante outro aspecto do enunciado cotidiano: seja qual for, ele sempre conecta os participantes da situação, como *coparticipantes* que conhecem, compreendem e avaliam a situação do mesmo modo. Por conseguinte, *o enun-*

*ciado se apoia no fato de eles pertencerem real e material-
mente à mesma parcela da existência, o que atribui a essa comunidade material uma expressão ideológica bem como um
desenvolvimento ideológico posterior.* Desse modo, a situação extraverbal não é em absoluto
uma simples causa externa do enunciado, ou seja, ela não age
sobre ele a partir do exterior, como uma força mecânica.
Não, *a situação integra o enunciado como uma parte necessária da sua composição semântica.* Portanto, o enunciado
cotidiano como um todo, como um todo consciente, é composto por duas partes: 1) a parte verbalmente realizada (ou
atualizada) e 2) a subentendida. É por isso que é possível
comparar o enunciado cotidiano com o "entimema".[6]

Entretanto, trata-se de um entimema específico. A própria palavra "entimema" (na tradução do grego, entimema
significa "aquilo que se encontra no psiquismo", "o subentendido"), assim como a palavra "subentendido", soa psicológica demais. É possível pensar que a situação é dada como
um ato psíquico subjetivo (representações, pensamentos, sentimentos) no psiquismo do falante. No entanto, não é assim:
o subjetivo-individual recua para o segundo plano em bene-
fício do *sócio-objetivo.* Aquilo que eu sei, que eu vejo, que
eu quero e que eu amo não pode ser subentendido. Apenas
aquilo que todos nós, os falantes, conhecemos, vemos, ama-
mos e reconhecemos, aquilo que une todos nós, pode se tornar parte subentendida do enunciado. Além disso, esse social, em sua base, é bastante objetivo: pois trata-se, antes de
mais nada, da *unidade material do mundo,* que integra o horizonte dos falantes (no nosso exemplo, o quarto, a neve do
outro lado da janela), bem como da *unidade das condições
reais da vida,* que geram o *caráter partilhado das avaliações:*

---

[6] Na lógica, o "entimema" é um tipo de raciocínio em que uma das
premissas não é dita e sim subentendida. Por exemplo, Sócrates é homem,
portanto é mortal. Subentende-se que "todo homem é mortal".

o fato de os falantes pertencerem à mesma família, profissão, classe ou outro grupo social, e, por fim, à mesma época, pois eles são contemporâneos. Por isso, as avaliações subentendidas não são as emoções individuais, mas os atos socialmente lógicos e necessários. Já as emoções *individuais* podem acompanhar o *tom principal da avaliação social* apenas na qualidade de *tonalidades*: o "eu" pode se realizar na palavra apenas apoiando-se no "nós".

Desse modo, todo enunciado cotidiano é um entimema objetivo social. É como se fosse uma "senha", conhecida apenas por aqueles que pertencem ao mesmo horizonte social. A particularidade dos enunciados da vida[7] consiste justamente no fato de que eles estão entrelaçados por mil fios ao contexto extraverbal da vida e, ao serem isolados dele, perdem praticamente por completo o seu sentido: quem não conhece o seu contexto da vida mais próximo não irá entendê-los.

No entanto, esse contexto mais próximo pode ser mais ou menos amplo. No nosso exemplo, ele é extremamente estreito: é determinado pelo *horizonte do quarto e do momento*, e o enunciado faz sentido somente para os dois. Entretanto, aquele horizonte único sobre o qual se fundamenta o enunciado pode ampliar-se tanto no espaço quanto no tempo: *existe o "subentendido" de uma família, de uma linhagem, de uma nação, de uma classe, ou dos dias, dos anos e de épocas inteiras.* Na medida em que se ampliam esse horizonte geral e o grupo social correspondente, os aspectos subentendidos do enunciado se tornam cada vez mais *constantes*.

Quando o horizonte subentendido real do enunciado for estreito, quando ele, como no nosso exemplo, coincidir com o horizonte efetivo de duas pessoas que estão no mesmo

---

[7] A expressão russa *jíznennoe viskázivanie*, que significa literalmente "enunciado da vida", poderia também ser traduzida por "enunciado do cotidiano". (N. da T.)

A palavra na vida e a palavra na poesia

quarto vendo a mesma coisa, o subentendido pode consistir em uma mudança mais efêmera desse horizonte. Contudo, quando o horizonte for mais amplo, o enunciado pode apoiar-se apenas nos aspectos constantes e estáveis da vida, bem como nas avaliações sociais essenciais e fundamentais. Nesse processo, as avaliações subentendidas possuem uma importância especial. Acontece que todas as avaliações sociais fundamentais geradas diretamente pela existência econômica do grupo em questão não costumam ser enunciadas, pois entraram na carne e no sangue de todos os representantes desse grupo; elas organizam os atos e as ações, é como se elas se unissem aos objetos e fenômenos que lhes correspondem, e por isso não precisam de formulações verbais especiais. Parece-nos que percebemos o valor do objeto junto com a sua existência, como uma das suas qualidades, assim como, por exemplo, junto com a luz e o calor do sol nos damos conta do quanto ele é valioso para nós. Do mesmo modo, todos os fenômenos da existência circundante se unem às avaliações. Quando uma avaliação é de fato condicionada pela própria existência da coletividade em questão, ela é reconhecida como dogma, como algo evidente e que não precisa ser discutido. E, ao contrário, quando a avaliação fundamental precisa ser enunciada e comprovada, ela já se tornou duvidosa, separou-se do objeto, deixou de organizar a vida e, por conseguinte, perdeu a sua ligação com as condições da existência dessa coletividade.

A avaliação social saudável permanece na vida e a partir de lá organiza a própria forma do enunciado e a sua entonação, mas de modo algum tende a encontrar uma expressão adequada no conteúdo da palavra. Assim que a avaliação passar dos aspectos formais para o conteúdo, é possível afirmar com segurança que uma reavaliação está sendo preparada. Desse modo, a avaliação essencial não está em absoluto no conteúdo da palavra e não pode ser deduzida dele; mas, em compensação, ela determina a própria *escolha* da palavra e a *forma* do todo verbal, encontrando a mais pura expressão na *entonação*. A entonação estabelece uma relação estreita da palavra com o contexto extraverbal: é como se a entonação viva levasse a palavra para fora dos seus limites verbais.

Vamos nos deter um pouco mais detalhadamente na ligação entre a entonação e o contexto cotidiano do enunciado citado por nós. Isso permitirá que façamos uma série de observações importantes sobre a essência social da entonação.

IV

Em primeiro lugar, é preciso destacar que a palavra "puxa" — semanticamente quase vazia — não pode em absoluto predeterminar, pelo seu conteúdo, a entonação: qualquer entonação é capaz de dominar essa palavra de modo livre e perfeito, seja ela de júbilo, de pesar, de desdenho etc., tudo depende do contexto no qual a palavra ocorre. No nosso caso, o contexto que determina a entonação — de reprovação indignada, mas suavizada pelo humor — é a situação extraverbal que analisamos acima, uma vez que o contexto verbal mais próximo está ausente. É possível antecipar ainda que, mesmo quando existe esse contexto verbal mais próximo, que é suficiente de todos os pontos de vista, a entonação de qualquer modo nos levará para fora dos seus limites: é possível entendê-la por completo apenas ao conhecer as avaliações do grupo social em questão, por mais amplo que ele seja. *A entonação sempre está no limite entre o verbal e o extraverbal, entre o dito e o não dito.* Na entonação, a palavra entra em contato direto com a vida. E antes de mais nada, o falante entra em contato com os ouvintes justamente por meio da entonação: a entonação é social *par excellence*. Ela é especialmente sensível em relação a todas as oscilações do ambiente social que circunda o falante.

No nosso exemplo, a entonação foi gerada no anseio pela primavera e no descontentamento com o inverno longo demais. A entonação e o seu tom principal claro e seguro apoiaram-se no caráter compartilhado e subentendido das avaliações. Nesse ambiente de consentimento, ela pode desenvolver-se livremente e diferenciar-se nos limites desse tom principal. No entanto, se não houvesse a certeza desse "coro de apoio", a entonação tomaria outro rumo, acrescida de outras tonalidades, adquirindo talvez as tonalidades de desafio, de irritação com o interlocutor e, por fim, simplesmente se reduziria ao mínimo. Quando uma pessoa pressupõe que o outro discorda dela ou ao menos não tem certeza ou duvida da sua concordância, ela não só entoa as palavras de outro modo, como constrói o enunciado de outra maneira. A seguir, veremos que não somente a entonação como também toda a estrutura formal do discurso dependem, em grau significativo, da relação entre o enunciado e o caráter compartilhado e subentendido das avaliações daquele ambiente social para o qual a palavra foi pensada. A entonação criativamente produtiva, segura e rica é possível apenas com base em um "coro de apoio" pressuposto. Já quando esse apoio não existe, a voz perde a força, a sua riqueza entonacional é reduzida, como acontece quando uma pessoa, ao rir, de repente percebe que está rindo sozinha: o seu riso cessa ou se altera, torna-se histérico, perde a segurança e a clareza, e a pessoa se torna incapaz de produzir palavras engraçadas e alegres. *O caráter partilhado das avaliações principais subentendidas é o tecido no qual o discurso humano vivo borda os seus desenhos entonacionais.*

No entanto, a orientação da entonação para um possível consentimento ou um possível apoio do coro ainda não exaure a sua natureza social. Ela é apenas um lado da entonação, o lado voltado para o ouvinte, porém dotado de um aspecto extremamente importante para a sociologia da palavra.

Se voltarmos à entonação do enunciado do nosso exemplo, perceberemos nela um traço "misterioso" que necessita de uma explicação especial.

De fato, a entonação da palavra "puxa" soava não apenas como uma reprovação passiva do ocorrido (a neve que caiu), mas também como uma indignação crítica ativa. A quem é dirigida essa crítica? Obviamente, não ao interlocutor, mas a um outro: essa direção do movimento entonacional amplia a situação de forma clara, dando lugar ao *terceiro participante*. Quem é esse terceiro? A quem é destinada a crítica? À neve? À natureza? Talvez ao destino?

É óbvio que no nosso simplificado enunciado da vida esse terceiro participante — o *personagem*[8] da obra verbal — ainda não foi definido por completo: apesar de a entonação já indicar claramente o seu lugar, o protagonista ainda não adquiriu seu equivalente semântico e permanece sem ser nomeado. A entonação estabelece aqui uma relação viva com o objeto do enunciado que praticamente o transforma em uma encarnação viva do culpado, sendo que o ouvinte — o segundo participante — torna-se uma espécie de *testemunha* e *aliado*.

Praticamente toda entonação viva do inflamado discurso da vida discorre de modo como se ela, além dos objetos e coisas, se dirigisse também aos participantes vivos e aos propulsores da vida, pois a *tendência à personificação* lhe é própria no mais elevado grau. Se a entonação não for suaviza-

---

[8] A palavra russa *guerói* foi traduzida por "herói" (Tatiana Bubnova na tradução espanhola, Vadim Liapunov, na americana, e Alfreda Aucouturier, na francesa) e por "personagem" (Paulo Bezerra, na brasileira). Os dicionários monolíngues russos definem *guerói* como o personagem principal de uma obra literária e, por isso, o termo mais adequado em português seria "protagonista". No entanto, observamos que os autores do Círculo de Bakhtin utilizam a palavra *guerói* ao tratar de qualquer personagem de uma obra literária, daí a preferência por "personagem". (N. da T.)

A palavra na vida e a palavra na poesia

da, como no nosso exemplo, por uma certa parcela de ironia, se ela for ingênua e espontânea, dela nasce uma imagem mitológica, uma fórmula mágica, uma prece, como ocorria nas fases iniciais da cultura. No nosso caso, lidamos com um fenômeno extremamente importante da criação linguística, com a *metáfora entonacional*: a entonação soa como se a palavra criticasse algum culpado vivo pela neve tardia, isto é, pelo inverno. No nosso exemplo, temos a *pura* metáfora entonacional, que em nada extrapola os limites da entonação; porém, nela, como num berço, dorme a possibilidade da *metáfora semântica* comum. Se essa possibilidade se realizasse, a palavra "puxa" poderia se desenvolver, de modo aproximado, na seguinte expressão metafórica: "Mas que inverno *teimoso, não quer se entregar*, quando já passou da hora!".
No entanto, essa possibilidade contida na entonação permaneceu não realizada: o enunciado se contentou com a interjeição "puxa", quase vazia do ponto de vista semântico.

É preciso notar que a entonação no discurso cotidiano é muito mais metafórica do que as palavras, pois nela parece ainda estar viva a antiga alma criadora dos mitos. A entonação soa como se o mundo que circunda o falante ainda estivesse repleto de forças animadas: ela ameaça, revolta-se ou ama e acaricia os objetos e os fenômenos inanimados, ao passo que a maioria das metáforas comuns da linguagem falada perdeu sua essência, e por isso as palavras são semanticamente pobres e prosaicas.

A metáfora entonacional tem um parentesco estreito com a *metáfora gestual* (pois inicialmente a própria palavra foi um gesto linguístico, um componente de um gesto complexo que envolvia o corpo todo); nesse caso, entendemos o gesto de modo amplo, o que inclui a expressão facial, tomada como a gesticulação do rosto. Assim como a entonação, o gesto precisa do apoio coral das pessoas que estão em torno: apenas no ambiente da cumplicidade social é possível um gesto livre e seguro. Por outro lado, o gesto, assim como a entonação, abre a situação e introduz o terceiro participante, o protagonista. No gesto sempre dorme o embrião do ataque ou da defesa, da ameaça ou do carinho, sendo que ao observador ouvinte é reservado o lugar de cúmplice ou testemunha. Frequentemente, esse "protagonista" do gesto é apenas um objeto inanimado, um fenômeno ou alguma circunstância cotidiana. É muito comum, em um acesso de raiva, ameaçarmos alguém com o punho cerrado ou simplesmente olharmos de modo ameaçador para o vazio, mas também sabemos sorrir, literalmente, para qualquer coisa: para o sol, as árvores ou os nossos pensamentos.

É necessário lembrarmos sempre do seguinte (algo que a estética psicológica costuma esquecer): *a entonação e o gesto tendem a ser ativos e objetivos*. Eles expressam não apenas o estado emocional ou passivo do falante, mas sempre contêm uma relação viva e enérgica com o mundo exterior e o meio social: os inimigos, amigos e aliados. Ao entonar e gesticular, o homem ocupa uma posição social ativa em relação a determinados valores, condicionada pelos próprios fundamentos da sua existência social. Justamente esse aspecto da entonação e do gesto, que é objetivo-sociológico e não subjetivo-psicológico, deve interessar aos teóricos das artes correspondentes, pois nele se encontram as forças estético--criativas, construtivas e organizadoras desses fenômenos.

Assim, toda a entonação se orienta em *duas direções*: para o ouvinte, como cúmplice ou testemunha, e para o objeto do enunciado, como um terceiro participante vivo, o qual a entonação xinga, acaricia, aniquila ou eleva. *Essa orientação social dupla determina e atribui sentido a todos os aspectos da entonação.* No entanto, o mesmo é justo para todos os outros elementos do enunciado verbal: eles são organizados e tomam forma no mesmo processo da *orientação dupla* do falante; essa origem social é mais fácil de ser revelada justamente na entonação, que é o aspecto mais sensível, flexível e livre da palavra.

A palavra na vida e a palavra na poesia

Desse modo (já temos o direto de dizer isso), *toda palavra realmente pronunciada* (ou escrita conscientemente) e não adormecida no léxico *é a expressão e o produto da interação social entre os três*: o *falante* (autor), o *ouvinte* (leitor) e *aquele* (ou aquilo) *sobre quem* (ou sobre o quê) *eles falam* (o personagem). A palavra é um acontecimento social; ela não é autossuficiente como uma grandeza linguística abstrata e nem pode ser deduzida, de modo psicológico, da consciência subjetiva do falante tomada isoladamente. É por isso que tanto a abordagem linguística formal quanto a psicológica não acertam o alvo: a essência sociológica concreta da palavra, a única que a transforma em verdadeira ou mentirosa, infame ou nobre, necessária ou inútil, permanece incompreensível e inacessível a ambos os pontos de vista. Evidentemente, a mesma "alma social" atribui à palavra o seu significado artístico, tornando-a maravilhosa ou disforme. É verdade que, caso partam da abordagem sociológica fundamental e mais concreta, ambos os pontos de vista — o linguístico-formal e o psicológico — preservam a sua importância. A sua colaboração é até mesmo necessária, porém, tomadas de modo isolado, cada uma por si, elas estão mortas.

O enunciado concreto (e não a abstração linguística) nasce, vive e morre no processo de interação social entre os participantes do enunciado. O seu significado e a sua forma são determinados principalmente pela forma e pelo caráter dessa interação. Ao separar o enunciado do solo real que o nutre, perdemos a chave tanto da forma quanto do sentido, restando nas nossas mãos ou o invólucro linguístico abstrato, ou o esquema do sentido, também abstrato (a famigerada "ideia da obra" dos antigos teóricos e historiadores da literatura): duas abstrações que não podem ser unidas entre si, pois não há terreno concreto para uma síntese viva delas.

* * *

Agora resta apenas fazer um balanço da nossa breve análise do enunciado na vida e *das potencialidades artísticas, dos germes da futura forma e do conteúdo* que nele revelamos.

O sentido e o significado que o enunciado tem na vida (independente de como sejam) não coincidem com a sua composição puramente verbal. As palavras ditas são repletas de subentendido e do não dito. Aquilo que é chamado de "compreensão" e de "avaliação" do enunciado (a concordância ou a discordância) sempre abarca, além da palavra, também a situação extraverbal da vida. Desse modo, a vida não influencia o enunciado de fora dele: ela o impregna de dentro, enquanto unidade e comunidade da existência que circunda os falantes, e enquanto avaliações sociais essenciais geradas por essa existência, fora das quais não é possível nenhum enunciado consciente. A entonação se encontra no limite entre a vida e a parte verbal do enunciado, é como se ela bombeasse a energia da situação cotidiana para a palavra, atribuindo ao todo linguisticamente estável um movimento histórico vivo e um caráter irrepetível. Por fim, o enunciado reflete em si a interação social entre o falante, o ouvinte e o personagem, sendo o produto da sua comunicação viva e da sua fixação no material da palavra.

A palavra é uma espécie de "roteiro" de um acontecimento. A compreensão viva do sentido íntegro da palavra deve *reproduzir* esse acontecimento, a relação mútua entre os falantes, como se o "interpretasse", e aquele que compreende assume o papel de ouvinte. No entanto, para desempenhar esse papel, ele deve compreender claramente as posições dos outros participantes.

Obviamente, para o ponto de vista linguístico não existe nem esse acontecimento nem os seus participantes vivos, pois ele lida com a palavra abstrata e nua, bem como os seus aspectos igualmente abstratos (fonéticos, morfológicos etc.); é por isso que *o sentido íntegro da palavra e o seu valor ideo-*

lógico — cognitivo, político, estético — são inacessíveis a esse ponto de vista. Assim como não pode haver uma lógica linguística ou uma política linguística, também não pode haver uma poética linguística.

V

Qual é a diferença entre o enunciado verbal literário (a obra poética acabada) e o enunciado cotidiano? Desde o início já está claro que a palavra não se encontra e não pode se encontrar na mesma dependência estreita de todos os aspectos do contexto extraverbal, de tudo o que é visto e conhecido diretamente, como ocorre na vida. A obra poética não pode se apoiar nos objetos e nos acontecimentos do meio mais próximo, como em algo natural por si só, sem introduzir alguma alusão a eles na parte verbal do enunciado. Nesse sentido, a palavra na literatura obedece, é claro, a exigências muito maiores: uma grande parcela daquilo que na vida permaneceu fora dos limites do enunciado deve encontrar agora um representante verbal. Do ponto de vista pragmático-objetual, não deve haver nada implícito na obra poética.

No entanto, será que disso decorre que, na literatura, o falante, o ouvinte e o personagem se encontrem pela primeira vez, que não saibam nada um sobre o outro, não tenham um horizonte comum e por isso não tenham sobre o que se apoiar, que não haja subentendidos entre eles? De fato, alguns estão inclinados a pensar assim.

Na verdade, mesmo a obra poética está estreitamente entrelaçada com o contexto cotidiano não dito. Se o autor, o ouvinte e o personagem efetivamente se encontrassem pela primeira vez, como pessoas abstratas sem um horizonte único, e tirassem as palavras do léxico, esse encontro dificilmente resultaria em uma obra prosaica e muito menos em uma obra poética. De certo modo, a ciência se aproxima desse limite, pois a definição linguística possui o mínimo de subentendido; porém, seria possível demonstrar que ela não consegue passar completamente sem o subentendido.

Na literatura, é especialmente importante o papel das avaliações subentendidas. É possível dizer que *uma obra poética é um condensador poderoso das avaliações sociais não ditas*: cada palavra está repleta delas. Justamente essas *avaliações sociais organizam a forma literária como sua expressão imediata.*

Antes de mais nada, as avaliações determinam *a escolha da palavra* pelo autor e a percepção dessa escolha (a coescolha) pelo ouvinte. O poeta escolhe as palavras não do dicionário, mas do contexto da vida, onde elas se segmentaram e se impregnaram de avaliações. Desse modo ele escolhe as avaliações relacionadas às palavras, sendo que isso ocorre do ponto de vista dos portadores encarnados dessas avaliações. É possível dizer que o poeta trabalha o tempo todo com o consentimento ou o não consentimento, com a concordância ou a discordância do ouvinte. Além disso, a avaliação também é ativa em relação ao objeto do enunciado, ou seja, o personagem. A simples escolha de um epíteto ou de uma metáfora já é um ato avaliativo ativo, orientado nessas duas direções: para o *ouvinte* e o *personagem. O ouvinte e o personagem são os participantes constantes do acontecimento da criação*, que nem por um instante deixa de ser um acontecimento da comunicação viva entre eles.

A tarefa da poética sociológica poderia ser solucionada se fosse possível explicar cada aspecto da forma como uma expressão ativa da avaliação que se dá nessas duas direções: *para o ouvinte e para o objeto do enunciado — o personagem.*[9] No entanto, para realizar tal tarefa há uma escassez

---

[9] Aqui não trataremos de questões da técnica da forma, que abordaremos um pouco adiante.

A palavra na vida e a palavra na poesia

de dados. É possível apenas tentar traçar ao menos os caminhos preliminares nessa direção.

A estética formalista contemporânea define a forma artística como *forma do material*. Se este ponto de vista for seguido de modo coerente, será necessário ignorar o conteúdo, pois não haverá lugar para ele na obra literária; no melhor dos casos, ele será um aspecto do material e, assim, só indiretamente será organizado pela forma literária, que se relaciona de modo imediato com o material.[10]

Desse modo compreendida, a forma perde o seu caráter avaliador ativo e se torna apenas um estimulador de sensações agradáveis e completamente passivas naquele que percebe.

Evidentemente, a forma é realizada por meio do material e fixada nele, porém, no que concerne à *significação*, ela extrapola os seus limites. *A significação ou o sentido da forma não se refere ao material, mas ao conteúdo*. Assim, é possível dizer que a forma da estátua não é a forma do mármore, mas a do corpo humano, que "heroifica" a representação do homem, ou "acaricia" ou talvez a "diminua" (o estilo caricatural na escultura), isto é, expressa uma determinada avaliação daquilo que é representado.

Entretanto, essa significação valorativa da forma é particularmente clara na poesia. O ritmo e outros elementos formais expressam de modo claro certa relação ativa com aquilo que é representado: a forma o glorifica, lastima ou ridiculariza.

A estética psicológica chama isso de "aspecto emocional" da forma. Já para nós, não é importante o aspecto psicológico da questão nem quais forças psíquicas específicas participam na criação e na percepção cocriativa da forma, mas a significação dessas vivências, seu caráter ativo e sua

---

[10] Esse é o ponto de vista de V. M. Jirmúnski.

orientação para o conteúdo. Por meio da forma artística, o criador assume *uma posição ativa em relação ao conteúdo*. A forma por si só não deve ser obrigatoriamente agradável, pois a sua interpretação hedonista é absurda; a forma deve ser uma *avaliação convincente* do conteúdo. Por exemplo, a forma do inimigo pode ser até repugnante, mas resultar em um estado positivo; o prazer do contemplador é consequência de uma *forma digna dada ao inimigo* e da sua realização *tecnicamente perfeita* por meio do material. A forma deve ser estudada justamente nessas duas direções: em relação ao conteúdo, como sua avaliação ideológica, e em relação ao material, como realização técnica dessa avaliação.

A avaliação ideológica expressa pela forma de modo algum deve passar para o conteúdo como uma sentença, um julgamento moral, político ou de outra natureza. A avaliação deve permanecer no ritmo, no próprio *movimento valorativo do epíteto e da metáfora*, na *ordem do desenvolvimento do acontecimento* representado; ela deve realizar-se somente nos meios formais do material. Ao mesmo tempo em que não passa para o conteúdo, a forma não deve perder a sua relação ou o seu vínculo com ele; caso contrário, ela se torna um experimento técnico, privado de qualquer sentido artístico efetivo.

Aquela definição comum do estilo dada ainda pela poética clássica e neoclássica e a divisão fundamental do estilo em "elevado" e "baixo" tem razão ao colocar em primeiro plano justamente essa natureza avaliativa ativa da forma artística. De fato, a estrutura da forma possui um caráter *hierárquico* e, nesse sentido, se aproxima das gradações políticas e jurídicas. De modo semelhante, ela cria um sistema falso de inter-relações hierárquicas no conteúdo artisticamente enformado: cada um dos seus elementos, por exemplo, o epíteto ou a metáfora pode elevar a um grau extremo, rebaixar ou igualar aquilo que está sendo definido. Desde o início, a escolha do personagem ou do acontecimento determina o grau da elevação da forma e a possibilidade de certos procedimentos de formalização, e essa exigência fundamental de adequação do estilo tem em vista uma adequação avaliativa e hierárquica da forma e do conteúdo: eles devem estar em pé de igualdade. A escolha do conteúdo e a escolha da forma é um mesmo ato que afirma a posição fundamental do criador e nele se expressa uma mesma avaliação social.

VI

Obviamente, a análise sociológica pode partir apenas da composição puramente verbal ou linguística da obra, mas não pode e não deve fechar-se em seus limites, como faz a poética linguística. Do mesmo modo, a contemplação artística de uma obra poética durante a leitura parte dos grafemas (isto é, da imagem visual escrita ou impressa da palavra), mas já no próximo momento da percepção essa imagem visual abre-se e é quase apagada pelos outros aspectos da palavra — articulação, imagem sonora, entonação, significação — e, em seguida, esses aspectos nos levarão totalmente para fora dos limites da palavra. Portanto, é possível afirmar que *o aspecto puramente linguístico da obra se relaciona com o todo artístico, assim como o grafema se relaciona com o todo da palavra.* Na poesia, a palavra também é o *"roteiro"* do acontecimento, pois a percepção artística competente o interpreta, ao adivinhar com precisão nas palavras e formas da sua organização as inter-relações vivas e específicas do autor com o mundo representado por ele, e ao entrar nessas inter-relações como o terceiro participante, o ouvinte. Lá onde a análise linguística vê somente as palavras e as inter-relações entre os seus aspectos abstratos (fonéticos, morfológicos, sintáticos etc.), a percepção artística viva e a análise sociológica concreta revelam as relações entre as *pessoas*, que são somente refletidas e fixadas no material da palavra. A palavra é um esqueleto, que ganha carne viva somente no processo da percepção criativa e, por conseguinte, somente no processo da comunicação social viva.

Adiante, tentaremos esboçar de modo breve e preliminar aqueles três aspectos essenciais das inter-relações entre os participantes do acontecimento artístico, os quais determinam as linhas fundamentais e gerais do estilo poético, como um fenômeno social. No âmbito do presente ensaio, é evidentemente impossível dar um detalhamento, por menor que seja, desses aspectos.

O autor, o personagem e o ouvinte nunca são abordados fora do acontecimento artístico, mas somente à medida que participam da própria percepção da obra literária e são seus componentes necessários. Essas são as forças vivas que determinam a forma e o estilo, e que são percebidas com muita clareza por um contemplador competente. Todas aquelas definições que um historiador da literatura e da sociedade pode dar ao autor e aos seus protagonistas — como a biografia do autor, uma caracterização cronológica e sociológica mais precisa dos personagens etc. — aqui certamente estão excluídas: elas não entram de modo imediato na estrutura da obra e permanecem fora dela. Temos em mente apenas o ouvinte considerado pelo próprio autor, em relação ao qual a obra é orientada e que, por isso, determina internamente sua estrutura, mas de modo algum o público real que de fato representa a massa leitora desse escritor.

O primeiro aspecto do conteúdo que determina a forma é a *categoria valorativa* do acontecimento representado e o seu portador, o personagem (nomeado ou não), tomado em uma estreita correlação com as categorias do criador e do contemplador. Aqui ocorre uma *relação bilateral* tanto na vida jurídica quanto na política: senhor e escravo, soberano e súdito, camarada e camarada etc.

Desse modo, o principal tom do estilo do enunciado é determinado, acima de tudo, por aquele sobre quem se fala

A palavra na vida e a palavra na poesia

e por sua relação com o falante: se, nos degraus da hierarquia social, ele se encontra acima, abaixo ou no mesmo nível do falante. Tsar, pai, escravo, irmão, camarada — como personagens do enunciado — determinam também sua estrutura formal. Por sua vez, o *peso hierárquico específico* do personagem é determinado pelo contexto valorativo não enunciado fundamental, com o qual também está entrelaçado o enunciado poético. Assim como a "metáfora entonacional" no nosso exemplo da vida estabeleceu uma relação viva com o objeto do enunciado, todos os elementos do estilo da obra poética são empregados por meio da relação avaliativa do autor com o conteúdo e expressam sua posição social fundamental. Sublinhemos mais uma vez que temos em vista não aquelas avaliações ideológicas que, sob a forma de juízos e conclusões do autor, estão introduzidas no próprio conteúdo da obra, mas aquela *avaliação* mais basilar e profunda *realizada por meio da forma*, que encontra sua expressão no próprio modo de visualizar e de posicionar o material literário.

Algumas línguas, sobretudo a japonesa, possuem um arsenal rico e variado de formas lexicais e gramaticais especiais, que dependem rigorosamente do status do personagem do enunciado (a etiqueta na língua).[11]

Podemos dizer que aquilo que para um japonês ainda é uma *questão de gramática*, para nós já é uma *questão de estilo*. Os componentes mais essenciais do estilo do *épos* heroico, da tragédia, da ode, e assim por diante, são determinados justamente por essa posição hierárquica do objeto do enunciado na relação com o falante.

Não se deve pensar que a literatura contemporânea eliminou essa interdeterminação hierárquica entre o criador e

---

[11] Ver Wilhelm von Humboldt, *Kawi-Werk*, II, p. 335, e o manual de língua japonesa: Johann Joseph Hoffmann, *Japanische Sprachlehre*, p. 75.

o personagem: ela se tornou mais complexa, e não reflete tão nitidamente a hierarquia sociopolítica contemporânea como, por exemplo, acontecia no classicismo, porém o *próprio princípio da mudança de estilo em decorrência da mudança do valor social do personagem do enunciado* permanece, é claro, em vigor. O poeta não odeia seu inimigo pessoal, não ama nem acaricia seu amigo pessoal por meio da forma, não se alegra ou entristece com os acontecimentos de sua vida particular. Mesmo se o poeta emprestar a ele uma parcela significativa do *páthos* do seu fardo individual, ele deve *socializar* esse *páthos* e, por conseguinte, aprofundar o acontecimento correspondente até o grau da *importância social*.

O segundo aspecto da inter-relação entre o personagem e o criador que determina o estilo é o *grau de proximidade entre eles*. Em todas as línguas, esse elemento possui uma expressão gramatical imediata: a primeira, a segunda e a terceira pessoas bem como a estrutura da frase mudam de acordo com o seu sujeito ("eu", "tu" ou "ele"). A forma do juízo sobre a terceira pessoa, a forma de tratamento da segunda pessoa, a própria forma do enunciado sobre si mesmo (e a tipologia dessas formas) são distintas do ponto de vista gramatical. Desse modo, *a própria estrutura da língua reflete o acontecimento da inter-relação entre os falantes*.

Em algumas línguas, as formas puramente gramaticais são capazes de transmitir, de modo ainda mais flexível, as nuances da inter-relação social dos falantes e os diferentes graus de proximidade entre eles. Sob esse aspecto, chamam a atenção as formas de plural em algumas línguas: as assim chamadas formas "inclusivas" e "exclusivas". Por exemplo, se o falante, ao utilizar o "nós", tiver em mente também o ouvinte e o incluir no sujeito do juízo, ele utilizará uma forma; já se tiver em vista a si próprio e um outro ("nós" no sentido de "eu" e "ele"), empregará outra forma. Esse é o emprego do dual em algumas línguas australianas. Além disso, duas formas especiais existem para o trial: uma forma significa "eu, tu, ele", a outra "eu, ele, ele" (o "tu" do ouvinte está excluído).[12]

Nas línguas europeias, inter-relações desse tipo e outras semelhantes entre os falantes não encontram uma expressão gramatical específica. O caráter dessas línguas é mais abstrato e não é tão capaz de *refletir a situação do enunciado por meio da sua estrutura gramatical*. Em compensação, essas inter-relações se expressam — aliás de modo muito mais sutil e diferenciado — *no estilo e na entonação do enunciado*: por meio de procedimentos puramente artísticos, todos os aspectos da situação social se refletem na obra.

Desse modo, a forma da obra poética é determinada em muitos aspectos pelo modo como o autor percebe seu personagem, que é o centro organizador do enunciado. A *forma da narrativa objetiva*, a *forma do endereçamento* (a prece, o hino, algumas formas líricas) e a *forma do enunciado sobre si* (a confissão, a autobiografia, a forma de declaração lírica — a mais importante da lírica amorosa) são determinadas justamente pelo *grau de proximidade entre o autor e o personagem*.

Os dois aspectos sinalizados por nós — o valor hierárquico do personagem e seu grau de proximidade com o autor tomados de modo autônomo e isolado — ainda são insuficientes para determinar a forma literária. O fato é que ocorre a interferência constante do terceiro participante, o ouvinte, que também modifica a inter-relação dos outros dois (criador e personagem).

A inter-relação entre o autor e o personagem nunca é apenas uma inter-relação exclusiva entre os dois: a forma sempre considera um terceiro, o ouvinte, que exerce uma influência essencial em todos os aspectos da obra.

Em qual direção o ouvinte pode determinar o estilo do

---

[12] Ver R. H. Mathews, *Aboriginal Languages of Victoria*, e também W. Humboldt, *op. cit.*

enunciado poético? Aqui novamente devemos distinguir dois aspectos fundamentais: em primeiro lugar, a proximidade do ouvinte em relação ao autor e, em segundo, a sua relação com o personagem. Não há nada mais nocivo para a estética do que ignorar o papel autônomo do ouvinte. Existe uma opinião muito difundida de que o ouvinte deve ser visto como igual ao autor (isso se desconsiderarmos a técnica deste) ou de que a posição do ouvinte competente deve simplesmente reproduzir a posição do autor. De fato, não é assim. Pelo contrário, é possível propor que o ouvinte nunca é igual ao autor. Ele tem seu o lugar *insubstituível* no acontecimento da criação artística, devendo ocupar uma *posição especial* e ainda *bilateral* nesse acontecimento: em relação ao autor e em relação à personagem, e essa posição determina o estilo do enunciado.

Como o autor sente o seu ouvinte? No exemplo do enunciado da vida, vimos o quanto a concordância ou a discordância pressuposta do ouvinte determina a entonação. O mesmo é justo a respeito de todos os aspectos da forma. Para utilizar uma metáfora, o ouvinte normalmente se encontra *ao lado* do autor, como seu aliado, mas esse caso clássico de posição do ouvinte está longe de ocorrer sempre.

Às vezes, o ouvinte começa a aproximar-se do personagem do enunciado. A expressão mais clara e típica disso é o estilo polêmico, que coloca o personagem e o ouvinte no mesmo tabuleiro. A sátira também pode incluir o ouvinte e considerá-lo como alguém próximo ao personagem ridicularizado e não ao autor que ridiculariza: é uma *forma inclusiva de ridicularização*, que se distingue nitidamente da forma exclusiva, em que o ouvinte é solidário com o autor satirizante. Um fenômeno interessante pode ser observado no romantismo, em que *o autor frequentemente realiza uma espécie de aliança com o personagem contra o ouvinte* (Fr. Schlegel, *Lucinda*, e, em parte, *O herói do nosso tempo*, de Liérmontov, na literatura russa).

A palavra na vida e a palavra na poesia

É muito peculiar e interessante para a análise a percepção do ouvinte pelo autor nas formas da confissão e da autobiografia. Todas as mudanças dos sentimentos — que vão do respeito resignado diante do ouvinte, como que diante de um juiz reconhecido, até a desconfiança desdenhosa e a inimizade para com ele — podem determinar o estilo da confissão e da autobiografia. Um material extremamente curioso para ilustrar essa tese pode ser encontrado na obra de Dostoiévski. Em *O idiota*, o estilo confessional da carta de Hippolit é determinado pelo grau quase extremo da desconfiança desdenhosa e da inimizade direcionada a todos aqueles que irão ouvir essa confissão feita na hora da morte. Os mesmos tons, porém mais suaves, determinam o estilo de *Memórias do subsolo*. O estilo da confissão de Stavróguin[13] revela muito mais confiança e reconhecimento nos direitos do ouvinte, mesmo que às vezes nela transpareça quase um ódio por ele, o que cria as rupturas bruscas do estilo. O *iuródstvo*,[14] como forma especial de enunciado, que na verdade se encontra fora dos limites da arte, é determinado acima de tudo pelo conflito extremamente complexo e emaranhado entre o falante e o ouvinte.

A forma da lírica é especialmente sensível à questão do ouvinte. A condição fundamental da entonação lírica é a *certeza inabalável da simpatia daqueles que ouvem*. Assim que a dúvida aparece na situação lírica, seu estilo muda bruscamente. Esse conflito com o ouvinte encontra sua expressão mais nítida no que chamamos "ironia lírica" (em Heinrich Heine e, na nova poesia, em Jules Laforgue, Innokiénti Án-

---

[13] Nikolai Stavróguin é um dos personagens centrais do romance *Os demônios*, de Fiódor Dostoiévski. (N. da T.)

[14] É um fenômeno próprio da cultura russa encarnado no mendigo vidente capaz de confrontar até mesmo o discurso do tsar em prol de valores morais superiores. (N. da T.)

nenski e outros). De modo geral, a forma da ironia é condicionada por um conflito social: o encontro de duas avaliações encarnadas em uma voz bem como a sua interferência e alternância.

Na estética contemporânea, foi proposta a assim chamada teoria "jurídica" especial da tragédia, cuja essência concentra-se na tentativa de compreender a *estrutura da tragédia como a de um processo judicial*.[15] A inter-relação entre o personagem e o coro, por um lado, e a posição geral do ouvinte por outro, de fato são suscetíveis até certo grau de uma interpretação jurídica. No entanto, é claro que pode se tratar apenas de uma *analogia*. A semelhança essencial da tragédia, assim como de qualquer obra literária, com o processo jurídico se reduz apenas à presença das "*partes*", isto é, de alguns participantes que ocupam *diferentes posições*. As definições, tão difundidas na fraseologia poética, do poeta como "juiz", "desmascarador", "testemunha", "defensor" ou até mesmo "carrasco" (fraseologia da "sátira mordaz" de Juvenal, Henri Auguste Barbier, Nikolai Nekrássov etc.), e as definições correspondentes de personagem e ouvinte revelam na forma da analogia a mesma base social da poesia. Em todo caso, o autor, o personagem e o ouvinte em nenhum lugar se fundem em uma unidade indiferente, mas ocupam *posições autônomas*; eles de fato são "partes", não de um processo judicial, mas de um acontecimento literário com uma estrutura social específica, e a obra literária é uma "ata" desse acontecimento.

Aqui podemos destacar mais uma vez que sempre temos em vista o ouvinte tomado como um participante imanente do acontecimento literário, a definir de dentro a forma da

---

[15] Encontramos o mais interessante desenvolvimento desse ponto de vista em Hermann Cohen, *Ästhetik des reinen Gefühls* [*Estética do sentimento puro*], vol. II.

A palavra na vida e a palavra na poesia 141

obra. Esse ouvinte, junto com o autor e o personagem, é um aspecto necessário e interior da obra e nunca coincide com o assim chamado "público", que se encontra fora dela, e cujos gostos e exigências artísticos podem ser conscientemente considerados. A *consideração consciente* não é capaz de definir de modo imediato e profundo a forma literária no processo de sua criação viva. Além disso, se essa consideração consciente do público ocupar um lugar mais ou menos sério na obra do poeta, esta perderá inevitavelmente sua pureza literária e degradará para um plano social mais baixo.

Essa consideração exterior mostra que o poeta perdeu seu *ouvinte imanente* e apartou-se daquele *todo social* que, *de dentro*, é capaz não só de definir quaisquer ideias abstratas, como também as suas *avaliações* e a forma literária dos enunciados poéticos, a qual de fato expressa essas avaliações sociais essenciais. Quanto mais o poeta está apartado da unidade social do seu grupo, tanto mais ele estará inclinado a considerar as exigências *exteriores* de um *determinado* público. Somente um grupo social alheio ao poeta pode definir a sua obra de fora. O seu grupo não necessita dessa definição externa: ela está na própria voz do poeta, no seu tom fundamental e nas entonações, queira ou não o poeta.

No decorrer da sua vida, o poeta recebe as palavras e aprende a entoá-las no processo de comunicação *multilateral* com o seu meio. O poeta começa a utilizar essas palavras e entonações já no *discurso interior*, por meio do qual ele pensa e toma consciência de si, até mesmo quando não está se expressando. É ingênuo achar que é possível assimilar o *discurso exterior*, que contraria o *próprio discurso interior*, com todo o seu modo verbal interno de tomar consciência de si e do mundo. Mesmo se o discurso exterior puder ser criado para alguma ocasião da vida, ele será privado de qualquer produtividade por estar separado de todas as fontes que o nutrem. O estilo do poeta não nasce do *estilo do seu discurso interior* incontrolável, este último é o produto de toda a sua vida social. "O estilo é o homem",[16] mas podemos falar que o estilo é, pelo menos, dois homens, mais precisamente, o homem e seu grupo social na pessoa do seu representante autorizado, ou seja, o ouvinte que é um participante constante do discurso interior e exterior do homem.

A questão é que qualquer ato de consciência mais ou menos preciso não ocorre sem o discurso interior, sem as palavras e sem a entonação (avaliações) e, consequentemente, já é um ato social, ou seja, um ato de comunicação. Mesmo a autoconsciência mais íntima já é uma tentativa de traduzir-se a si mesmo em uma língua comum, de considerar o ponto de vista do outro e, por conseguinte, ela inclui em si a orientação para um possível ouvinte. Esse ouvinte pode ser somente um portador das avaliações do grupo social ao qual pertence aquele que toma consciência. Nessa relação, a consciência, uma vez que não abstraiamos do seu conteúdo, já não é somente um fenômeno psicológico, mas acima de tudo ideológico, ou seja, um produto da comunicação social. Esse coparticipante permanente de todos os atos da nossa consciência não só determina o seu conteúdo, mas também, e isso é o principal para nós, a própria escolha do conteúdo, isto é, a escolha justamente daquilo que é concebido por nós; portanto, determina também aquelas avaliações que impregnam a consciência e que a psicologia costuma chamar de "tom emocional" da consciência. O ouvinte que determina a forma literária nasce precisamente desse participante permanente de todos os atos de nossa consciência.

Não há nada mais nefasto do que imaginar essa estrutura social delicada da criação verbal por analogia com as especulações conscientes e cínicas de um editor burguês, "que

---

[16] Referência a palavras proferidas em 1763 pelo naturalista francês Georges-Louis Leclerc (1707-1788), Conde de Buffon, quando foi eleito membro da Academia Francesa. Para Buffon, o estilo é uma singularidade do indivíduo, que reflete sua natureza própria. (N. da T.)

A palavra na vida e a palavra na poesia

considera a conjuntura do mercado editorial", e de usar as categorias do tipo "demanda e oferta" na caracterização da estrutura imanente da obra. Infelizmente, muitos "sociólogos" são inclinados a igualar o serviço social do poeta com a atividade de um editor esperto. Nas condições da economia burguesa, o mercado editorial com certeza "regula" os poetas, mas isso de modo algum deve ser igualado com o papel regulador do ouvinte, como um elemento estrutural permanente da criação literária. Para o historiador da literatura da época capitalista, o mercado é um aspecto muito importante, mas, para a poética teórica, que estuda a estrutura ideológica fundamental da arte, esse fator externo não é necessário. No entanto, também na história da literatura não se pode confundir a história do mercado e do negócio editoriais com a história da poesia.

VII

Todos os aspectos analisados por nós que determinam a forma do enunciado literário — 1) o valor hierárquico do personagem ou do acontecimento, que é o conteúdo do enunciado; 2) o grau da sua proximidade com o autor; 3) o ouvinte e sua inter-relação com o autor, por um lado, e com o personagem, por outro — todos esses aspectos são os *pontos de aplicação das forças sociais da realidade extraliterária à poesia.* Justamente graças a essa *estrutura internamente social,* a criação literária é *aberta de todos os seus lados às influências sociais dos outros campos da vida.* As outras esferas ideológicas, principalmente a ordem sociopolítica, e, finalmente, a economia, determinam a poesia não somente de fora, mas apoiando-se nesses seus elementos estruturais interiores. E vice-versa: a interação artística entre o criador, o ouvinte e o personagem pode exercer sua influência em outros campos da comunicação social.

O esclarecimento completo e multilateral das questões sobre quem serão os personagens típicos da literatura em determinada época, sobre qual será a orientação formal típica do autor em relação a elas, sobre quais serão as inter-relações tanto dos personagens quanto do autor com o ouvinte no todo de uma obra literária, pressupõe uma análise multilateral das condições econômicas e ideológicas de uma época. Entretanto, essas questões históricas concretas extrapolam os limites da poética teórica, que ainda tem uma outra tarefa importante. Até o momento, tocamos apenas naqueles aspectos que determinaram a forma na sua relação com o conteúdo, isto é, como avaliação social encarnada justamente desse conteúdo, e concluímos que cada aspecto da forma é um produto da interação social. No entanto, mostramos que a forma deve ser compreendida também de outro ângulo: como forma realizada por meio de um *determinado material*. Isso suscita uma longa série de questões relacionadas com a *técnica da forma*.

É claro, *essas questões da técnica podem ser separadas apenas de um modo abstrato das questões da sociologia da forma*: é impossível *realmente separar o sentido literário* de algum procedimento, por exemplo, de uma metáfora, que tem relação com o conteúdo e expressa sua avaliação formal (a metáfora rebaixa o objeto ou o eleva para um nível superior), da definição *puramente linguística* desse procedimento.

O sentido extraverbal da metáfora, o reagrupamento dos valores e seu *invólucro linguístico*, isto é, o deslocamento semântico, são só diferentes pontos de vista sobre um mesmo fenômeno real. Todavia, o segundo ponto de vista está sujeito ao primeiro: o poeta usa a metáfora para reagrupar os valores e não para um exercício linguístico.

Todas as questões de forma podem ser consideradas em sua relação com o material, nesse caso, em relação à língua compreendida linguisticamente; desse modo, a análise técnica será reduzida à questão: *por quais meios linguísticos rea-*

liza-se a tarefa socioartística da forma. No entanto, sem conhecer essa tarefa, sem compreender previamente o seu sentido, a análise técnica é absurda.

Certamente, as questões da técnica da forma já extrapolam os limites do objetivo por nós colocado. Além disso, a sua elaboração pressupõe uma análise mais diferenciada e aprofundada do lado socioartístico da poesia: aqui pudemos somente apontar de passagem as orientações fundamentais dessa análise.

Se conseguimos mostrar aos menos a possibilidade de uma abordagem sociológica da estrutura imanentemente artística da forma poética, podemos considerar que o nosso objetivo foi cumprido.

As mais novas correntes
do pensamento linguístico no Ocidente[1]

Atualmente, na Europa Ocidental, os problemas da filosofia da linguagem adquirem uma agudez e uma importância excepcionais. Pode-se dizer que a filosofia burguesa moderna passa a se desenvolver sob o signo da *palavra*, sendo que essa nova tendência do pensamento filosófico ocidental ainda se encontra no início do seu caminho. Há um embate acirrado em torno da "palavra" e de seu lugar sistemático, embate comparável apenas às discussões sobre o realismo, o nominalismo e o conceitualismo que ocorriam na Idade Média. Depois do medo positivista de qualquer intransigência na colocação dos problemas científicos e da sua hostilidade em relação a qualquer questão de visão de mundo, esta própria do positivismo tardio, na própria linguística foi despertada uma consciência aguda das suas premissas filosóficas gerais e das suas ligações com os outros campos do conhecimento. Em decorrência disso, surgiu a sensação de que a linguística, incapaz de atender a todas essas exigências, está vivendo uma crise.[2]

---

[1] Ensaio publicado em *Literatura i Marksizm: Jurnál Teórii i Istórii Literaturi* [*Literatura e Marxismo: Revista de Teoria e História da Literatura*], nº 5, pp. 115-49, Moscou, 1928. (N. da T.)

[2] O presente texto é um resumo de três capítulos do livro de Valentin Volóchinov, *Marxismo e filosofia da linguagem: problemas fundamentais do método sociológico na filosofia da linguagem*, que seria publicado

A tarefa do ensaio proposto é caracterizar as tendências fundamentais da filosofia da linguagem contemporânea no Ocidente. A tarefa de delimitação do objeto real da filosofia da linguagem não é nada fácil. Sempre que tentamos circunscrever o objeto de pesquisa, reduzi-lo a um conjunto objetivo-material definido, visível e compacto, perdemos a própria essência do objeto estudado, ou seja, a sua natureza sígnica e ideológica. Se isolarmos o som como um fenômeno puramente acústico, não teremos a língua como objeto específico. O som se encontra sob o domínio absoluto da física. Se acrescentarmos o processo fisiológico de produção do som e o processo da sua percepção sonora, ainda assim não nos aproximaremos do seu objeto. Se adicionarmos a vivência (os signos interiores) do falante e do ouvinte, teremos dois processos psicofísicos, que ocorrem em dois sujeitos psicofisiológicos distintos, e um conjunto físico e sonoro que se realiza na natureza, de acordo com as leis da física. A língua, como um objeto específico, ainda continuará ausente. Entretanto, já abarcamos três esferas da realidade — física, fisiológica e psicológica — e obtivemos um conjunto bastante complexo e de composição diversificada. Esse conjunto, no entanto, está privado de um aspecto unificador, e as suas partes isoladas encontram-se lado a lado sem serem interligadas por nenhuma lei interna que as atravesse e as transforme em um fenômeno tipicamente linguístico.

O que então é necessário acrescentar ao nosso conjunto, já bastante complexo?

Acima de tudo, é necessário incluir esse conjunto em um outro, que seja muito mais amplo e que abranja o primeiro: *na esfera una da comunicação social organizada*. Para observar o processo de combustão, é necessário colocar o corpo

---

na seção de Leningrado da editora Gossizdat [ed. bras.: trad. S. Grillo e E. V. Américo, São Paulo, Editora 34, 2017. (N. da T.)]

no ambiente atmosférico. Para observar o fenômeno da língua, é necessário colocar os sujeitos falante e ouvinte, bem como o próprio som, no ambiente social. Com efeito, é necessário que tanto o falante quanto o ouvinte pertençam a *uma mesma coletividade linguística*, a uma sociedade organizada de modo específico. É necessário ainda que os nossos dois indivíduos sejam abarcados pela *unidade da situação social mais próxima*, isto é, que o encontro entre essas duas pessoas ocorra em um terreno determinado. O intercâmbio verbal só é possível nesse terreno determinado, por mais geral e, por assim dizer, por mais ocasional que ele seja.

Desse modo, *a unidade do meio social e do acontecimento da comunicação social mais próximo* são duas condições totalmente necessárias para que o conjunto físico-psicofisiológico apontado por nós possa ter uma relação com a língua, com o discurso, possa tornar-se um fato da língua--discurso (linguagem).[3] Dois organismos biológicos nas condições de um meio puramente natural não gerarão nenhum fato discursivo.

Entretanto, a nossa análise, em vez de delimitar o objeto de pesquisa, acabou por torná-lo muito mais amplo e complexo.

De fato, o meio social organizado no qual incluímos nosso conjunto, bem como a situação social de comunicação mais próxima, são, por si sós, extremamente complexos e repletos dos mais diversos tipos e modos de relações, que nem sempre são igualmente necessários para a compreensão dos

---

[3] Uma vez que em russo os termos "linguagem" e "língua" são expressos pela mesma palavra, *iazík*, e que é necessário marcar a diferença entre os dois conceitos, o autor vê-se obrigado a criar uma palavra composta em russo, língua-discurso (*iazík-riétch*), para o conceito de "linguagem" proveniente da teoria de Saussure, restringindo o termo *iazík* para o de "língua". É importante destacar que a palavra *riétch* em russo recobre uma vasta gama de sentidos, inclusive fala, discurso e linguagem, podendo englobar todo o universo da expressão verbal. (N. da T.)

fatos linguísticos, assim como também nem sempre representam aspectos constitutivos da língua. Por fim, todo esse sistema multiforme de fenômenos e relações, de processos e de objetos precisa ser reduzido a um único denominador; todas as suas linhas devem ser direcionadas a um único centro: ao foco do processo linguístico.

Mas que solução foi dada a esse problema na filosofia da linguagem e na linguística em geral? Quais etapas norteadoras marcaram o processo da sua solução?[4]

Na filosofia da linguagem e nas seções metodológicas correspondentes da linguística geral, observamos duas tendências principais na solução do nosso problema, isto é, *o problema do isolamento e da delimitação da linguagem como*

---

[4] São poucos os trabalhos específicos sobre a história da filosofia da linguagem e eles costumam relacioná-la com a história da linguística em geral: Theodor Benfey, *Geschichte der Sprachwissenschaft und orientalischen Philologie in Deutschland* [*História da ciência da linguagem e da filologia oriental na Alemanha*] (1869); Heymann Steinthal, *Geschichte der Sprachwissenschaft bei den Griechen und Römern* [*História da ciência da linguagem dos gregos e dos romanos*] (1890). Existem também monografias sobre alguns pensadores e linguistas (sobre Wilhelm von Humboldt, Wilhelm Wundt, Anton Marty, entre outros). No momento, o leitor poderá encontrar o único ensaio de peso sobre a história da filosofia da linguagem e da linguística no livro de Ernst Cassirer, *Philosophie der symbolischen Formen. Erster Teil: Die Sprache* [*Filosofia das formas simbólicas. Primeira parte: A língua*] (1923), cap. 1, "Das Sprachproblem in der Geschichte der Philosophie" ["O problema linguístico na história da filosofia"] (pp. 55-121). Na língua russa, existe um esboço breve, porém aprofundado, sobre a situação atual da linguística e da filosofia da linguagem de autoria de Rozalia Chor, no artigo: "Krísis sovriménnoi lingvístiki" ["A crise da linguística moderna"] em *Iafetítcheski Sbórnik* [*Coletânea Jafética*], vol. 5, 1927, pp. 32-71. Uma relação geral, porém longe de completa, dos trabalhos sociológicos sobre a linguística é dada no artigo de Mikhail Peterson, "Iazík kak sotsiálnoie iavliénie" ["A língua como fenômeno social"] em *Utchiónie Zapíski Instituta Iaziká i Literatúri* [*Notas Científicas do Instituto de Língua e Literatura*], RANION, Moscou, 1927, pp. 3-21.

um objeto específico de estudo. Obviamente, essa divergência fundamental entre as duas tendências compreende não só essa questão, mas também todos as demais questões da ciência da linguagem.

A primeira tendência pode ser chamada de *subjetivismo individualista* na ciência da linguagem, e a segunda, de *objetivismo abstrato.*[5] A primeira tendência analisa o *ato discursivo individual e criativo* como fundamento da língua (ou seja, todos os fenômenos linguísticos, sem exceção). O psiquismo individual representa a fonte da língua. As leis da criação linguística — uma vez que a língua é formação e criação ininterrupta — na verdade são *leis individuais e psicológicas;* são elas que devem ser estudadas pelo linguista e pelo filósofo da linguagem. Elucidar um fenômeno linguístico significa reduzi-lo a um ato individual e criativo consciente (muitas vezes até racional). No trabalho de um linguista, todo o restante possui apenas um caráter prévio, de constatação, de descrição e de classificação, apenas prepara a verdadeira explicação do fenômeno linguístico a partir do ato individual e criativo ou serve para objetivos práticos de ensinar uma língua pronta.

Desse ponto de vista, a língua é análoga a outros fenômenos ideológicos, especialmente a arte e a atividade estética.

O principal ponto de vista da primeira tendência sobre a língua consiste, portanto, nos quatro postulados a seguir:

1) A língua é atividade, um processo ininterrupto de criação (*energeia*), realizado por meio de atos discursivos individuais.

2) As leis da criação linguística são, em sua essência, leis individuais e psicológicas.

---

[5] Ambas as denominações, assim como todas as denominações desse gênero estão longe de serem justas e de abarcarem toda a plenitude e complexidade das tendências em questão. Como veremos, o nome da primeira tendência é especialmente inadequado.

3) A criação da língua é uma criação consciente, análoga à criação artística.

4) A língua como um produto pronto (*érgon*), como um sistema linguístico estável (dotado de vocabulário, gramática e fonética) representa uma espécie de sedimentação morta ou de lava petrificada da criação da língua, construída de modo abstrato pela linguística com o objetivo prático de ensiná-la como um instrumento pronto.

O mais importante representante e fundador da primeira tendência foi Wilhelm Humboldt.[6]

A totalidade do potente pensamento humboldtiano não cabe, é claro, nos limites dos quatro postulados destacados por nós; ele é mais amplo, complexo e contraditório, e é por isso que Humboldt se tornou mentor de orientações bastante díspares. Porém, o núcleo principal das ideias humboldtianas é a expressão mais forte e profunda dos rumos fundamentais da primeira tendência abordada por nós.[7]

[6] Johann Georg Hamann e Johann Gottfried Herder foram os precursores de Humboldt nessa tendência.

[7] Humboldt expôs suas ideias sobre a filosofia da linguagem no trabalho "Über die Verschiedenheit des menschlichen Sprachbaues" ["Sobre as diferenças de construção das línguas humanas"] (*Vorstudie zur Einleitung zum Kawiwerk*), *Gesammelte Schriften* (Akademie-Ausgabe), B. VI. Há uma tradução russa muito antiga de P. P. Biliárski, *O razlítchi organízmov tcheloviétcheskogo iaziká* [*Sobre a diferença dos organismos da linguagem humana*], 1859. Existe uma bibliografia bastante ampla sobre Humboldt. Mencionaremos o livro de Rudolf Haym, *Wilhelm von Humboldt*, traduzido para o russo. Entre os livros mais recentes podemos apontar o de Eduard Spranger, *Wilhem von Humboldt*, Berlim, 1909.

O leitor encontrará informações sobre Humboldt e sua importância para o pensamento linguístico russo no livro de Boris Engelhardt, *A. N. Vesselóvski*, Petrogrado, 1923. Recentemente, saiu um livro muito importante e perspicaz de Gustav Chpiet, *Vnútrennia forma slova: etiúdi i variátsi na tiému Gúmboldta* [*A forma interna da palavra: esboços e variações sobre o tema de Humboldt*]. Ele tenta recriar o verdadeiro Humboldt livrando-o dos estratos da interpretação tradicional (existem várias

Na bibliografia russa sobre a linguística, o mais importante representante da primeira tendência é Aleksandr Potebniá e o círculo dos seus seguidores.[8] Os representantes posteriores da primeira tendência não atingiram a síntese filosófica e a profundidade de Humboldt. A tendência degenerou-se de modo significativo, principalmente por causa da passagem para a orientação positivista e empírico-superficial. Heymann Steinthal já não possui a grandeza de Humboldt. Em compensação, encontramos grande clareza metodológica e sistematicidade. Os postulados primordiais da primeira tendência perdem considerável importância no psicologismo empirístico de Wilhelm Wundt e dos seus seguidores. Contudo, atualmente, o subjetivismo individualista novamente adquire uma grande importância na escola de Karl Vossler (a chamada *Idealistische Neuphilologie*).[9]

Acima de tudo, a escola de Vossler é definida por uma *recusa* decisiva e intransigente do positivismo linguístico que não enxerga nada além da forma linguística (em sua maior parte, da forma fonética, por ser a mais "positiva") e do ato elementar psicofisiológico de sua produção.[10] Por essa razão,

tradições de interpretação de Humboldt). A concepção de Chpiet, muito subjetiva, prova mais uma vez o quão complexo e contraditório era Humboldt. As variações são muito livres.

[8] Seu trabalho filosófico fundamental é *Misl i iazík* [*Pensamento e linguagem*]. Os seguidores de Potebniá, a assim chamada escola de Khárkov (Dmitri Ovsiániko-Kulikóvski, Boris Liézin, Vassili Khártsiev, entre outros), publicaram uma série não periódica: *Vopróssi Teóri i Psikhológui Tvórtchestva* [*Questões de Teoria e de Psicologia da Criação*], da qual fazem parte os trabalhos póstumos do próprio Potebniá e os ensaios dos seus alunos sobre ele. No livro fundamental de Potebniá há uma exposição das ideias de Humboldt.

[9] Karl Vossler, Leo Spitzer, Eugen Lerch, Etienne Lorck e outros.

[10] O primeiro trabalho fundamental de Vossler é dedicado à crítica

coloca-se em primeiro plano o aspecto consciente-ideológico da língua. O principal propulsor da criação linguística é o "gosto linguístico", que é uma espécie particular de gosto artístico. O gosto linguístico é aquela verdade linguística que mantém a língua viva, e que o linguista deve revelar em cada fenômeno da língua, se realmente quiser compreendê-lo e explicá-lo. Apenas essa individualização estilística da língua em um enunciado concreto é histórico e produtiva do ponto de vista criativo. É justamente aqui que ocorre a formação da língua, que depois sedimenta-se nas formas gramaticais: *tudo o que se torna um fato gramatical foi antes um fato estilístico.*[11]

Entre os representantes contemporâneos da primeira tendência na filosofia da linguagem deve-se citar ainda o filó-

do positivismo linguístico: *Positivismus und Idealismus in der Sprachwissenschaft* [*Positivismo e idealismo na ciência da linguagem*] (Heidelberg, 1904).

[11] Os trabalhos filosófico-linguísticos fundamentais de Vossler, que saíram depois do livro mencionado acima, foram reunidos em *Philosophie der Sprache* (1926). Esse é o último livro de Vossler. Ele apresenta uma visão completa da sua concepção filosófica e linguística geral. Entre os trabalhos linguísticos característicos do método vossleriano, mencionaremos o seu *Frankreichs Kultur im Spiegel seiner Sprachentwicklung* [*A cultura francesa refletida em seu desenvolvimento linguístico*] (1913). O leitor encontrará a bibliografia completa de Karl Vossler (até o ano de 1922) na coletânea dedicada a ele: *Festschrift für Karl Vossler* [*Escritos em homenagem a Karl Vossler*] (1922). Em língua russa existem dois de seus artigos: "Grammátika i istória iaziká" ["A gramática e a história da língua"] (*Logos*, 1910, livro 1) e "Istória iaziká i istória literatúri" ["A história da língua e a história da literatura"]. Ambos os artigos contribuem para o conhecimento das bases das concepções vosslerianas. Na bibliografia linguística russa, as ideias de Vossler e seus seguidores não foram em absoluto discutidas. Algumas menções aparecem apenas no artigo de V. M. Jirmúnski sobre os estudos literários na Alemanha contemporânea (*Poétika*, vol. III, 1927, Academia). No ensaio de R. Chor já mencionado, a escola de Vossler aparece somente nas notas.

sofo e estudioso da literatura italiano Benedetto Croce.[12] As suas ideias são, em muitos sentidos, próximas às de Vossler. Para ele, a língua é também um fenômeno estético. O conceito principal e chave da sua concepção é a *expressão*. Qualquer expressão é artística em sua essência. E por isso a linguística, por ser a ciência da expressão *par excellence* (e a palavra é uma expressão), coincide com a estética. Disso decorre que, também para Croce, o ato individual de expressão pela fala é o fenômeno fundamental da língua.

Passaremos à caracterização da segunda tendência do pensamento filosófico-linguístico: *o objetivismo abstrato*.

O centro organizador de todos os fenômenos linguísticos, que os transforma em um objeto específico da ciência da língua, é transferido pela segunda tendência para um elemento bem diferente: *o sistema linguístico, compreendido como sistema de formas linguísticas fonéticas, gramaticais e lexicais*.

De fato, a diferença entre a primeira e a segunda tendências pode ser ilustrada muito claramente do seguinte modo: as formas idênticas a si mesmas, que constituem o sistema imóvel da língua (*érgon*), foram, para a primeira tendência, só uma sedimentação petrificada da formação linguística efetiva: a verdadeira essência da língua realiza-se por meio de um ato criativo, individual e irrepetível.

Para a segunda tendência, é justamente esse sistema de formas idênticas a si mesmas que se torna a essência da língua; já a refração e a variação individuais e criativas das formas linguísticas são, para ela, apenas restos da vida linguís-

---

[12] Foi publicada em russo a primeira parte da estética de B. Croce: *Estétika kak naúka o virajéni i kak óbschaia lingvística* [*A estética como ciência da expressão e como linguística geral*], Moscou, 1920. Nessa parte traduzida já são expostas as ideias gerais de Croce sobre a língua e a linguística.

As mais novas correntes do pensamento linguístico 155

tica ou, mais precisamente, da imobilidade monumental linguística; são sobretons imperceptíveis e desnecessários do tom principal e imutável das formas linguísticas.

Em linhas gerais, o principal ponto de vista da segunda tendência pode ser reduzido aos seguintes fundamentos:

1) A língua é um sistema estável e imutável de formas linguísticas normativas e idênticas, encontrado previamente pela consciência individual e indiscutível para ela.

2) As leis da língua são leis linguísticas específicas de conexão entre os sinais linguísticos dentro de um sistema linguístico fechado. Essas leis são objetivas em relação a qualquer consciência subjetiva.

3) As leis linguísticas específicas não possuem nada em comum com os valores ideológicos (artísticos, cognitivos e outros). Nenhum motivo ideológico é capaz de fundamentar os fenômenos da língua. Entre a palavra e a sua significação não existe uma conexão, seja ela natural e compreensível para a consciência, seja ela artística.

4) Os atos individuais da fala são, do ponto de vista da língua, apenas refrações e variações ocasionais ou simplesmente distorções das formas normativas idênticas; mas justamente esses atos de fala individual explicam a mutabilidade histórica das formas linguísticas, que, como tal, do ponto de vista do sistema da língua, é irracional e sem sentido. Entre o sistema da língua e a sua história não existe nem conexão nem motivos em comum. Eles são alheios entre si.

Como o leitor pode observar, os quatro fundamentos da segunda tendência do pensamento filosófico linguístico formulados acima são *opostos* aos quatro fundamentos correspondentes da primeira tendência.

Os caminhos históricos da segunda tendência são muito mais difíceis de serem acompanhados. Nesse caso, na aurora da Idade Moderna, não havia um representante ou fundador cuja dimensão se igualasse à de Wilhelm Humboldt. As raízes dessa tendência devem ser procuradas no racionalismo dos séculos XVII e XVIII. Essas raízes se originam no terreno do cartesianismo.[13]

As ideias da segunda tendência foram primeiramente expressas com muita clareza por Leibniz em sua concepção da gramática universal.[14] Todo o racionalismo se caracteriza pela ideia da *condicionalidade, da arbitrariedade da língua* e também pela *comparação entre o sistema da língua e o sistema dos símbolos matemáticos*. A mente dos racionalistas, matematicamente orientada, não se interessa pela relação do som com a realidade por ele retratada ou com o indivíduo que o gerou, mas pela *relação de um signo com outro dentro de um sistema fechado*, uma vez aceito e postulado. Em outras palavras, eles se interessam apenas pela *lógica interna do próprio sistema de signos*, que é tomado, assim como na álgebra, de forma totalmente independente das significações ideológicas que preenchem os signos. Os racionalistas tendem ainda a considerar o ponto de vista daquele que compreende, e só em menor grau o do falante, como de um sujeito que expressa sua vida interior. Dificilmente o símbolo matemático pode ser compreendido como uma expressão do psiquismo individual, e para os racionalistas o símbolo matemático representava o ideal de qualquer signo, inclusive o linguístico.

[13] É indubitável a profunda ligação interna da segunda tendência com o pensamento cartesiano e com a visão de mundo geral do neoclassicismo, com seu culto da forma abstrata, racional e imóvel. O próprio Descartes não deixou trabalhos sobre a filosofia da linguagem, mas há ideias esclarecedoras em suas cartas. Ver a respeito o capítulo citado da obra de Cassirer, pp. 67-8.

[14] As opiniões correspondentes de Leibniz podem ser encontradas no livro fundamental de Cassirer, *Leibniz' System in seinen wissenschaftlichen Grundlagen* [*O sistema de Leibniz em suas bases científicas*] (Marburg, 1902).

As mais novas correntes do pensamento linguístico

Aqui, também é preciso notar que o primado do ponto de vista daquele que compreende sobre o ponto de vista do falante é uma particularidade constante da segunda tendência. Disso decorre que, no terreno da segunda tendência, não há uma abordagem do problema da expressão e, consequentemente, do problema da formação do pensamento e do psiquismo subjetivo na palavra (um dos problemas fundamentais da primeira tendência).

Os representantes do Iluminismo no século XVIII elaboraram a forma mais simplificada da ideia de língua como sistema de signos arbitrários, convencionais e racionais em sua essência.

Até o presente momento, as ideias do objetivismo abstrato, que se originaram em solo francês, continuam a predominar, sobretudo na França.[15]

Atualmente, a assim chamada "Escola de Genebra" de Ferdinand de Saussure[16] (falecido há muito tempo) é a expressão mais clara do objetivismo abstrato. Os representantes dessa escola, principalmente Charles Bally, são os maiores linguistas da atualidade.

Na Rússia, a impopularidade da escola de Vossler é inversamente proporcional à popularidade e influência da escola de Saussure. É possível dizer que a maioria dos repre-

[15] É interessante observar que a primeira tendência, ao contrário da segunda, se desenvolveu e continua a se desenvolver predominantemente em solo alemão.

[16] O trabalho teórico fundamental de Saussure foi editado por seus alunos após sua morte: Ferdinand de Saussure, *Cours de linguistique générale* (1916), 2ª ed., 1922. Um breve resumo das ideias de Saussure pode ser encontrado no artigo de Chor, já citado, e no artigo de Mikhail Peterson: "Óbchaia lingvística" ["Linguística geral"], *Petchát i Revoliútsia*, vol. 6, 1923. [A primeira edição russa do *Kurs óbchei lingvístiki* [*Curso de linguística geral*] foi traduzida por A. M. Sukhótin, organizada e comentada por R. Chor e publicada pela editora moscovita Sotsekguiz em 1933. (N. da T.)]

sentantes do nosso pensamento linguístico se encontra sob influência determinante de Saussure e seus alunos: Charles Bally e Albert Sechehaye.[17]

Saussure parte da distinção de três aspectos da língua: a *linguagem (langage)*, a *língua como sistema de formas (langue)* e o *ato individual discursivo*, ou *enunciado (parole)*.[18] A língua (no sentido de sistema de formas) e o enunciado são elementos que compõem a linguagem, compreendida como um conjunto de todos os fenômenos — físicos, fisiológicos e psicológicos — que participam na realização da atividade discursiva. De acordo com Saussure, a linguagem *(langage)* não pode ser o objeto da linguística. Ela, por si só, é privada de unidade interior e de leis independentes e autônomas. É necessário partir da língua *(langue)* como sistema de formas normativas e idênticas e elucidar todos os fenômenos da linguagem em relação com essas formas estáveis e autônomas (autolegítimas).

Ao distinguir a língua da linguagem no sentido de conjunto de todas as manifestações da capacidade linguística,

---

[17] O trabalho de R. Chor, *Iazík i óbchestvo* [*Língua e sociedade*] (Moscou, 1926) foi redigido no espírito da "Escola de Genebra". No artigo já citado por nós, intitulado "Krízis sovremiénnoi lingvístiki" ["A crise da linguística contemporânea"], Chor se expressa como uma apologista veemente das principais ideias de Saussure. V. V. Vinográdov também é um seguidor da "Escola de Genebra". Duas escolas linguísticas russas, a escola de Fortunátov e a assim chamada Escola de Kazan (Mikołaj Kruszewski e Baudouin de Courtenay), uma forte expressão do formalismo linguístico, encontram-se inteiramente dentro dos limites da segunda tendência do pensamento filosófico linguístico descrito por nós.

[18] Como o *Curso de linguística geral* não tinha ainda sido traduzido para o russo à época da publicação deste artigo, Volóchinov optou pelos termos *iazík-riétch* ou *riétch (langage)*, *iazík (langue)* e *viskázivanie (parole)*. Na tradução russa de 1933 (mencionada na nota anterior), o tradutor utilizou outros termos, a saber: *rietcheváia déiatelnost (langage)*, *iazík (langue)* e *riétch (parole)*. (N. da T.)

As mais novas correntes do pensamento linguístico   159

Saussure a distingue também dos atos individuais de fala, ou enunciado (*parole*):

> "A língua não constitui, pois, uma função do falante: é o produto que o indivíduo registra passivamente; não supõe jamais premeditação, e a reflexão nela intervém somente para a atividade de distinção e classificação.
>
> A fala[19] é, ao contrário, um ato individual de vontade e inteligência, no qual convém distinguir: 1) as combinações pelas quais o falante realiza o código da língua no propósito de exprimir seu pensamento pessoal; 2) o mecanismo psicofísico que lhe permite exteriorizar essas combinações."[20]

O enunciado não pode ser um objeto da linguística como Saussure a entende. No enunciado, o elemento linguístico consiste apenas nas formas normativas e idênticas da língua presentes nele. Todo o restante é "secundário e ocasional".

Destacaremos a tese principal de Saussure: *a língua opõe--se ao enunciado, assim como o social ao individual.* O enunciado, portanto, é inteiramente individual. Nisso, como veremos adiante, está o *proton pseudos*[21] de Saussure e de toda a tendência do objetivismo abstrato.

---

[19] Na tradução feita por Volóchinov, o termo francês "fala" (*parole*) foi traduzido pelo termo russo *viskázivanie*, que na tradição bakhtiniana costuma ser traduzido por "enunciado". (N. da T.)

[20] Citação extraída da tradução brasileira de *Curso de linguística geral*, realizada por Antônio Chelini, José Paulo Paes e Izidoro Blikstein (São Paulo, Cultrix, s.d.). (N. da T.)

[21] Em grego no original: "primeira mentira". Esse conceito da lógica aristotélica designa a primeira premissa falsa em uma dedução, a partir da qual seguem-se mais declarações falsas, mesmo que sejam tiradas conclusões formalmente corretas. (N. da T.)

O ato individual da fala, isto é, do enunciado que foi tão decisivamente colocado à margem da linguística, retorna, no entanto, como um fator necessário da história da língua. No espírito de toda a segunda tendência, Saussure opõe rigorosamente a história da língua à língua tomada enquanto sistema sincrônico. Com sua individualidade e caráter ocasional, o "enunciado" predomina na história, que é governada por uma lei totalmente diferente daquela do sistema da língua.

As opiniões de Saussure sobre a história são extremamente características daquele espírito do racionalismo até hoje predominante na segunda tendência do pensamento filosófico-linguístico, para o qual a história é um universo irracional que distorce a pureza lógica do sistema linguístico. Atualmente, Saussure e a sua escola não constituem o único vértice do objetivismo abstrato. Ao lado dela ergue-se outro vértice: a escola sociológica de Émile Durkheim, representada na linguística por Antoine Meillet.

Ao examinar os caminhos para a solução do problema colocado por nós, da separação e da delimitação da língua como objeto específico de estudo, encontramo-nos diante de duas ordens de respostas diametralmente opostas: diante das teses do subjetivismo individualista e das antíteses do objetivismo abstrato.[22]

Qual seria então o verdadeiro centro da realidade linguística: o ato discursivo individual — o enunciado — ou o sistema da língua? E qual seria a forma em que existe a realidade linguística: a formação criativa ininterrupta ou a imutabilidade imóvel de formas idênticas a si mesmas?

---

[22] Obviamente, muitas escolas e correntes do pensamento linguístico, algumas das quais muito expressivas, não se enquadram nos limites das duas tendências por nós apresentadas; por exemplo, parte dos fundamentos principais do fenômeno dos "neogramáticos" está ligada à primeira tendência.

Anteriormente, tentamos fazer uma apresentação totalmente objetiva das duas tendências do pensamento filosófico-linguístico. Agora iremos submetê-las a uma análise crítica minuciosa. Apenas depois disso poderemos responder à pergunta feita por nós.

Começaremos com a crítica da segunda tendência: o objetivismo abstrato.

Antes de mais nada, faremos a seguinte pergunta: em que medida o sistema das normas linguísticas idênticas a si mesmas, isto é, o sistema da língua, como o entendem os representantes da segunda tendência, é real? É claro que nenhum dos representantes do objetivismo abstrato atribui ao sistema da língua uma realidade material e objetiva. Esse sistema de formas normativas idênticas, apesar de expresso em objetos materiais, isto é, em signos, é real apenas na qualidade de forma social. Os representantes da segunda tendência sempre sublinham — e este é um dos seus fundamentos basilares — que o sistema da língua é, para *qualquer* consciência individual, um fato objetivo e exterior, independente dessa consciência. No entanto, somente para a consciência individual e do ponto de vista dessa consciência esse sistema consiste de normas imutáveis, idênticas a si mesmas.

De fato, de um ponto de vista verdadeiramente objetivo, que tente olhar para a língua de modo totalmente independente da visão de determinado falante em um dado momento, a língua apresenta-se como um *fluxo de formação ininterrupto*. Para o ponto de vista objetivo situado acima da língua, não existe um momento real em cujo corte poderia ser construído um sistema sincrônico da língua.

Esse sistema sincrônico da língua existe, no melhor dos casos, somente do ponto de vista da consciência subjetiva de um indivíduo falante pertencente a um grupo linguístico em um determinado momento do tempo histórico. *Do ponto de vista objetivo, esse sistema não existe em nenhum dos momentos reais do tempo histórico.* Podemos presumir que, quando César escrevia suas obras, a língua latina era um sistema imutável e indiscutível de normas idênticas a si mesmas, porém, para um historiador da língua latina, naquele exato momento em que César criava suas obras ocorria um processo ininterrupto de mudanças linguísticas (mesmo se o historiador não conseguir registrá-las).

Se dissermos que a língua como sistema de normas indiscutíveis e imutáveis existe de modo objetivo, cometeremos um erro grave. No entanto, se dissermos que a língua na concepção da consciência individual é um sistema de normas indiscutíveis e imutáveis, que esse é o *modus* de existência da língua para cada um dos membros dessa coletividade linguística, expressaremos uma concepção totalmente objetiva. Será que o próprio fato foi estabelecido corretamente, será que a língua na consciência do falante seria apenas um sistema de normas imutável e imóvel? Por enquanto, deixaremos essa questão em aberto. De qualquer modo, trata-se do estabelecimento de uma concepção objetiva.

Como os próprios representantes do objetivismo abstrato concebem essa questão?

A maioria deles tende a afirmar *a realidade e a objetividade imediatas da língua como um sistema de formas normativas idênticas*. Nas mãos dos representantes da segunda tendência, o objetivismo abstrato se transforma diretamente em objetivismo abstrato *hipostático*. Os demais representantes da mesma tendência (como Meillet) são mais críticos e têm consciência do caráter abstrato e convencional do sistema linguístico. Entretanto, nenhum dos representantes do objetivismo abstrato chegou a uma compreensão clara e definida do tipo de realidade que a língua possui enquanto sistema objetivo.

No entanto, agora devemos perguntar: a língua realmente existe para a consciência subjetiva do falante como um sistema objetivo de formas normativas idênticas e indiscutíveis? Será que o objetivismo abstrato compreendeu corretamente

As mais novas correntes do pensamento linguístico

o ponto de vista da consciência subjetiva do falante? Ou ainda, o *modus* de existência da língua na consciência linguística subjetiva seria realmente esse?

Devemos responder negativamente a essa pergunta. A consciência subjetiva do falante não trabalha com a língua como um sistema de formas normativas e idênticas. Esse sistema é apenas uma abstração, obtida mediante um enorme trabalho, realizado com certa orientação cognitiva e prática. O sistema é um produto de reflexão sobre a língua, realizado não pela consciência do próprio falante e de modo algum visando a fala imediata.

De fato, o objetivo do falante é direcionado a um enunciado concreto pronunciado por ele. O centro de gravidade para ele não se encontra na identidade da forma, mas naquela significação nova e concreta que ela adquire nesse contexto. *Para um falante, a forma linguística é importante não como um sinal constante e invariável, mas como um signo sempre mutável e flexível.*

No entanto, o falante deve levar em consideração o ponto de vista daquele que escuta e compreende. Será que justamente aqui entra em vigor a identidade normativa da forma linguística?

Isso tampouco é assim. A principal tarefa da compreensão de modo algum se reduz ao momento de reconhecimento da forma linguística usada pelo falante como a "mesma" forma, assim como reconhecemos claramente, por exemplo, um sinal ao qual ainda não nos habituamos suficientemente, ou a forma de uma língua pouco conhecida. Não, no geral a tarefa de compreensão não se reduz ao *reconhecimento* da forma usada, mas à sua compreensão em um contexto concreto, à compreensão da sua significação em um enunciado, ou seja, à compreensão da sua novidade e não ao reconhecimento da sua identidade.

Em outras palavras, *aquele que compreende, se pertencer à mesma coletividade linguística, também se orien-*

ta para uma forma linguística tomada não como um sinal imóvel e idêntico a si mesmo, mas como um signo mutável e flexível.

De modo algum o processo de *compreensão* deve ser confundido com o processo de *reconhecimento*. Eles são profundamente diferentes. Apenas um signo pode ser compreendido, já o sinal é reconhecido. O sinal é um objeto internamente imóvel e unitário que, na verdade, nada substitui, reflete ou refrata, sendo simplesmente um meio técnico através do qual se aponta para algum objeto (definido e imóvel) ou para alguma ação (também definida e imóvel).[23]

Uma forma linguística não será compreendida como tal enquanto for apenas um sinal para aquele que a compreende. Um sinal puro não existe nem nas fases iniciais da aprendizagem de uma língua. Mesmo nesse caso, a forma é orientada pelo contexto e se constitui em um signo, embora estejam presentes a sua natureza de sinal e o momento do seu reconhecimento.

Evidentemente, de tudo isso não resulta o fato de que a língua não possua um momento de sinalização e um momento correspondente de reconhecimento do sinal. Ele existe, mas não é constitutivo da língua como tal. Ele é eliminado do ponto de vista dialético e absorvido pela nova qualidade do signo (isto é, da língua como tal).

Desse modo, a consciência linguística do falante e daquele que escuta e compreende não lida, na fala prática viva, com um sistema abstrato de formas linguísticas normativas

---

[23] As diferenças interessantes e originais entre o sinal e a combinação de sinais (por exemplo, na área marítima) e entre a forma linguística e a combinação de formas linguísticas, em relação ao problema da sintaxe, são apresentadas por Karl Bühler em seu artigo "Vom Wesen der Syntax" ["Sobre a natureza da sintaxe"] em *Festschrift für Karl Vossler* [*Escritos em homenagem a Karl Vossler*], pp. 61-9.

As mais novas correntes do pensamento linguístico

e idênticas, mas com a linguagem no sentido de um conjunto de diferentes contextos possíveis em que essa forma linguística pode ser usada. Para o falante nativo, a palavra se posiciona não como um vocábulo de dicionário, mas como uma palavra presente nos enunciados mais variados da combinação linguística A, B, C etc., e como palavra de seus próprios enunciados multiformes. Seria necessário acrescentar a isso mais uma consideração de extrema relevância. Na realidade, a consciência linguística dos falantes não lida com a forma da língua nem com a língua como tal.

De fato, a forma linguística é dada ao falante apenas no contexto de certos enunciados e portanto apenas em um determinado contexto ideológico. Na realidade, nunca pronunciamos ou ouvimos palavras, mas ouvimos uma verdade ou mentira, algo bom ou mal, relevante ou irrelevante, agradável ou desagradável, e assim por diante. A palavra está sempre repleta de conteúdo e de significação ideológica ou cotidiana. É apenas essa palavra que compreendemos e respondemos, que nos atinge por meio da ideologia ou do cotidiano.

O critério da correção é aplicado por nós ao enunciado apenas nos casos anormais ou específicos (por exemplo, no ensino da língua). Normalmente, o critério da correção linguística é incorporado pelo critério puramente ideológico: a correção do enunciado é incorporada pelo seu caráter verdadeiro ou falso, sua poeticidade ou vulgaridade etc.[24]

A ruptura entre a língua e o seu conteúdo ideológico é um dos erros mais graves do objetivismo abstrato.

Portanto, a língua como um sistema de formas normativas idênticas não é, de maneira alguma, o modo como ela

---

[24] Em vista disso, como veremos adiante, é impossível concordar com Vossler, que destaca a existência de um gosto linguístico determinado e específico, nem sempre coincidente com um "gosto" ideológico específico: artístico, cognitivo, ético ou de outro tipo.

existe na consciência dos indivíduos falantes. Do ponto de vista da consciência falante e da sua prática viva na comunicação social, não há caminho direto para o sistema da língua, tal como foi concebido pelo objetivismo abstrato.

Então o que seria esse sistema? Desde o início, está totalmente claro que esse sistema foi obtido por meio de uma abstração, na qual os elementos são retirados dos enunciados, que são as unidades reais do fluxo discursivo. Toda abstração, para ser legítima, deve justificar-se por determinado objetivo teórico e prático. Uma abstração pode ser produtiva e improdutiva, isto é, pode ser produtiva para alguns objetivos e tarefas e improdutiva para outros.

Quais objetivos estão na base da abstração linguística que leva ao sistema sincrônico da língua? De qual ponto de vista esse sistema é produtivo e necessário?

Na base dos métodos linguísticos de pensamento que conduzem à criação da língua como sistema de formas normativas idênticas está a orientação teórica e prática para o estudo de línguas estrangeiras mortas, conservadas em monumentos escritos.

É preciso sublinhar com absoluta firmeza que *essa orientação filológica determinou de modo significativo todo o pensamento linguístico do mundo europeu.* Esse pensamento se formou e amadureceu sobre os cadáveres das línguas escritas; quase todas as categorias, conceitos e práticas fundamentais desse pensamento foram desenvolvidos no processo de ressuscitação desses cadáveres.

O filologismo é um traço incontornável de toda a linguística europeia e foi condicionado pelos destinos históricos de seu nascimento e desenvolvimento. Se retornássemos no tempo seguindo a história das categorias e métodos linguísticos, por mais longe que fôssemos, encontraríamos filólogos por toda parte. Eram filólogos não apenas os alexandrinos, mas também os romanos, os gregos (Aristóteles era um filólogo típico) e os indianos.

As mais novas correntes do pensamento linguístico   167

Podemos dizer de modo direto: *a linguística surge no tempo e no lugar em que surgem as necessidades filológicas.* A necessidade filológica gerou a linguística, a embalou no berço e deixou a flauta filológica em seus lençóis. Essa flauta é destinada a despertar os mortos. No entanto, faltam-lhes sons para dominar a linguagem viva em sua formação ininterrupta.

O acadêmico Nikolai Marr aponta de modo totalmente correto essa essência filológica do pensamento linguístico indo-europeu:

> "A linguística indo-europeia, cujo objeto de pesquisa já estava constituído e formado há muito tempo, isto é, as línguas indo-europeias das épocas históricas, partia quase exclusivamente de formas petrificadas das línguas escritas, mortas em sua maioria, e portanto, naturalmente, não podia revelar o processo do surgimento da linguagem em geral e da origem dos seus tipos."[25]

Ou em outro lugar:

> "O maior obstáculo [para o estudo da linguagem primitiva, V. Volóchinov] não está na dificuldade dos próprios estudos ou na falta de dados evidentes, mas no nosso pensamento científico, imobilizado pela visão tradicional filológica ou histórico-cultural, que não foi educada com base na percepção etnológico-linguística da linguagem viva, das suas variações criativas infinitamente livres."[26]

---

[25] Nikolai Iákovlevitch Marr, *Po etápam razvítiia iafetítcheskoi teórii* [*As etapas de desenvolvimento da teoria jafética*], 1926, p. 269.

[26] *Ibid.*, pp. 94-5.

É claro que as palavras do acadêmico Nikolai Marr são justas não apenas em relação aos estudos indo-europeus, que dão o tom à linguística moderna, mas também em relação a toda a linguística que conhecemos ao longo da história. A linguística, como mostramos, é sempre fruto da filologia. Guiada pela necessidade filológica, a linguística sempre *partiu do enunciado monológico finalizado, do monumento antigo tomado como realidade última.* Foi no trabalho com esse enunciado monológico morto, ou mais precisamente, com uma série desses enunciados, unidos apenas pela língua comum, que a linguística elaborou os seus métodos e categorias.

Entretanto, o enunciado monológico já é uma abstração, apesar de ser, por assim dizer, uma abstração natural. Qualquer enunciado monológico, inclusive um monumento escrito, é um elemento indissolúvel da comunicação discursiva. Todo enunciado, mesmo quando escrito e finalizado, responde a algo e orienta-se para uma resposta. Ele é apenas um elo na cadeia ininterrupta dos discursos verbais. Todo monumento continua a obra dos antecessores, polemiza com eles, espera por uma compreensão ativa e responsiva, antecipando-a etc. Todo monumento é uma parte real e indissolúvel ou da ciência ou da literatura ou da vida política. O monumento, como qualquer enunciado monológico, é orientado para ser percebido no contexto da vida científica ou da realidade literária atual, isto é, *na formação daquela esfera ideológica da qual ele é um elemento indissolúvel.*

Desse modo, o monumento é uma parte, um membro de uma certa série em formação real, ele se orienta para essa formação e é dirigido para uma compreensão responsiva em formação.

O filólogo-linguista retira o monumento dessa série real, percebendo-o como um todo autossuficiente, isolado e relacionado não a uma compreensão ideológica ativa, replicadora, mas a uma compreensão totalmente *passiva*, sem resposta, diferentemente do que ocorre em toda compreensão verdadeira. O filólogo correlaciona esse monumento isolado, tomado como um documento da língua, com outros monumentos existentes no plano geral dessa mesma língua.

Os métodos e as categorias do pensamento linguístico se formaram justamente no processo de comparação e mútua elucidação, no plano da língua, de enunciados monológicos isolados.

É claro que a língua morta estudada pelo linguista é uma língua alheia a ele. Por isso, o sistema de categorias linguísticas dificilmente é um produto de reflexão cognitiva da consciência do falante dessa língua. Não é uma reflexão sobre a percepção da língua materna; não, é uma reflexão da consciência a desbravar e abrir caminho no mundo desconhecido de uma língua alheia.

A compreensão passiva do filólogo linguista é inevitavelmente projetada no próprio monumento, que é estudado do ponto de vista da língua, como se ele tivesse sido orientado para essa compreensão, como se ele tivesse sido escrito para o filólogo.

Como resultado disso, surge uma teoria da compreensão, falsa em sua essência, que se encontra não apenas na base dos métodos da interpretação linguística do texto, mas também na base de toda a semasiologia europeia. Toda a doutrina sobre a significação e o tema da palavra é penetrada inteiramente pela ideia falsa de compreensão passiva, isto é, de uma compreensão da palavra em que a resposta ativa é eliminada de antemão e por princípio.

Essa *compreensão em que a resposta é eliminada de antemão* na verdade está longe de ser uma compreensão da linguagem. Essa última é inseparável da *posição ativa* em relação ao dito e ao compreendido. É própria da compreensão passiva justamente uma clara percepção do momento da identidade do signo linguístico, isto é, a sua percepção como objeto e sinal em que, por conseguinte, predomina o momento do reconhecimento.

Em suma, *a língua morta, escrita e alheia* é a definição real da linguagem do pensamento linguístico.

O enunciado isolado, finalizado e monológico, abstraído do seu contexto discursivo e real, que não se opõe a uma possível resposta ativa, mas à possível compreensão de um filólogo, é a realidade última e o ponto de partida do pensamento linguístico.

O pensamento linguístico nascido no processo de domínio de uma língua morta e alheia para o *pesquisador* objetivava não apenas a pesquisa, mas o *ensino*: buscava não só decifrar a língua, mas também ensinar essa língua decifrada. Os monumentos deixam de ser documentos heurísticos e se transformam em um modelo escolar e clássico da língua.

Essa segunda tarefa principal da linguística — a de criar o dispositivo necessário para ensinar a língua decifrada, por assim dizer, codificá-la, adaptando-a aos objetivos do ensino escolar — influenciou significativamente o pensamento linguístico. A fonética, a gramática e o léxico — as três partes do sistema linguístico, ou os três centros organizadores das categorias linguísticas — se formaram no bojo das duas tarefas linguísticas apontadas: a heurística e a pedagógica.

Quem é o filólogo?

Por mais diferentes que sejam as imagens histórico-culturais dos linguistas, começando pelos sacerdotes hindus e terminando pelo linguista moderno europeu, o filólogo sempre e em todo lugar é um decifrador de escritas e palavras alheias e "misteriosas", e um professor, isto é, um transmissor daquilo que foi decodificado ou herdado da tradição.

Os primeiros filólogos e linguistas sempre e em todo lugar eram *sacerdotes.* A história não conhece nenhum povo cujas lendas ou escrituras sagradas não tenham sido, em menor ou maior grau, escritas em uma língua alheia e incompreensível para o profano. A tarefa dos sacerdotes filólogos era justamente decifrar o mistério das palavras sagradas.

Foi nesse terreno que nasceu a filosofia antiga da linguagem: a doutrina védica da palavra, a doutrina sobre o *Logos* dos pensadores gregos antigos e a filosofia bíblica do verbo. A fim de compreender esses filosofemas, nem por um momento devemos esquecer que se tratam de filosofemas da palavra alheia. Se algum povo conhecesse somente sua língua materna, se a palavra para ele coincidisse com a palavra materna de sua vida, se a palavra alheia enigmática, isto é, a palavra de uma língua alheia, não tivesse aparecido em seu horizonte, esse povo nunca teria criado filosofemas semelhantes.[27]

Um traço impressionante: desde a Antiguidade remota até os dias atuais, a filosofia da palavra e o pensamento linguístico têm se fundamentado na *sensação específica da palavra alheia, estrangeira,* e naquelas tarefas que justamente a palavra alheia coloca à consciência, isto é, *decifrar e ensinar o decifrado.*

Em seu pensamento sobre a língua, o sacerdote védico e o filólogo-linguista contemporâneo são enfeitiçados e escravizados pelo mesmo fenômeno: a palavra estrangeira alheia.

A palavra própria é sentida de modo completamente diferente ou, de maneira mais precisa, nem é sentida como uma palavra dotada de todas aquelas categorias que ela gera no pensamento linguístico e gerava no pensamento filosófico-religioso dos antigos. A palavra materna é "de casa", ela é percebida como uma roupa habitual ou, melhor ainda, como aquela atmosfera costumeira na qual vivemos e respiramos. Nela não há mistérios; ela pode se tornar misteriosa em lábios alheios no sentido hierárquico, nos lábios do líder, nos

---

[27] De acordo com a religião védica, a palavra sagrada — no uso que lhe dá o "conhecedor", iniciado ou sacerdote — torna-se a senhora de toda a existência, tanto dos deuses quanto das pessoas. Nela, o sacerdote-conhecedor se define como aquele que governa a palavra: nisso está todo o seu poder. Essa doutrina já se encontra no *Rigveda.* O filosofema grego antigo do *Logos* e o ensinamento alexandrino sobre o *Logos* são de conhecimento geral.

lábios do sacerdote, mas nesse caso ela já se torna uma palavra diferente, é transformada em algo exterior ou eliminada dos usos cotidianos (torna-se um tabu para os hábitos corriqueiros ou uma arcaização da linguagem), e isso se ela, já desde o princípio, não tiver sido uma palavra estrangeira nos lábios de um líder-conquistador. A "Palavra" nasce somente aqui, somente aqui é *incipit philosophia, incipit philologia*.[28]

A orientação da linguística e da filosofia da linguagem para a palavra alheia estrangeira de modo algum é ocasional ou arbitrária. Não, essa orientação representa uma expressão do enorme papel histórico que a palavra alheia desempenhou no processo de formação de todas as culturas históricas. A palavra alheia teve esse papel em todas as esferas da criação ideológica, sem exceção: do sistema sociopolítico até a etiqueta cotidiana. Com efeito, justamente a palavra alheia estrangeira trazia luz, cultura, religião e organização política (os sumérios e os semitas babilônicos; os povos jaféticos e os helenos; Roma, o Cristianismo e os povos bárbaros; o Império Bizantino, os "varegues", tribos eslavas do sul e os eslavos do leste etc.). Esse grandioso papel organizador da palavra alheia sempre vinha acompanhado pela força e pela organização alheia, ou era encontrado por um jovem povo conquistador no terreno de uma cultura antiga e poderosa ocupada por ele, como se esta, com seus túmulos, escravizasse a consciência ideológica do povo conquistador. Como resultado, a palavra alheia, nas profundezas da consciência histórica dos povos, fundiu-se com a ideia de poder, de força, de santidade e de verdade, fazendo com que a noção de palavra se orientasse na maioria das vezes justamente para a palavra alheia.

No entanto, mesmo no presente momento a filosofia da linguagem e a linguística de modo algum têm uma *consciência objetiva* do enorme papel histórico desempenhado pela

---

[28] Em latim no original: "começa a filosofia, começa a filologia". (N. da T.)

As mais novas correntes do pensamento linguístico

palavra estrangeira. Não, ela até hoje escraviza a linguística, a qual é uma espécie de representação da última onda que nos chegou do fluxo vivo da fala alheia, um último resquício do seu papel ditatorial e criador de culturas.

É por isso que a linguística, sendo um produto da palavra estrangeira, está muito longe de compreender corretamente o seu papel na história da língua e da consciência linguística. Pelo contrário, os estudos indo-germânicos elaboraram categorias de compreensão da história da língua que excluem totalmente a avaliação correta do papel da palavra alheia. Entretanto, ao que tudo indica, esse papel é enorme.

A ideia de cruzamento linguístico como principal fator responsável pela evolução das línguas foi apresentada com toda clareza pelo acadêmico Nikolai Marr. Ele também reconheceu o cruzamento linguístico como o fator fundamental para a solução do problema da origem da linguagem. Segundo Marr:

> "O cruzamento em geral como fator de surgimento de diferentes espécies e até mesmo de tipos linguísticos, o cruzamento como fonte de formação das novas espécies foi observado e notado em todas as línguas jaféticas, e é uma das mais importantes conquistas da linguística jafética. [...] O problema é que não existe a língua sonora — primitiva, a língua da mesma tribo, e como veremos ela não existiu nem poderia ter existido. A língua é uma criação da sociedade e surgiu na base da comunicação mútua entre várias tribos, motivada pelas necessidades econômicas e administrativas, e representa uma segmentação justamente desse caráter social sempre multitribal."[29]

[29] N. Marr, *Po etápam razvítiia iafetítcheskoi teórii* [*As etapas de desenvolvimento da teoria jafética*], p. 268.

Aqui apenas apontamos a importância da palavra alheia para o estudo da linguagem e da sua evolução. Contudo, esses problemas ultrapassam os limites do nosso trabalho. A palavra alheia é importante para nós como um fator que determinou o pensamento filosófico-linguístico sobre a palavra, bem como todas as categorias e abordagens desse pensamento. Tentamos apontar apenas as particularidades da compreensão da palavra que se sedimentaram no decorrer dos séculos e determinaram o pensamento linguístico moderno. Foram justamente essas categorias que encontraram uma expressão mais clara e definida na doutrina do objetivismo abstrato.

Resta-nos fazer um balanço da nossa análise crítica do objetivismo abstrato. O problema apontado por nós — o problema da existência real dos fenômenos linguísticos como um objeto específico e único de estudo — foi solucionado por ele de modo errôneo. A língua como sistema de formas normativas e idênticas é uma abstração que pode ser justificada de modo teórico e prático apenas do ponto de vista da decifração e ensino de uma língua alheia e morta. Esse sistema não pode ser a base para a compreensão e explicação dos fatos linguísticos em sua vida e formação. Ao contrário, ele nos desvia da realidade viva e em formação da língua e das suas funções sociais, embora os defensores do objetivismo abstrato aleguem que o seu ponto de vista tem uma significação sociológica. A base teórica do objetivismo abstrato se origina nas premissas do pensamento racionalista e mecanicista, dificilmente capazes de fundamentar uma compreensão correta da história, apesar de a língua ser um fenômeno puramente histórico.

Será que disso decorre que os fundamentos da primeira tendência — o subjetivismo individualista — são corretos? Será que somente ele teria conseguido apalpar a realidade efetiva da linguagem? Ou talvez a verdade se encontre no meio termo, sendo um compromisso entre a primeira e a segunda tendências, entre as teses do subjetivismo individualista e as antíteses do objetivismo abstrato?

Suponhamos que aqui, como sempre, a verdade não se encontre no meio-termo nem seja um compromisso entre a tese e a antítese, ficando fora e além dos seus limites, e negando tanto a tese quanto a antítese, ou seja, representando uma *síntese dialética*. As teses da primeira tendência, como veremos adiante, também não resistem à crítica.

Neste ponto, chamaremos atenção ainda para o seguinte fato. O objetivismo abstrato, ao considerar o sistema da língua como único e essencial para os fenômenos linguísticos, negava o ato discursivo — o enunciado — como individual. Nisso está o *proton pseudos* do objetivismo abstrato. O subjetivismo individualista considera justamente o ato discursivo — o enunciado — como único e essencial. No entanto, ele também define esse ato como individual e por isso tenta explicá-lo a partir das condições da vida psicoindividual do indivíduo falante. Nisso está o seu *proton pseudos*.

De fato, o ato discursivo, ou, mais precisamente, o seu produto — o enunciado —, de modo algum pode ser reconhecido como um fenômeno individual no sentido exato dessa palavra, e tampouco pode ser explicado a partir das condições psicoindividuais e psíquicas ou psicofisiológicas do indivíduo falante. *O enunciado é de natureza social*.

Como observamos, a segunda tendência do pensamento filosófico-linguístico está relacionada com o racionalismo e o neoclassicismo. A primeira tendência — o subjetivismo individualista — está ligada ao *romantismo*. O romantismo foi em grande parte uma reação à palavra alheia e às categorias do pensamento condicionadas por ela. De modo mais preciso, o romantismo foi uma reação à última recidiva do domínio cultural da palavra alheia, ao Renascimento e ao neoclassicismo. Os românticos foram os primeiros filólogos da língua materna, os primeiros a tentar reconstruir radicalmente o pensamento linguístico na base das vivências da língua materna, vista como *medium* de formação da consciência e do pensamento. Mesmo assim, os românticos permaneceram filólogos no sentido estrito da palavra. É claro que eles não foram capazes de reconstruir o pensamento linguístico que se constituiu e se assentou ao longo dos séculos. Apesar disso, nesse pensamento foram introduzidas novas categorias, responsáveis pelas particularidades específicas da primeira tendência. É característico que, mesmo no presente momento, os representantes do subjetivismo individualista sejam em sua maioria romanistas, especialistas em línguas modernas (Vossler, Leo Spitzer, Etienne Lorck e outros).

Entretanto, o subjetivismo individualista também considerava o enunciado monológico enquanto realidade última, isto é, o ponto de partida do seu pensamento sobre a linguagem. É verdade que eles a abordavam não do ponto de vista de um filólogo que compreende passivamente, mas como se o fizessem de dentro, do ponto de vista do próprio falante que se expressa.

O que seria então o enunciado monológico do ponto de vista do subjetivismo individualista? Como observamos, ele é um ato puramente individual, uma expressão da consciência individual, dos seus propósitos, intenções, impulsos criativos, gostos e assim por diante. A *categoria da expressão* é aquela categoria superior e geral à qual é reduzido o ato linguístico, isto é, o enunciado.

A teoria da expressão que se encontra na base da primeira tendência do pensamento filosófico-linguístico é incorreta em sua essência.

A vivência expressa e a sua objetivação exterior são criadas, como sabemos, a partir do mesmo material. Com efeito, *não há vivência fora da encarnação sígnica*. Portanto, desde o início, não pode haver nenhuma diferença qualitativa entre o interior e o exterior. Mais do que isso, o centro organizador e formador não se encontra dentro (isto é, no material dos signos interiores), mas no exterior. Não é a vivência que organiza a expressão, mas, pelo contrário, *é a expressão que organiza a vivência*, ao dar-lhe sua primeira forma e definir sua direção.

De fato, não importa qual aspecto da expressão-enunciado considerarmos, ele será definido pelas condições reais do enunciado e, antes de tudo, pela *situação social mais próxima*. Efetivamente, o enunciado se forma entre dois indivíduos socialmente organizados, e, na ausência de um interlocutor real, ele é ocupado, por assim dizer, pela imagem do representante médio daquele grupo social ao qual o falante pertence. A palavra é orientada para o interlocutor, ou seja, é orientada para *quem* é esse interlocutor: se ele é integrante ou não do mesmo grupo social, se ele se encontra em uma posição superior ou inferior em relação ao interlocutor (em termos hierárquicos), se ele tem ou não laços sociais mais estreitos com o falante (pai, irmão, marido etc.). Em suma, toda aquela massa de relações que se formam entre as pessoas, que não é passível de ser categorizada. Não pode haver um interlocutor abstrato, por assim dizer, isolado; pois com ele não teríamos uma língua comum nem no sentido literal, tampouco no figurado. Mesmo quando pretendemos viver e expressar *urbi et orbi*,[30] é claro que, na verdade, vemos tanto a cidade quanto o mundo pelo prisma do ambiente social concreto circundante. Na maioria dos casos, pressupomos um certo horizonte social típico e estável para o qual se orienta a criação ideológica do grupo social e da época a que pertencemos; isto é, para um *contemporâneo* da nossa literatura, da nossa ciência, da nossa moral, das nossas leis.

O mundo interior e o pensamento de todo indivíduo possuem seu auditório social estável, e nesse ambiente se for-

---

[30] Expressão latina que significa "à cidade e ao mundo" e que era utilizada frequentemente para abrir discursos romanos. (N. da T.)

mam os seus argumentos e motivos interiores, suas avaliações etc. Quanto mais culto for um indivíduo, tanto mais o seu auditório se aproximará do auditório médio da criação ideológica, mas, em todo caso, *o interlocutor ideal não é capaz de ultrapassar os limites de uma determinada classe e época.*

A importância da orientação da palavra para o interlocutor é extremamente grande. Em sua essência, a palavra é um ato bilateral. Ela é determinada tanto por aquele de quem ela procede quanto por aquele a quem se dirige. Enquanto palavra, ela é justamente *o produto das inter-relações do falante com o ouvinte*. Toda palavra serve de expressão a "alguém" em relação a um "outro". Na palavra, eu dou forma a mim mesmo do ponto de vista do *outro* e, por fim, da perspectiva da minha coletividade. A palavra é uma ponte que liga o eu ao outro. Ela apoia uma de suas extremidades em mim, e a outra, no interlocutor. A palavra é o território comum entre o falante e o interlocutor.

Mas quem seria o falante? Com efeito, mesmo se a palavra não lhe pertencer por inteiro, sendo uma espécie de zona limítrofe entre ele e o interlocutor, a sua maior parte ainda é propriedade do falante.

Em um determinado momento, o falante é o proprietário indiscutível da palavra, que é inalienável dele. Trata-se do ato fisiológico da realização da palavra. Todavia, por ser um ato puramente fisiológico, a categoria da propriedade não pode ser aplicada a ele.

No entanto, se tomarmos não o ato fisiológico da realização do som, mas a realização da palavra como um signo, a questão da propriedade se tornará extremamente complicada. Isso sem mencionar o fato de que a palavra como signo é tomada de empréstimo pelo falante a partir da reserva social de signos disponíveis; a própria constituição individual desse signo social em um enunciado concreto é determinada integralmente pelas relações sociais. Justamente aquela indi-

As mais novas correntes do pensamento linguístico 179

vidualização estilística do enunciado abordada pelos vosslerianos é o reflexo das inter-relações sociais, e é em seu ambiente que se constitui o enunciado em questão. A situação social mais próxima e o ambiente social mais amplo determinam completamente e, por assim dizer, de dentro, a estrutura do enunciado.

Em síntese, a teoria da expressão que fundamenta o objetivismo individualista deve ser dispensada por nós. O centro organizador de qualquer enunciado, de qualquer expressão, não está no interior, mas no exterior: no meio social que circunda o indivíduo. Somente um grito animal inarticulado é de fato organizado a partir do interior, do aparelho fisiológico de um indivíduo. Ele é pura reação fisiológica, sem qualquer acréscimo ideológico. No entanto, o enunciado humano mais primitivo pronunciado por um organismo é organizado fora dele do ponto de vista do seu conteúdo, sentido e significação: nas condições extraorgânicas do meio social. O enunciado como tal é em sua completude um produto da interação social, tanto a mais próxima, determinada pela situação da fala, quanto a mais distante, definida por todo o conjunto das condições dessa coletividade falante. Ao contrário do que diz a doutrina do objetivismo abstrato, o enunciado singular (*parole*) de modo algum é um fato individual que, devido a sua individualidade, não pode ser submetido a uma análise sociológica. Se fosse assim, a soma desses atos individuais, bem como dos seus aspectos abstratos ("as formas normativas-idênticas") não poderiam gerar qualquer produto social.

O subjetivismo individualista *tem razão* ao defender que *os enunciados singulares são de fato a realidade concreta da língua e possuem nela uma significação criativa*. No entanto, o subjetivismo individualista *não tem razão em ignorar e não compreender a natureza social do enunciado*, tentando deduzi-lo como uma expressão do *mundo interior do falante*. A estrutura do enunciado, bem como da própria vivência expressa, é uma estrutura social. O acabamento estilístico do enunciado — o acabamento social e o próprio fluxo discursivo dos enunciados que de fato representa a realidade da língua — é um fluxo social. Nele, cada gota é social, assim como toda a dinâmica da sua formação.

O subjetivismo individualista *tem absoluta razão* ao afirmar que é *impossível separar a forma linguística do seu conteúdo ideológico*. Toda palavra é ideológica, assim como cada uso da língua implica mudanças ideológicas. O subjetivismo individualista, no entanto, *não tem razão* ao deduzir o conteúdo ideológico da palavra das condições do *psiquismo individual*.

O subjetivismo individualista tampouco tem razão ao *partir*, assim como o objetivismo abstrato, principalmente *do enunciado monológico*. É verdade que alguns vosslerianos estão começando a abordar o problema do *diálogo* e, por conseguinte, vêm se aproximando da compreensão mais correta da interação discursiva. Nesse sentido, é extremamente característico o livro de Leo Spitzer, *Italienische Umgangssprache* [*A linguagem coloquial italiana*], onde foram feitas tentativas de analisar as formas da linguagem coloquial italiana em ligação estreita com as condições da fala e principalmente com a posição do interlocutor. Não obstante, o método de Leo Spitzer é descritivo-psicológico. Ele não tira as devidas conclusões sociológicas da sua análise. Portanto, para os vosslerianos, o enunciado monológico permanece como uma realidade fundamental.

Agora podemos dar uma resposta às questões por nós colocadas no início. A realidade efetiva da linguagem não é o sistema abstrato de formas linguísticas nem o enunciado monológico isolado, tampouco o ato psicofisiológico de sua realização, mas *o acontecimento social da interação discursiva que ocorre por meio de um ou de vários enunciados*.

Desse modo, a interação discursiva é a realidade fundamental da língua.

Para finalizar, agora podemos formular o nosso ponto de vista em poucas teses:

1) A língua como um sistema estável de formas normativas idênticas é somente uma abstração científica, produtiva apenas para determinados objetivos práticos e teóricos. Essa abstração não é adequada à realidade concreta da língua.

2) A língua é um processo ininterrupto de formação, realizado por meio da interação sociodiscursiva dos falantes.

3) As leis da formação da língua não são de modo algum individuais e psicológicas, tampouco podem ser isoladas da atividade dos indivíduos falantes. As leis da formação da língua são leis sociológicas em sua essência.

4) A criação da língua não coincide com a criação artística ou com qualquer outra criação especificamente ideológica. No entanto, ao mesmo tempo, a criação linguística não pode ser compreendida sem considerar os sentidos e os valores ideológicos que a constituem. A formação da língua, como qualquer formação histórica, pode ser percebida como uma necessidade mecânica cega, porém também pode ser uma "necessidade livre", ao se tornar consciente e voluntária.

5) A estrutura do enunciado é uma estrutura puramente social. O enunciado, como tal, existe entre os falantes. O ato discursivo individual (no sentido estrito da palavra "individual") é um *contradictio in adjecto*.[31]

---

[31] Expressão latina que significa "uma contradição entre partes de um argumento". (N. da T.)

Sobre as fronteiras entre a poética e a linguística[1]

Dedicado a Nikolai Vassílievich Iákovlev

"Tandem desine matrem
Tempestiva sequi viro."

Horatius, I, 23

I

O problema das fronteiras entre a poética e a linguística é um dos mais essenciais nos estudos da literatura marxista. Enquanto ainda ocorrer uma mistura não crítica e não justificada cientificamente entre as categorias linguísticas e as literárias, o que provoca a intromissão do psicologismo e do positivismo na poética, não será possível uma construção científica (ou seja, marxista), mais ou menos clara e precisa, da literatura.

[1] Ensaio publicado em V. A. Desnítski, N. V. Iákovlev e L. V. Tsírlin (orgs.), *V boribié za marksizm v literatúrnoi naúke* [*Na luta pelo marxismo na ciência da literatura*], Leningrado, Pribói, 1930, p. 203-40. Na capa do livro é informado que ele integra a coleção *Vopróssy Metodológuii i Teórii Iaziká i Literatúry* [*Questões de Metodologia e Teoria da Língua e da Literatura*], do ILIAZV. Na publicação original, há uma nota do organizador: "O ensaio foi publicado em uma versão reduzida devido a condições técnicas". Nikolai Vassílievitch Iákovlev (1891-1981), a quem o ensaio é dedicado, foi teórico da literatura. Atuou como professor de literatura russa na Universidade Estatal de Leningrado e pesquisador e secretário científico do Instituto de História Comparada das Literaturas e Línguas do Ocidente e do Oriente (ILIAZV). (N. da T.)

Acima de tudo, na própria linguística vemos o resultado lamentável dessa mistura de diferentes categorias.

O anseio por uma síntese da gramática e da estilística, bem como o receio de uma diferenciação progressiva entre as ciências particulares, que resultaria em um enfraquecimento das "relações outrora muito estreitas entre a ciência da linguagem e a ciência da literatura",[2] forçou Vossler e seus discípulos a "lançar uma ponte entre os estudos literários e os linguísticos".[3] Entretanto, essa "ponte" destruiu as fronteiras metodológicas das duas ciências citadas. Na luta com a *metafísica positivista* que pretendia não só reconhecer e estudar os fatos, mas objetivava resolver o problema do conteúdo "espiritual" deles, venceu a *metafísica do idealismo*. Já em Benedetto Croce, a língua é privada da sua posição autônoma que outrora tinha em Wilhelm Humboldt, e reduzida à função estética geral da *expressão*.[4] A língua é inserida no todo de um sistema filosófico cujo membro central é a *estética*. O perigo dessa inserção consiste no fato de que agora a língua deve ser identificada com um dos membros desse sistema, e de fato ela é igualada com a estética, como ciência

---

[2] Hans Sperber, "Motiv und Wort bei Gustav Meyrink" ["Motivo e palavra em Gustav Meyrink"], *Motiv und Wort: Studien zur Literatur- und Sprachpsychologie* [*Motivo e palavra: estudos sobre a psicologia da literatura e da fala*], 1918, p. 7). Sobre o mesmo assunto, conferir: Leo Spitzer, "Sloviésnoe iskússtvo i naúka o iazikié" ["Arte verbal e ciência da linguagem"], coletânea *Probliémi literatúrnoi formi* [*Problemas da forma literária*], Academia, 1928, p. 192.

[3] Leo Spitzer, "Die groteske Gestaltungs- und Sprachkunst Christian Morgensterns" ["O grotesco na concepção e na linguagem artísticas de Christian Morgenstern"] (*ibid.*, p. 94)

[4] Benedetto Croce, *Estétika kak naúka o virajénii i kak óbchaia lingvístika* [*Estética como ciência da expressão e como linguística geral*], parte I, tradução de Iakoviénko, Moscou, 1920. Cf. principalmente o capítulo XVIII, "Zakliutchiénie: Tojdestvó lingvístiki i estétiki" ["Conclusão: A identidade entre a linguística e a estética"], pp. 158 ss.

geral da expressão. "A ciência linguística que almejamos, ou a linguística geral, não é nada a não ser estética, no tocante ao que pode ser reduzido à filosofia. Aquele que se ocupa da elaboração da linguística geral ou da linguística filosófica trabalha com problemas estéticos, e vice-versa. *A filosofia da linguagem e a filosofia da arte são a mesma coisa.*" Em consonância total com esse pensamento, também Karl Vossler constrói a sua famosa definição fundadora: "Se a definição 'a língua é uma expressão espiritual' tiver um fundamento legítimo, a história do desenvolvimento da língua não pode ser nada além da história das formas espirituais dessa expressão e, consequentemente, uma *história da arte* na acepção ampla da palavra".[5] Leo Spitzer, o seguidor de Vossler, ao reformular a conhecida fórmula de John Locke (*"Nihil est in intellectu, quod non fuerit in sensu"*),[6] aguça de modo paradoxal esse ponto de vista: *"Nihil est in syntaxi, quod non fuerit in stylo"*[7] ("Não há nada na sintaxe que antes não tenha sido estilo").

Essa supervalorização monstruosa do aspecto literário na língua e o primado tão categórico do estilista sobre o linguista obviamente são inaceitáveis tanto para os estudos literários marxistas quanto para a linguística marxista. Essa tendência do *subjetivismo individualista*, que já realizou a sua tarefa histórica (a luta contra o positivismo e a valorização do papel criativo do enunciado singular), deve ceder lugar para as tendências sociológicas e marxistas da ciência da linguagem.

---

[5] K. Vossler, *Positivismus und Idealismus in der Sprachwissenschaft* [*Positivismo e idealismo na ciência da linguagem*], 1904, p. 10.

[6] Em latim no original: "Não há nada no intelecto que antes não tenha sido sentido". (N. da T.)

[7] "Probliémi literatúrnoi formi" ["Problemas da forma literária"], Academia, 1928, p. 208.

Sobre as fronteiras entre a poética e a linguística   185

No entanto, há outras tendências não menos inaceitáveis. Se a estetização da linguística na escola de Vossler varreu com uma onda de psicologismo todos os aspectos objetivo-sociológicos estáveis da língua, o fenômeno inverso — a gramaticalização de todas as categorias teórico-poéticas — resultou em uma *fetichização* positivista *da realidade empírica* nas obras literárias.

Encantados pelo aspecto objetivo-verbal da poesia, alguns pesquisadores criaram a ficção da "linguagem poética" e aplicaram a ela os mesmos procedimentos que foram criados para o estudo dos fenômenos da língua real.[8] O método linguístico-formal tornou-se dominante na escola dos "formalistas".

Infelizmente, devemos eliminar, no nosso trabalho, todas as questões ligadas aos problemas das fronteiras do método estético na linguística. Contudo, também uma série de questões relacionadas ao estabelecimento da esfera de competência do método linguístico na poética precisou ser reduzida a uma análise crítica da posição metodológica geral de apenas um autor, que, no entanto, é o representante mais característico do método linguístico-formal na poética.

Certamente, ninguém pensa em questionar a tese tão evidente de que o estudo da arte *verbal* precisa da ajuda da ciência da *palavra*, isto é, da linguística.

É evidente que sem o conhecimento da gramática entenderíamos muito pouco, por exemplo, da construção sintática de uma obra poética. Não obstante, nenhuma gramática mostrará a função que a construção sintática possui na es-

---

[8] Nas expressões "linguagem poética" e "língua real", é utilizada a mesma palavra *iazík*, pois, em russo, "língua" e "linguagem" são referidos pelo mesmo termo. Na tradução, para diferenciar, usamos "linguagem" para um uso específico da língua (por exemplo, linguagem cotidiana, científica, poética etc.) e "língua" para os idiomas (russo, português, francês etc.). (N. da T.)

trutura estética dessa obra, por exemplo, o discurso indireto livre nos enunciados dos personagens de Púchkin ou de Dostoiévski (Mazepa, o príncipe Míchkin e outros).[9] Os formalistas não querem reconhecer de modo algum essa verdade indiscutível que já está se tornando um truísmo. Eles continuam com suas tentativas de capturar o pássaro azul do objeto *estético* com os métodos *linguísticos*, mas continuam a ter em suas mãos um simulacro lamentável: a "soma dos procedimentos" cinza e incolor da obra-objeto empírica. Esse pássaro azul misterioso tampouco foi encontrado por um dos estudiosos mais sagazes e cuidadosos, o linguista e teórico da literatura *par excellence*, Viktor Vinográdov.

Na sua orientação linguística geral, Vinográdov aproxima-se daquela tendência que definimos em outro lugar como a tendência do *objetivismo abstrato*.[10]

O próprio Vinográdov faz uma alusão a essa proximidade, ao emprestar de Albert Sechehaye o termo "símbolo" e aceitar incondicionalmente a sua definição desse termo.[11]

---

[9] Desse ponto de vista, parece-nos bastante justas (embora não esgotem a questão) as palavras de Grigori Vinokur: "A correta divisão da estrutura poética consiste, propriamente falando, na resolução da tarefa sobre o objeto da poética: esta pode interpretar membros isolados dessa estrutura à sua maneira — por enquanto, não é isso o que nos importa —, porém é provável que apenas com um linguista ela possa aprender a encontrá-los e vê-los" (G. Vinokur, *Kultura iaziká* [*A cultura da língua*], Moscou, 1925, p. 167, grifos do autor). [O cossaco Ivan Mazepa é personagem do poema *Poltava*, de Púchkin, e o príncipe Míchkin, do romance *O idiota*, de Dostoiévski. (N. da T.)]

[10] V. N. Volóchinov, *Marksizm e filossófia iaziká* [*Marxismo e filosofia da linguagem*], Pribói, 1929, pp. 58 ss. [ed. bras.: trad. S. Grillo e E. V. Américo, São Paulo, Editora 34, 2017. (N. da T.)].

[11] Conferir o artigo de V. V. Vinográdov "O zadátchakh stilístiki" ["Sobre as tarefas da estilística"] na coletânea *Rússkaia Riétch* [*Língua Russa*], vol. I, 1923 (organização de L. V. Schiérba), pp. 196-7 e também p. 205. Podemos encontrar referências a F. Saussure, A. Sechehaye e ou-

Sobre as fronteiras entre a poética e a linguística

Em seguida, Viktor Jirmúnski fala sobre isso, ainda que de passagem, no artigo "Zadátchi poétiki" ["As tarefas da poética"].[12] Recentemente, temos uma menção à influência da "Escola de Genebra" sobre Vinográdov no livro de Pável Medviédev, *O método formal nos estudos literários*.[13]

No entanto, a conclusão à qual chega Medviédev, ao afirmar que a influência dos linguistas franceses não definiu as bases da poética formalista, não nos parece totalmente convincente.[14] É claro que, se o método formal for limitado ao primeiro período (de 1914 a 1918, segundo a divisão cronológica precisa de Medviédev), fica evidente que as declarações futuristas de Viktor Chklóvski não têm nenhuma relação com o pensamento linguístico sério e bastante responsável de Saussure, Bally e outros. Essa particular "conquista" semicientífica e semiliterária, movida pelos seus interesses estritamente programáticos e não pela pesquisa objetiva, somente chamou atenção para problemas valiosos que ela mesma não podia resolver, nem sequer colocar de modo correto. A conquista organizada dos tão atraentes porém pouco explorados "campos formais" dos estudos da teoria da literatura começou mais tarde, graças aos trabalhos de Vinográdov, Jirúnski e outros representantes do método formal.[15] Ao aventureirismo metodológico sem princípios, eles tenta-

tros representantes da "Escola de Genebra" na maioria dos trabalhos de V. V. Vinográdov.

[12] Cf. "Zadátchi i miétodi izutchiénia iskússtv" ["Tarefas e métodos de estudo das artes"], Academia, 1914, p. 146.

[13] Ed. bras.: *O método formal nos estudos literários: introdução crítica a uma poética sociológica*, trad. S. Grillo e E. V. Américo, São Paulo, Contexto, 2012. (N. da T.)

[14] P. N. Medviédev, *O método formal nos estudos literários* [p. 100 da ed. bras., *op. cit.*].

[15] A fim de evitar equívocos, devemos ressaltar a posição fortemente polêmica de V. V. Vinográdov em relação aos "formalistas". Entretan-

ram opor uma orientação mais objetiva do pensamento científico. Foi nesse momento que, como de modo totalmente justo observa Medviédev,[16] ocorreu a introdução do método linguístico na poética. Vinográdov realizou essa tendência de modo mais completo e coerente.

Do ponto de vista dos estudos literários marxistas, consideramos profundamente errôneo o primado da linguística sobre a poética no estudo de um monumento verbal *literário*. É claro que, para os propósitos da linguística, qualquer obra literária de ficção pode e deve servir de material de estudo, mas, para os objetivos da *poética*, a abordagem filologizante aplicada por Vinográdov é definitivamente funesta. Esse pecado metodológico é agravado mais ainda pelo fato de que a base linguística na qual opera Vinográdov está repleta de influxos do pensamento indo-europeísta, hoje profundamente reacionário em sua manifestação mais formalista (Saussure e sua escola).

A nossa tarefa é justamente revelar o erro duplo de Vinográdov e esboçar, ainda que de modo incompleto e preliminar, os caminhos para a solução marxista de alguns problemas da estilística.

II

Publicados desde 1920 em diversos periódicos, os trabalhos de Vinográdov, com exceção do artigo "O zadátchakh stilístiki" ["Sobre as tarefas da estilística"],[17] do livro *Poé-*

---

to, o *páthos* subjetivo da distância não nos dá direito ainda de afirmar a separação objetiva e a independência.

[16] P. N. Medviédev, *O método formal nos estudos literários* [p. 119 da ed. bras., *op. cit.*].

[17] Coletânea *Rússkaia Riétch* [*Língua Russa*], vol. I, 1929, pp. 195-293, "O zadátchakh stilístiki" ["Sobre as tarefas da estilística"]. Observa-

ziia Anni Akhmátovoi [*A poesia de Anna Akhmátova*][18] e de algumas outras obras, foram reunidos na coletânea com o título *Evoliútssia rússkogo naturalízma: Gógol i Dostoiévski* [*A evolução do naturalismo russo: Gógol e Dostoiévski*], lançada em 1929.[19] No prefácio a essa coletânea, Vinográdov dá uma definição bem característica da sua posição científica: "eles (isto é, os seus artigos) representam apenas uma parte do caminho difícil percorrido pelo linguista que foi obrigado pelo desenvolvimento interior da sua ciência a dirigir-se à história da literatura em busca de material novo para a pesquisa de questões da palavra".[20] Esse caminho difícil do linguista, presente nos artigos "Naturalistítcheski grotiésk: siujét i kompozítsia póvesti Gógolia *Nos*)" ["O grotesco naturalista: enredo e composição da novela *O nariz* de Gógol"][21] (1920) e "K morfológuii naturálnogo stília: ópit lingvistítcheskogo análiza peterbúrgskoi poémi *Dvoiník*"[22] ["Sobre a morfologia do estilo natural: experiência de análise literária do poema petersburguense *O duplo*"] (1921-

ção sobre o estilo de *Jitié protopópa Avvakuma* [*A hagiografia do arcipreste Avvakum*].

[18] *Stilistítcheskie nabróski: poéziia Anni Akhmátovoi* [*Esboços estilísticos: a poesia de Anna Akhmátova*], Leningrado, 1925.

[19] Infelizmente, logo após a entrega do manuscrito do nosso ensaio para impressão, saiu o livro de V. V. Vinográdov, *O khudójestvennoi próze* [*Sobre a prosa literária*] (GIZ, 1930). No entanto, não foi necessário realizar correções substanciais no nosso ensaio. Tendo incluído no livro o material teórico do seu trabalho anterior sobre a hagiografia do arcipreste Avvakum (1923), é como se o autor por meio disso canonizasse seu ponto de vista metodológico anterior, que de modo algum contradiz o que há de novo nesse livro. O antissociologismo permanente de Vinográdov aqui também continua em pleno vigor.

[20] "Evoliútssia rússkogo naturalízma" ["A evolução do naturalismo russo"], Academia, 1929, p. 5.

[21] *Idem*, pp. 7-88.

[22] *Idem*, pp. 206-90.

1922), definiu-se de modo acabado nas suas abordagens e práticas fundamentais de pesquisa já por volta de 1923 ("O zadátchakh stilístiki" ["Sobre as tarefas da estilística"]).

Em seguida, haverá apenas um refinamento e um detalhamento das tendências metodológicas que estavam contidas *implicite* nos trabalhos citados por nós. Assim, por exemplo, em 1920, no livro *Poéziia Anni Akhmátovoi* [*A poesia de Anna Akhmátova*], começa a ser detalhado o problema da "linguagem poética", que se baseia no dualismo entre o "discurso da obra de ficção literária" e o "discurso poético". Duas tendências de pesquisa serão acentuadas de modo extremamente nítido: 1) a "teoria dos sistemas das relações e correlações das formas linguísticas" e 2) a "teoria das estruturas". A tarefa da primeira tendência é "esclarecer e fundamentar a diferenciação de tipos e sistemas diversos da composição discursiva na estrutura das obras literárias"; a tarefa da segunda tendência é "partir do sentido único e integral da obra literária como 'símbolo'" para a semântica das suas "unidades simbólicas", nas formas complexas de suas combinações estruturais.[23]

No entanto, nenhum deslocamento grande e essencial ocorrerá na posição metodológica de Vinográdov. Continuará a predominar a modificação linguístico-formal do objetivismo abstrato, que teve uma de suas primeiras e mais estáveis versões no trabalho "O zadátchakh stilístiki" ["Sobre as tarefas da estilística"], já citada por nós.

Em razão da importância especial desse credo metodológico de Vinográdov para a compreensão de todo o seu caminho extremamente interessante e profundamente coerente, porém hostil e irreconciliável em relação ao marxismo, é necessário nos determos nela com muita atenção.

---

[23] "K postroiéniu teórii poetítcheskogo iaziká" ["Para a construção de uma teoria da linguagem poética"], coletânea *Poétika*, vol. III, 1927.

Sobre as fronteiras entre a poética e a linguística

Como Vinográdov compreende as tarefas da estilística? Para ele, acima de tudo, é incontestável a tese de que "qualquer monumento literário está sob a jurisdição do linguista".[24] Esse monumento é representante de um tipo linguístico que se formou ("naturalmente") em um meio dialético determinado e possui fronteiras cronológicas precisas. As suas particularidades linguísticas são interessantes para a linguística somente porque "caracterizam a *fala de um certo grupo social* (dialeto) em uma certa época da sua vida, e são fragmentos do molde escultural solidificado a partir de um dialeto vivo. Isolados do psiquismo individual do autor, eles são introduzidos em uma sequência de fenômenos linguísticos homogêneos e junto com esses últimos passam a estabelecer as etapas do desenvolvimento das formas linguísticas" (itálico de Vinográdov). No entanto, o trabalho do linguista não deve se exaurir com isso, pois esse monumento não é apenas "uma das manifestações da criação linguística coletiva, mas também um reflexo da seleção individual e da transformação criativa dos meios linguísticos da sua época, com o objetivo de expressar de modo esteticamente eficaz o conjunto fechado de representações e emoções". Por conseguinte, a tarefa do linguista é "encontrar na seleção das palavras, e na sua organização em uma ordem sintática, um sistema que os ligue por meio de uma união psicológica interior, e vislumbrar por meio dele os caminhos de formalização estética do material linguístico". Assim nasce o conceito de *estilo poético individual* como "sistema de seleção, concepção e distribuição estético-criativa de símbolos".

Entretanto, o estilo individual ("sempre um 'dialeto' independente"), que destrói as formas tradicionais da linguagem literária, torna-se, ao imitá-la, uma propriedade da "es-

---

[24] Conferir mais detalhes em "O zadátchakh stilístiki" ["Sobre as tarefas da estilística"], pp. 195-206.

192   Valentin Volóchinov

cola" literária. Em consequência disso, os seus fenômenos tornam-se mecânicos, transformam-se em modelos linguísticos (clichês) e penetram os dialetos da linguagem falada. O que seria o *estilo de uma escola*? Ele é "uma abstração das particularidades estilísticas homogêneas na criação linguística de um grupo de indivíduos, que tendem a um único núcleo artístico".

Contudo, existe mais um conceito com o qual deve ocupar-se um campo especial da estilística: o conceito de *estilo de época*. Ele pode ser pesquisado apenas por meio do estudo das normas estéticas do discurso cotidiano nos limites de um dialeto. No entanto, já que não há dúvida de que diante de qualquer construção verbal monológica ocorre uma avaliação e uma seleção estética de possíveis expressões do pensamento, e de que existem normas dessa seleção para os falantes de um mesmo dialeto em determinada época, "é possível", seguindo o pensamento de Vossler, "falar de um ramo específico da estilística que é uma espécie de 'história do gosto linguístico'. É justamente ela que deve trabalhar com o conceito de 'estilo de época'. Desse modo, obtemos dois aspectos possíveis da estilística: 1) a estilística dos discursos falado e escrito, em toda a variedade dos seus objetivos e, em consequência destes, dos seus tipos de construção; 2) a estilística do discurso poético, isto é, o discurso que organiza as obras de ficção literária".

Ao se dedicar a essa última, o autor precisa confrontar o ponto de vista da mudança das individualidades poéticas e de seu agrupamento em torno de dois problemas: 1) o estilo poético individual e 2) o estilo de uma "escola literária", os quais determinam as tarefas seguintes da estilística histórica: 1) o estudo dos estilos poéticos individuais em sua sucessão histórica, tendo como pano de fundo a história geral da língua e a história do gosto linguístico; 2) o seu agrupamento em "escolas" por meio da abstração das particularidades homogêneas e da definição dos centros de gravidade para os es-

Sobre as fronteiras entre a poética e a linguística

tilos das escolas; 3) a observação do processo de decomposição do estilo de uma escola, a transformação deste em uma série de modelos linguísticos e a sua reelaboração em novos estilos. Não obstante, a individualidade poética pode coexistir simultaneamente em algumas escolas, ao utilizar diferentes procedimentos de construção discursiva ("dialetos poéticos"). Por isso, ao definir o "estilo de uma escola", é preciso orientar-se não pelos indícios da homogeneidade linguística dos indivíduos, mas pelos indícios da *proximidade linguística* das obras literárias. Essa proximidade ou "essa afinidade dos meios linguísticos não deve ser ocasional, mas, ao formar um *sistema completo*, ela pode ser gerada somente por meio da *contaminação* estética dos escritores em questão pelas construções discursivas do líder escolhido por eles". Além disso, é necessário "considerar os diferentes tipos funcionais do discurso poético", condicionados pelas formas do desmembramento "composicional" e pelas particularidades dos gêneros (a linguagem da novela, dos diálogos dramáticos, da poesia lírica).

Por fim, o esquema geral da divisão da estilística é formado por dois capítulos: a *simbologia* e a *composição* (ou sintaxe), nos quais é dividida a descrição estilística de todo monumento de ficção literária.

Todo o sistema da pesquisa, harmonioso e impecavelmente desenvolvido sob a perspectiva do seu ponto de partida, é aplicado à análise do monumento literário do século XVII, *A vida do arcipreste Avvakum.*[25] No processo do seu

---

[25] *Jitiié protopópa Avvakuma*, de 1672, é considerada a primeira obra escrita em literatura russa vernácula e a primeira pertencente ao gênero autobiográfico, no que se destaca das hagiografias da época. O arcipreste era sacerdote e discordou da reforma da Igreja Ortodoxa Russa conduzida pelo tsar Aleksei e pelo patriarca Nikon, tornando-se um dos ideólogos mais importantes dos assim chamados "velhos crentes". (N. da T.)

trabalho concreto, teses teóricas são esclarecidas e desenvolvidas. É necessário tirar conclusões. Elas se concentram no seguinte.

Antes de quaisquer investigações históricas, é preciso, por meio da descrição e da classificação das formas estilísticas, de suas funções e elementos do estilo, imanentes a dada consciência poética, "conhecer o estilo individual do escritor fora de qualquer orientação da tradição, de modo integral e fechado, como um sistema peculiar de meios linguísticos e de sua organização estética". Toda criação do poeta é "um organismo expressivo do sentido acabado" (Benedetto Croce), "*um sistema individual irrepetível de correlações estilísticas*".[26] Contudo, uma vez que todas as criações do poeta são manifestações de uma única consciência poética, é possível por meio da comparação de uma série de obras de um mesmo autor revelar todo o conteúdo potencial de cada elemento integrante da obra (por exemplo, o símbolo). Por meio disso, é possível estabelecer o *estilo do ciclo* de obras homogêneas, como um sistema de procedimentos estilísticos comuns para elas. No entanto, o método de descrição imanente considera também a *dinâmica do estilo individual*, que não é outra coisa a não ser a "*substituição* de um sistema por outro ou a transformação parcial de um único sistema, cujo núcleo funcional permanece estável". Vinográdov chama esse método de "*imanente-funcional*". Entretanto, o objetivo de uma estilística desse tipo não se exaure no estudo do estilo individual. "Os monumentos petrificados do trabalho criativo de uma consciência linguística individual que se apagou" necessitam ter o seu lugar definido em meio aos estilos artísticos historicamente cambiantes, "em meio às linhas de tradição que se cruzam" e à influência destas "sobre a vida linguística posterior do círculo intelectual". Tudo isso obriga a recor-

---

[26] *Idem*, p. 286 (itálico de Vinográdov).

Sobre as fronteiras entre a poética e a linguística

rer ao segundo método, de "projeção retrospectiva", cujo fundamento é o princípio da esquematização morfológica.[27]

III

Tentamos, de modo totalmente objetivo, e utilizando, na medida do possível, as próprias palavras do autor, apresentar aquela concepção metodológica fundamental que, sem considerar pequenas alterações, permaneceu dominante ao longo de todo o caminho de pesquisa de Viktor Vinográdov.

O primeiro traço definidor dessa concepção é o *primado* incondicional, como se subentendido, do *linguista sobre o estudioso da literatura*. Propriamente falando, o último não tem o que fazer aqui. Todo o campo de pesquisa do monumento literário, desde a definição das suas particularidades puramente linguísticas (dialetológicas, gramaticais etc.) até a sua importância histórico-literária, pertence ao linguista. Não obstante, o que seria, para esse linguista que assumiu todas as funções de um estudioso da literatura, a *realidade efetiva e fundamental da obra literária*?

Acima de tudo, são desconsideradas de modo categórico todas as questões ligadas à definição da obra literária como um monumento especificamente *artístico*. Ela é somente um representante de tipo linguístico e é valorizada apenas como fragmento de uma cópia escultural imóvel de um dialeto vivo. É verdade que ela é de algum modo "formalizada esteticamente", porém o segredo dessa formalização está na seleção das palavras e na sua organização em séries sintáticas. Portanto, basta reduzir a análise de uma obra literária à análise da língua: sua "simbologia" e "composição". Seguindo o exemplo de Saussure no campo da linguística, também no

---

[27] *Idem*, pp. 292-3.

campo da poética Vinográdov ficou no terreno da língua e a tomou como uma norma, sem exceção, para todos os fenômenos da comunicação literária. Aquilo que no acontecimento anterior foi somente um ingrediente necessário, aquilo que desempenhava um papel de meio ou *medium* da comunicação, tornou-se um todo autossuficiente selecionado de modo abstrato. A obra que é "literária" somente no processo da interação entre o "criador" e os "contempladores", a obra em que cada elemento está tensionado valorativamente[28] e orientado socialmente, essa obra é transformada por Vinográdov em um *enunciado monológico acabado, que foi uma vez pronunciado para o vazio e que se solidificou como um sistema de procedimentos estilísticos imóvel e autossuficiente.*

No entanto, o enunciado monológico isolado é justamente aquela abstração já criada por Saussure, a qual compreendia a língua como um sistema de formas normativas idênticas. A realidade efetiva da obra literária, justamente por ser literária, encerra-se só no *momento de sua concretização no acontecimento histórico vivo da comunicação literária.* Essa realidade estética efetiva não tem nada em comum com o "sistema de procedimentos estilísticos".

Podem nos contestar, dizendo que também a seleção das palavras e a sua organização em séries sintáticas são o "reflexo da consciência poética individual"[29] e que a tarefa do pesquisador é encontrar nelas o "sistema que as une interna

---

[28] A fim de evitar mal-entendidos, consideramos necessário enfatizar que o nosso conceito de "valor" não tem nada em comum com aquele conceito idealista, que existia no final do século XIX e início do século XX, tanto na psicologia (por exemplo, de Hugo Münsterberg) quanto na filosofia (por exemplo, de Heinrich Rickert). Operamos com o conceito de valor ideológico, que de modo algum pretende a qualquer "generalidade"; ele é socialmente significativo e até, de modo mais preciso, significativo no tocante às classes.

[29] Cf. "O zadátchakh stilístiki" ["Sobre as tarefas da estilística"], p. 196.

e psicologicamente". Pois bem, pior ainda para o seguidor do objetivismo abstrato, se ele ainda tenta introduzir por contrabando o ponto de vista psicológico!

Surge um dualismo estranho: por um lado, a obra literária é compreendida como a "expressão de um círculo fechado de representações e emoções" (p. 196), isto é, um documento da vida psíquica, relacionado à unidade da consciência; por outro, ela é um "sistema de relações estilísticas" (p. 288), isto é, um documento da vida linguística relacionado à unidade dos "fenômenos linguísticos similares" (p. 195) e, no final das contas, à unidade da língua como sistema.

Essa simbiose metodológica particular de Croce e Saussure só existe nos enunciados teóricos de Vinográdov. Na análise concreta de qualquer obra literária, os apelos ao psicologismo são esquecidos, e a obra é abordada não como um "organismo expressivo de sentido acabado" (p. 287), mas como um sistema de séries semânticas isoladas de modo abstrato e de esquemas sintáticos motivados do ponto de vista estilístico.

Assim, ao compreender a natureza do monumento literário de modo um pouco ambíguo, Vinográdov, por meio de uma ponte psicológica construída por ele mesmo, passa da obra como monumento do dialeto de uma coletividade para a obra como monumento de um estilo individual. Entretanto, para um representante do objetivismo abstrato, o "estilo individual" na poética, assim como o "enunciado individual" (*parole*) na linguística, será um fenômeno extremamente movediço e instável, se não excluirmos dele tudo aquilo que é "secundário e mais ou menos ocasional" (*"ce qui est accessoire et plus ou moins accidentel"*);[30] portanto, é preciso excluir tudo o que é "secundário e ocasional" (pelo visto, também o ativismo valorativo das formas e a composi-

---

[30] F. de Saussure, *Cours de linguistique générale*, 1922, p. 30.

ção ideológica do conteúdo, o caráter da inter-relação socio--hierárquica entre o "autor", o "personagem" e o "ouvinte" etc.), e se ocupar, seguindo Saussure, com "a classificação sincrônica e a sistematização do material linguístico, isto é, com a descrição multilateral das formas estilísticas e suas funções" e com "a classificação dos elementos do estilo".

Permitamo-nos pensar que dificilmente conseguiremos revelar, compreender e explicar cientificamente o estilo individual do poeta somente por meio da "descrição" e "classificação" das formas estilísticas. Com efeito, nos é proposto entendê-lo "fora de qualquer orientação à tradição, de modo integral e fechado, como um sistema peculiar de meios linguísticos em sua organização estética".

Contudo, o estilo individual do escritor não nasce e se desenvolve no sistema da língua, enquanto fenômeno linguístico, mas no fluxo tenso de definição e delimitação valorativas mútuas, na relação com todos os outros elementos da vida ideológica. O estilo é atravessado inteiramente e até o fim pela lei sociológica e, fora dela, ele é uma abstração ruim, uma ficção irreal, e nenhum método "funcional-imanente" é capaz de nos fazer acreditar nela.

Por meio desse mesmo método "funcional-imanente", Vinográdov tenta abordar também aquilo que ele chama de "dinâmica do estilo individual". Seríamos ingênuos se pensássemos que essa dinâmica é um reflexo da formação dialética do horizonte ideológico e de seu grupo social, que essa dinâmica é a mudança de suas ênfases valorativas, relacionada com o enriquecimento, o empobrecimento ou a reorientação da sua consciência de classe; não, a dinâmica do estilo individual é simplesmente uma alternância entre procedimentos estilísticos, ou é somente a sua "transformação parcial". Em pleno acordo com o espírito da "Escola de Genebra", Vinográdov imagina esse sistema como uma formação fechada, estável e acabada, que só pode ser substituída ou alternada *cronologicamente* por uma outra. No entanto, essa substituição mecânica no tempo ainda não cria uma história, *já a dinâmica do estilo individual é acima de tudo uma transformação histórica das avaliações sociais formativas*. Na resolução dos problemas ligados à história da literatura, Vinográdov preserva o mesmo ponto de vista profundamente anti-histórico e antissociológico. Apesar de todas as ressalvas do autor,[31] a história da literatura, na compreensão de Vinográdov, nos é apresentada como um certo vazio privado de valores, no qual se movem "os monumentos petrificados da vida passada da linguagem literária",[32] como uma certa abstração de "sistemas fechados de combinação de símbolos" (referindo-se aos estilos de obras individuais), os quais se fundem de modo mecânico em "conjuntos de sistemas de correlação do material verbal" (referindo-se aos estilos dos escritores), e, por fim, reúnem-se em constelações enormes, em "abstrações de peculiaridades estilísticas homogêneas, na criação linguística de um grupo de pessoas que pendem a um único núcleo artístico"[33] (referindo-se aos estilos das escolas literárias). Entretanto, não deveria existir uma lei inevitável, uma necessidade à qual obedece a cronologia de "alternâncias de sistemas", que parecem absolutamente ocasionais?

Sim, ela existe, mas por certo não se trata do *amor* do céu dantesco, *"che move il Sole e l'altre Stelle"*, e tampouco da gravidade universal da imagem do mundo de Kant e Laplace; trata-se de uma outra *Ananke*,[34] porém igualmente implacável. Seu nome é *fastio*.

[31] *Evoliútsia rússkogo naturalízma* [*A evolução do naturalismo russo*], p. 102.

[32] *Idem*, p. 206.

[33] Cf. "O zadátchakh stilístiki" ["Sobre as tarefas da estilística"], p. 197.

[34] Na mitologia grega, *Ananke* é a divindade do inevitável, a personificação do destino e da predestinação. (N. da T.)

De fato, os estilos poéticos se desenvolvem, do ponto de vista de Vinográdov, somente por meio da "transformação" e da "utilização" de "unidades dialéticas".[35] Por isso, é preciso estudar a alternância de estilos "sobre o pano de fundo da história geral da língua e da história do gosto linguístico", mas de modo algum "sobre o pano de fundo", digamos, do desenvolvimento geral da ideologia, da mudança da psicologia social, do regime sociopolítico, das relações econômicas etc., como poderia pensar um ingênuo leitor plekhanista.[36] No contexto da compreensão de Vinográdov sobre a história da literatura, esse "pano de fundo", obviamente, é um luxo desnecessário, "secundário e ocasional". Além disso, a estilística histórica deve criar agrupamentos por escolas somente "por meio da abstração das particularidades semelhantes", sem temer críticas sobre o formalismo dessas abstrações.

Se, apesar de tudo, arriscássemos perguntar por qual razão escritores concretos de repente revelam "semelhanças de meios linguísticos", ou, em outras palavras, qual é a origem desse "conjunto de procedimentos comuns", obteríamos uma resposta bastante exaustiva e categórica do próprio Vinográdov: *somente* (itálico meu, V. Volóchinov) por meio da *contaminação estética* (itálico do autor) desses escritores pelas construções discursivas de um 'líder' escolhido por eles". É bastante evidente que a categoria da contaminação estética não é uma categoria que permanece eterna e absolutamente imutável. Depois de um certo período de tempo, essa "contaminação" desaparece, o estilo da escola se decompõe e transforma-se em modelos linguísticos. Necessita-se de um novo objeto de sugestão, que possa servir de

[35] Cf. "O zadátchakh stilístiki" ["Sobre as tarefas da estilística"], p. 201 (as demais referências também estão nessa página).

[36] Referência a Gueórgui Plekhánov (1856-1918), revolucionário russo e teórico das artes, da filosofia, da sociologia e da estética. É um dos mais importantes e conhecidos teóricos marxistas russos. (N. da T.)

Sobre as fronteiras entre a poética e a linguística   201

contaminador estético. Esse objeto é a linha literária mais nova que "irrompe no lugar da mais velha e..." (ver a continuação em V. Chklóvski).[37] É assim que o formalismo abre suas portas hospitaleiras para o psicologismo. Aqui devemos fazer uma ressalva. É claro que Vinográdov possui um faro de pesquisador aguçado para perceber abertamente uma primitivização tão grosseira da compreensão do desenvolvimento histórico-literário, presente, por exemplo, nos enunciados de Chklóvski e em parte nos de Boris Eikhenbaum. No entanto, a força propulsora desse processo de alternância "dos sistemas estilísticos com um único centro de gravidade artístico" ainda permanece uma "lei" formalista que, no final das contas, pode ser reduzida a uma fórmula bastante definida: "automatização é perceptibilidade; uma nova automatização é uma nova perceptibilidade", e assim por diante, *ad infinitum*.[38] De fato, basta ler atentamente as páginas 201-202 do artigo "O zadátchakh stilístiki" ["Sobre as tarefas da estilística"], o parágrafo dois do artigo "Chkóla sentimentálnogo naturalizma" ["A escola do naturalismo sentimental"] ou o capítulo terceiro do artigo "Iz biográfii odnogó neístovogo proizvediénia" ["Da biografia de uma obra exaltada"],[39] para notar todo o aparato dos conceitos formalistas mascarados de modo hábil por observações estilísticas certeiras do autor.[40]

---

[37] *O teórii prózy* [*Sobre a teoria da prosa*], 1924, p. 163.

[38] Conferir a tentativa de fundamentar com mais rigor a compreensão formalista do processo histórico-literário em Iúri Tiniánov, "O literatúrnom fakte" ["Sobre o fato literário"] (*Lef*, 1929, nº 2-6). Conferir a crítica de tal compreensão em P. Medviédev, pp. 220 ss. [ed. bras.: *O método formal nos estudos literários*, trad. S. Grillo e E. V. Américo, São Paulo, Contexto, 2012, pp. 227 ss.).

[39] *Evoliútsia rússkogo naturalízma* [*A evolução do naturalismo russo*], pp. 133-5, 342-8.

[40] Sobre as opiniões histórico-literárias de V. V. Vinográdov em seu

Resta o último problema ligado às questões de estilo, ou seja, "o estilo de época". Entretanto, o estilo de época não se esgota no estilo da escola dominante; é ainda necessário estudar as normas estéticas do discurso cotidiano. É por isso que surge aqui uma conclusão inesperada para um representante do objetivismo abstrato: "é possível, seguindo Vossler, falar de um ramo específico da estilística, uma espécie de história do 'gosto linguístico'".[41] Esse gesto repentino, que revela um antípoda da escola do objetivismo abstrato, é totalmente compreensível. O método orientado para o enunciado monológico isolado, para os monumentos petrificados, "fragmentos dos moldes esculturais" etc. etc., que não se opõem à compreensão ativa avaliativa do sociólogo, mas à consciência perceptiva passiva do filólogo, esse método não tem e não pode ter uma abordagem do fenômeno vivo do enunciado cotidiano elementar, gerado pela situação histórica viva, por um momento da comunicação social.

Certamente, nem o método descritivo-psicológico da escola de Vossler corresponde a essas exigências, porém, em alguns representantes dessa escola, nota-se pelo menos uma tendência a considerar essa situação concreta e o tipo de interação discursiva criado por ela.

Agora podemos colocar a questão: será que os métodos elaborados por Vinográdov correspondem à natureza efetiva dos fenômenos estudados?

Já observamos como Vinográdov compreende de modo anti-histórico e antissociológico fenômenos como o estilo da obra literária, o estilo do escritor, o estilo da escola e seu desenvolvimento histórico. É bastante compreensível que os

---

livro *Evoliútsia rússkogo naturalízma* [*A evolução do naturalismo russo*], ver as resenhas de A. Tséitlin, "Rússki iazík v soviétskoi chkóle" ["A língua russa na escola soviética"] e N. Berkóvski (*Zvezdá*, 1929, livro 4).

[41] Cf. "O zadátchakh stilístiki" ["Sobre as tarefas da estilística"], p. 200.

Sobre as fronteiras entre a poética e a linguística

métodos desenvolvidos na base *dessa* compreensão dos fenômenos também sejam anti-históricos e antissociológicos e, é claro, de modo algum sirvam à análise da estrutura poética, que é uma estrutura *sociológica*.

A "abstração das peculiaridades homogêneas" do estilo, um procedimento necessário para Vinográdov, lembra-nos muito a abstração praticada pela escola de Saussure nos elementos linguísticos, que são iguais em cada enunciado individual.

A identidade normativa da forma linguística (por exemplo, do "discurso indireto") abstraída do seu enchimento ideológico concreto torna-se o protótipo do procedimento estilístico normativo-idêntico (por exemplo, do *skaz*,[42] da "sinonímia par"[43] etc.) abstraído do seu estofo ideológico e da sua função valorativa na estrutura de qualquer obra concreta (Vinográdov chama essa abstração de "esquematização morfológica").[44]

Esses elementos separados de modo abstrato (do estilo em um caso e da língua em outro) são reunidos em sistemas fechados, mas o movimento desses sistemas no tempo não tem nem pode ter nada em comum com a história. Na série isolada desses sistemas, o movimento pode ter somente o caráter de uma *alternância mecânica* de sistemas inteiros ou de

[42] *Skaz* é um tipo de narrativa literária em que o narrador não coincide com o autor e a sua fala é diferente da norma literária. O discurso do narrador de *skaz* reproduz a linguagem popular ou folclórica. A separação do *skaz* como um gênero isolado é própria dos estudos russos e soviéticos, e pouco utilizada na teoria literária ocidental. (N. da T.)

[43] *Párni sinonimízm* é um procedimento estilístico apontado por Vinográdov como recorrente na prosa de Nikolai Gógol e que consiste em colocar palavras com sentido muito próximo lado a lado para criar um efeito enfático. Por exemplo: pontos/sinais, incompreensível/secreto, ouve-se/escuta-se. (N. da T.)

[44] Cf. "O zadátchakh stilístiki" ["Sobre as tarefas da estilística"], p. 293.

seus elementos (referindo-se a "procedimentos"). Onde não há dialética, não há história. E a exigência do método "funcional-imanente", de que estudemos as obras de modo "integral e fechado", de que as contemplemos para produzir uma "síntese extratemporal e extrapessoal",[45] cria uma *ruptura* insuperável *entre o sistema e a história*, entre as categorias da poética teórica e da poética histórica.

Essa ruptura da obra singular, enquanto sistema fechado de combinação de símbolos, com a história da literatura (como a alternância deles), que vimos em Vinográdov, transfere da linguística para a poética a ruptura existente na escola de Saussure, entre a língua como um sistema de formas normativo-idênticas e a língua como uma formação historicamente cambiante. Desse ponto de vista, ambos os métodos de Vinográdov — "funcional-imanente" e "retrospectivo-projetivo" — são uma refração peculiar dos métodos sincrônico e diacrônico de Saussure.

Aqui não tocamos na questão da teoria da linguagem poética, que foi especialmente abordada por Vinográdov na coletânea *Poética*, de 1927, tampouco abordamos a questão dos resultados concretos da sua análise estilística de algumas obras e dos problemas de simbologia e composição relacionados a essa análise. Tudo isso extrapola os limites do presente ensaio e deve ser objeto de um trabalho à parte. No entanto, somos obrigados a levantar a questão: no que consiste o erro mais profundo de Vinográdov, qual é seu *proton pseudos*, graças ao qual esse linguista talentoso, provido de um vasto horizonte científico e de um bom gosto estético, encontrou-se, devido a sua posição *metodológica* geral, entre aqueles teóricos da arte sobre os quais Platão já havia dito que "se consideram conhecedores da harmonia só porque

---

[45] *Evoliútsia rússkogo naturalízma* [*A evolução do naturalismo russo*], p. 231.

Sobre as fronteiras entre a poética e a linguística

conseguem saber, por exemplo, como proceder para que uma corda dê uma nota muito aguda e uma muito grave"?[46]

IV

Parece-nos que o defeito metodológico fundamental de Vinográdov, graças ao qual muitas das suas observações estilísticas extremamente valiosas e interessantes ficam fora de um contexto sistemático e permanecem puramente isoladas, consiste na *gramaticalização das categorias estéticas*. Trata-se de uma consequência inevitável da opinião partilhada com a "Escola de Genebra", que contrapõe a língua ao enunciado, como "o que é social ao que é individual" (*"ce qui est social de ce qui est individuel"*).[47] Ao analisar um monumento literário tomando-o como um enunciado individual, irrepetível, fechado e íntegro, o pesquisador perde qualquer possibilidade de uma abordagem sociológica. Excluída da relação histórica viva e da unidade do contexto literário de sua época, percebida não como *medium* da comunicação artística, mas como "um sistema de correlações estilísticas fechado em si", a obra transforma-se inevitavelmente em um coágulo verbal, em uma formação linguística abstrata, cuja análise "imanente" só pode consistir na "descrição" e na "classificação" de formas linguísticas isoladas.

Entretanto, essa gramaticalização das categorias estéticas não é uma insuficiência metodológica pessoal de Vinográdov, nem mesmo de uma corrente inteira do objetivismo abstrato. Esse é o pecado original da toda a linguística indo-europeia, que analisa qualquer monumento literário em uma

[46] Platão, *Fedro*, trad. J. R. Ferreira (modificada), Lisboa, Edições 70, 268d. (N. da T.)

[47] Ferdinand de Saussure, *Curso de linguística geral* [ed. bras.: São Paulo, Cultrix, s.d., p. 27].

dimensão monológica. No decorrer de toda a sua história, a linguística indo-europeia não conheceu a coordenada que abre e dialogiza essa dimensão: a coordenada *da comunicação social e do embate social.* Essa peculiaridade do pensamento linguístico dos indo-europeístas desempenhou um papel fatal em relação à poética.

É necessário dizer que, de um modo geral, o destino histórico dessa disciplina transcorreu em condições extremamente difíceis. Desde o momento de seu nascimento, tanto na Grécia antiga quanto na Índia, a poética serviu constantemente a objetivos estranhos a ela. Gerada pelo interesse filológico, construída com o objetivo de catalogar e sistematizar os fenômenos estilísticos de uma língua morta, escrita e alheia, servindo frequentemente como uma norma estética inquestionável também para as obras de uma língua contemporânea a ela, a poética nunca ou quase nunca seguiu as sua próprias tendências objetivas de pesquisa. Essa sua dependência de outra disciplina tornava-se ainda mais complicada na medida em que o próprio objeto de pesquisa — a palavra na sua função estética — servia como material para outras especulações puramente filosóficas. O poder mágico da palavra mais antiga, do totem divino e celestial da tribo, deixou sua marca inapagável nos primórdios da filosofia da palavra. Aquela força da necessidade econômica, que de modo inevitável movimentava os caminhos da formação da língua[48] humana, não foi impressa na consciência dos primeiros filólogos, tampouco na dos linguistas do século XX. Contudo, se ainda no *Rigveda* o "senhor da palavra" é compa-

---

[48] Aqui é utilizado o termo *riétch*, o mesmo dos "gêneros do discurso" e da "interação discursiva". No entanto, o contexto aponta tratar-se da "língua humana" e não do "discurso humano". Logo no próximo período, o autor emprega tanto *riétch* quanto *iazík* como sinônimos, o que reforça a opção por traduzir, nesse contexto, a palavra *riétch* por "língua". (N. da T.)

Sobre as fronteiras entre a poética e a linguística

rado com Soma, a força que a tudo alimenta, se lá afirma-se que no fundamento da língua humana, que surge e desaparece, encontra-se a língua celestial (Vâc), eterna e imutável, que confere justamente àquele que a possui (o "iniciado") a chave para todos o mistérios do mundo; se Heráclito, por meio do *"Logos* da língua", quis vislumbrar o *"Logos* do mundo"; se Platão, em sua sétima carta, pela primeira vez na história do pensamento tentou definir de modo metódico o valor cognitivo da língua; e se, por fim, até em Leibniz a língua ainda era compreendida somente como um meio de conhecimento, cujos degraus determinam os da existência, tudo isso é bastante compreensível. Contudo, quando no século XX tem início uma espécie de renascença da interpretação mágico-metafísica da palavra literária, quando a arte torna-se quase que um meio de "conhecimento" místico em diversas doutrinas simbolistas e nas "filosofias do nome", restaria apenas dar de ombros, se não lembrássemos a tempo da refração ideológica inevitável da psicologia social da classe evanescente.

Felizmente, esse resultado do esquecimento dos fundamentos socioeconômicos da língua não se refletiu na concepção metodológica de Vinográdov. O que se refletiu foi justamente aquele aspecto do ponto de vista linguístico de Leibniz que está ligado ao trecho famoso da carta de Descartes para Marin Mersenne. Descartes, ao tocar a questão sobre a "língua universal" (*lingua universalis*), fala: assim como, a partir de uma quantidade relativamente pequena de signos numéricos, é possível construir todo um sistema aritmético, também é possível, a partir de uma quantidade limitada de signos linguísticos, definir por completo toda a composição do pensamento e a sua estrutura, somente se eles estiverem ligados entre si por regras de validade universal.[49] Essa ana-

---

[49] Cf. a carta de Descartes a Mersenne de 20 de novembro de 1629

logia entre o sistema da matemática e o sistema da língua, que se expressou de modo mais completo nos esboços da "caracterologia" de Leibniz (*Charakteristik*), definiu em grande medida a relação com a palavra no século do Iluminismo francês, apesar da passagem da lógica para a estética na análise da língua, ocorrida nos séculos XVII-XVIII (os brilhantes estudos estilísticos de Diderot em *Lettres sur les sourds et muets*). A língua é representada como uma "invenção" consciente do homem, e seu progresso gradual — o caminho da invenção, do primeiro signo linguístico até as combinações verbais e frasais complexas ou orações — normalmente é colocado em paralelo com as construções metodológicas cada vez mais complexas da matemática. A língua das palavras em Condillac[50] é equiparada com a "língua dos cálculos", e em Maupertuis,[51] no seu *Filossófskie razmichliénia nad proiskhojdiéniem iazikóv* [*Reflexões filosóficas sobre a origem das línguas*], ocorre uma vitória completa do racionalismo abstrato: *todos os fenômenos da natureza e todos os fenômenos da língua devem ser reduzidos a uma fórmula matemática*. O ideal de conhecimento acessível ao homem é uma visão da necessidade da matemática para todas as relações existentes no mundo.

(*Correspondance*, éd. Adam-Tannery, I, pp. 80 ss.). Mais detalhes sobre isso: E. Cassirer, *Leibniz' System in seinen wissenschaftlichen Grundlagen*, 1902, e também seu *Philosophie der symbolischen Formen*, cap. I [ed. bras.: *Filosofia das formas simbólicas. Primeira parte: A língua*, trad. M. Fleischer, São Paulo, Martins Fontes, 2001], *Das Sprachproblem in der Geschichte des philosophischen Idealismus: Platon, Descartes, Leibniz*, pp. 55-72.

[50] Étienne Bonnot de Condillac (1715-1780), filósofo iluminista francês e enciclopedista. (N. da T.)

[51] Pierre-Louis Moreau de Maupertuis (1698-1759), filósofo e matemático francês. (N. da T.)

Sobre as fronteiras entre a poética e a linguística

Neste ponto, precisamos de maiores esclarecimentos. A abordagem da questão tocada por nós, mesmo que pouco detalhada, foge aos objetivos deste ensaio. O problema da relação dos pontos de vista de Descartes e Leibniz sobre a língua com as concepções linguísticas da "Escola de Genebra" ainda aguarda por seu pesquisador. Entretanto, uma coisa é indubitável; nas duas abordagens ressoa o mesmo motivo: *a língua dos "símbolos" verbais e a língua dos símbolos matemáticos são sistemas estritamente análogos e fechados, dentro dos quais agem leis imanentes e específicas que não têm nada em comum com as leis de caráter ideológico.* A obra poética obedece à mesma sistematização e às mesmas leis. Ela é "um sistema fechado em si de correlações estilísticas que encontram sua fundamentação funcional no cumprimento do objetivo imanente que foi realizado na sua criação".[52] Ao substituir a palavra "estilísticos" pela palavra "matemáticos" e "obra" por "fórmula", teremos uma definição absoluta e correta de qualquer fórmula de álgebra ou trigonometria etc.

A analogia torna-se identidade.

E do mesmo modo que a fórmula matemática pode ser analisada somente do ponto de vista da matemática, o monumento literário verbal deve ser estudado apenas por um método estritamente linguístico. Desse modo, *a obra literária é abstraída da unidade da comunicação social, levada para fora dos limites da interação artística e petrifica-se na imagem de um enunciado monológico que se opõe objetivamente tanto ao criador quanto ao contemplador ("autor" e "ouvinte"), como um sistema de elementos fonéticos, lexicais e sintáticos imutável e idêntico a si mesmo.*

[52] *Evoliútsia rússkogo naturalízma* [*A evolução do naturalismo russo*], p. 291.

O método do objetivismo abstrato na poética linguística toma posse dos seus direitos.[53]

Vinográdov não soube superar esse erro metodológico fundamental, em razão da sua ignorância completa acerca das questões de estética sociológica. Enquanto o próprio objeto de pesquisa, o *objeto estético*, ainda não tiver sido estabelecido com precisão, nenhum método, mesmo o mais perfeito, poderá dar resultados reais. Enquanto isso, testemunhamos como Vinográdov, no decorrer de todo o seu caminho como pesquisador, tenta descrever e classificar diversos procedimentos estilísticos, por considerar que são justamente eles os componentes incógnitos do "objeto estético".

Nesse sentido, Vinográdov lembra muito um geógrafo que tenta desenhar um mapa de um país exótico, ainda não descoberto por ele, do qual ele pode apenas pressentir de modo vago e vislumbrar por força de sua intuição científica toda a magnificência benévola e o fascínio irresistível.

No entanto, se mesmo o "objeto estético" não for uma "imagem construída no sujeito", como imagina B. Christiansen,[54] de modo bastante psicológico, ele tampouco é um conjunto de procedimentos estilísticos, isto é, uma realidade verbo-objetual da obra. Uma materialização linguística semelhante do objeto estético inevitavelmente resulta em uma

---

[53] Nessa concepção do fenômeno literário, obviamente não há lugar para a "personalidade transformadora", para a "consciência criativa" etc., apesar de Vinográdov constantemente chamar a atenção para esse aspecto. Desse modo, a crítica que ele faz ao professor Iossif Mandelstam — no livro *Gógol i naturálnaia chkóla* [*Gógol e a escola natural*] (Leningrado, Obrazovánie, 1925, p. 7): "[...] nem a evolução das formas estilísticas de Gógol, nem a unidade orgânica do seu estilo, como reflexo da consciência poética individual, foram desenvolvidos" — pode ser feita ao próprio Vinográdov.

[54] Broder Christiansen, *Filossófia iskússtva* [*Filosofia da arte*], 1911, p. 50

abordagem positivista que às vezes se esconde atrás de uma fraseologia psicológica.

Entretanto, Vinográdov às vezes tenta misturar ao menos algumas gotas do fortíssimo vinho do idealismo declarado na água demasiadamente sóbria do objetivismo abstrato, e então... o objeto estético "não aparece diante da intuição intelectual do observador, limitado pelas qualidades percebidas individualmente, mas na sua essência *eterna* e *supra-individual*".[55]

Contudo, abstendo-nos modestamente da aplicação das categorias do "eterno" e do "supra-individual", ainda assim consideramos que o objeto estético é acima de tudo um sistema dinâmico de *signos* valorativos, uma formação *ideológica*, que surge no processo de uma comunicação social específica, e é afixada na obra como *medium* e material para essa comunicação.

O objeto estético nunca é *dado* como uma coisa pronta e existente de modo concreto. Ele sempre é *pré-dado*, pré-dado como uma *intenção*, como uma orientação para o trabalho artístico-criativo e para a contemplação artística e cocriativa.

Desse modo, a realidade verbo-objetual da obra é só um meio material de comunicação e é somente nele que se realiza o objeto estético, ou seja, é apenas uma soma de estímulos da impressão artística. Já os componentes *estéticos* sintetizados nessa estrutura serão, por um lado, o *conteúdo* como realidade extra-artística tematizada, e, por outro lado, a *forma* correlacionada a esse conteúdo, como uma avaliação social da realidade esteticamente recepcionada.

Por isso, é completamente compreensível que nenhum método da poética linguística nos ajude a abordar o *sentido* integral dos signos verbais impressos de modo gráfico (por

---

[55] V. V. Vinográdov, *Etiúdi o stílie Gógolia* [*Estudos sobre o estilo de Gógol*], Academia, 1926, p. 8, itálicos nossos.

meio das cores e da tinta tipográfica), tampouco os *valores ideológicos*, que são os únicos responsáveis por transformar o conjunto verbal empírico em uma obra estética. Os representantes do objetivismo abstrato são igualmente impotentes diante da análise tanto do enunciado da vida quanto do enunciado literário. Eles esquecem de uma máxima totalmente indiscutível, segundo a qual, nas palavras do acadêmico N. Marr, "a língua em toda a sua composição é uma criação da coletividade humana, um reflexo não somente do seu pensamento, mas também da ordem social e econômica, um reflexo na técnica e na construção do discurso, bem como na sua semântica".[56] Ao esquecer isso, eles substituem a pesquisa das *relações entre as pessoas* (representadas e fixadas na realidade verbal da obra) pela pesquisa das *relações entre as palavras* e seus aspectos abstratos. Diante dessa abordagem, aquele fenômeno que nós definimos com o termo "objeto estético", e que é a expressão da inter-relação hierárquico-valorativa de três ingredientes constitutivos da sua forma — "autor", "personagem" e "ouvinte" —, transforma-se em um "monumento linguístico da consciência criativa extinta" imóvel, a-histórico e extrassocial.

No entanto, temos que nos opor categoricamente a essa objetificação da palavra. Todo enunciado realmente pronunciado e toda obra artística percebida (poema, estátua, quadro, sonata) é, acima de tudo, não tanto um objeto quanto um *processo* (que, é claro, exige para sua objetivação pontos de apoio materiais e relativamente estáveis). Falando francamente, nem conhecemos os "objetos" imutáveis, idênticos entre si e que permanecem na eternidade de uma vez por todas. "A ideia vasta e fundamental de que o mundo não consiste de objetos prontos e acabados, mas é um conjunto de processos, no qual os objetos aparentemente imutáveis, as-

---

[56] Nikolai Iákovlevitch Marr, *Iafetítcheskaia teoria* [*Teoria jafética*], Baku, 1928, p. 79.

Sobre as fronteiras entre a poética e a linguística   213

sim como os seus reflexos intelectuais no nosso cérebro, isto é, os conceitos, encontram-se em mudança ininterrupta, ora surgindo, ora sendo eliminados, essa ideia vasta e fundamental, desde os tempos de Hegel, penetrou de tal modo a consciência geral que dificilmente alguém irá questioná-la em seu aspecto geral. Entretanto, uma coisa é reconhecê-la, outra é utilizá-la em cada caso particular e em cada campo de pesquisa" (Engels).

É claro, consideramos inoportuno resolver de modo imediato, de um só golpe, questões cardinais da estética marxista, como, por exemplo, a da estrutura sociológica do objeto estético. Contudo, nossa posição tão agudamente crítica nos obriga a traçar ao menos alguns caminhos para a resolução desse problema, sem a qual será totalmente impossível colocar a questão das "tarefas da estilística".

V

Já a partir da definição sumária e um tanto ligeira do objeto estético dada no capítulo anterior, torna-se claro que a *avaliação social* é seu aspecto organizador mais importante.

Devemos insistir em apontar que, enquanto a consciência da importância desse problema não dominar todas as áreas do pensamento metodológico dos nossos sociólogos estudiosos da literatura, não se pode nem falar de uma poética autenticamente marxista.[57]

---

[57] Na nossa bibliografia científica já existe uma tendência de resolver esse problema. A tentativa mais séria e interessante nesse sentido são os parágrafos correspondentes do livro de P. N. Medviédev, *Formálni miétod v literaturoviédenii*, pp. 162-74 [ed. bras.: *O método formal nos estudos literários*, trad. S. Grillo e E. V. Américo, São Paulo, Contexto, 2012, pp. 183-92]. Conferir também J. [Iákov Efimovitch] Elsberg, "Sravniénia i metáfori kak klássovaia, obraztsóvaia otsenka obiekta opissánia"

Todo enunciado, desde o primitivo, cotidiano, até o poético acabado, encerra em si de modo inevitável o horizonte "subentendido" extraverbal como um ingrediente necessário. Podemos dividir, por meio de uma abstração, esse horizonte concreto vivo em três componentes: *espacial*, *semântico* e *valorativo*. A função mais importante na organização da obra literária e em especial dos seus aspectos *formais* é desempenhada pelo horizonte *valorativo*. A comunicação estética não se realiza fora desse horizonte.

Ao lembrar o fato de que Víktor Vinográdov sempre destaca o aspecto da "individualidade poética", podemos perguntar se é possível uma avaliação *individual*. Afirmamos que tal avaliação não existe.

A reação do organismo individual, por exemplo, a reação de um animal à comida (ao abocanhá-la) ou a um inimigo (ao fugir dele), não pode ser explicada como uma avaliação da comida ou do inimigo, pois aqui não há nenhuma refração ideológica em um material dotado de significado. Para que a reação de autopreservação se torne mais complexa devido ao aspecto ideológico da avaliação, é necessário que essa reação ocorra em um *meio socialmente organizado*, orientada em relação a outros membros desse meio. Já o grito de um animal gregário, que dá o sinal de alerta ao rebanho, aproxima-se da avaliação: aqui é possível falar de alguma "significação" do grito do líder e de sua "compreensão" pelo *rebanho*.[58] Somente a reação social pode tornar-se mais complexa devido à avaliação, e, quanto mais organizada for a sociedade, quanto mais complexa for aquela coordenação da qual faz parte cada ato individual, mais complexa e dife-

["Comparações e metáforas como avaliação de classe e exemplar do objeto da descrição"] (*Oktiabr*, 1927, janeiro, pp. 123-41).

[58] Karl Bühler, no seu trabalho "Vom Wesen der Syntax" ["Sobre a natureza da sintaxe"], também vê nesse fenômeno as raízes biológicas da sintaxe!

renciada será a avaliação. Na sociedade humana, nunca e em nenhum lugar o indivíduo entra ideologicamente em contato com o mundo e com as coisas, como um tipo isolado. *Sua orientação ideológica em relação ao objeto sempre está ligada com a orientação em relação à sociedade.* É justamente essa orientação dupla que encontra sua expressão ideológica na avaliação.

Toda avaliação, por mais insignificante que seja, expressa uma situação social: ela está relacionada com o objeto, mas ao mesmo tempo ressoa nela o desafio ao inimigo e o apelo aos amigos. Assim é a entonação mais simples da voz humana. Ela é a expressão mais pura e imediata da avaliação, enquanto que todos os demais elementos da fala articulada possuem novas funções, embora estejam penetrados pela avaliação (a fala sem avaliações é uma abstração); porém, devemos extrapolar os limites de uma expressão unicamente sonora da voz humana.

Convencionamos chamar de *expressão valorativa* toda avaliação encarnada em um material.[59] O material primário e autêntico dessa expressão valorativa é o próprio corpo humano: o *gesto* (o movimento do corpo dotado de significação)[60] e a *voz* (além da fala articulada). Primeiramente, o medo, a alegria, a raiva etc. dominam o nosso corpo e a nos-

---

[59] Nós nos apartamos categoricamente da compreensão do termo "expressão" que predomina na estética idealista de Croce. Para nós, é importante ter uma definição de avaliação social em sua expressão, e infelizmente não pudemos encontrar um termo melhor do que "expressão valorativa". Já falamos sobre o conceito de "valor" em nota acima.

[60] Trata-se do assim chamado discurso cinético (linear) que precede o discurso sonoro. A ciência deve ao acadêmico Nikolai Iákovlevitch Marr o estabelecimento de toda a importância desse estágio. Conferir N. Marr, *Iafetítcheskaia teória* [*Teoria jafética*], Baku, 1928, p. 88 em diante. Uma exposição popularizada dessa abordagem encontra-se em I. Meschanínov, *Vvediénie v iafetidológuiu* [*Introdução à jafetodologia*], Leningrado, Pribói, 1929, pp. 186-9.

sa voz: na compressão convulsiva dos membros, no sorriso, na expressão dos olhos etc. Já a partir daí, do corpo e através do corpo, a expressão valorativa pode passar para o material extracorporal que está em contato com o corpo e o continua de algum modo. Essa ligação com o corpo, efetiva ou apenas possível, deve ser necessariamente sentida para que o material possa ter uma significação expressiva. Desse modo, a expressão valorativa passa para o material linguístico (o mais próximo do corpo) e para o material acústico dos sons emitidos pelos corpos físicos (a entonação passa do corpo por meio do toque dos dedos sobre as teclas, por meio da vibração dos dedos nas cordas, por meio da tensão do peito e dos lábios ao tocar os instrumentos de sopro etc.). A passagem da expressão valorativa para o espaço e para o seu preenchimento objetual nas artes plásticas (a arquitetura, a escultura, a pintura) é um pouco mais complexa.

Todo esse material, ao perceber a expressão valorativa do corpo e da voz do homem, torna-se o seu condutor intercorporal. Essa capacidade da expressão valorativa de passar para o material extraverbal, tornando-o expressivo, só pode ser explicada por sua natureza social. Se a avaliação expressa, por exemplo, pela entonação da voz humana fosse de fato individual, ela permaneceria no organismo. Apenas aquilo que possui uma significação inter-orgânica pode dominar o material ideológico. A própria formação desse material só é possível na comunicação organizada de alguns corpos.

Qual função estética é desempenhada pela expressão valorativa no material?

Acima de tudo, essa expressão cria a forma desmembrada do material: determina o que vem em primeiro e em último lugar, a elevação e o rebaixamento, o principal e o secundário. Ela cria *a estrutura hierárquica do material ou o movimento hierárquico nele*. A expressão valorativa determina a localização de cada elemento material na escala valorativa da obra. Já sentimos o nível valorativo do elemento, isto é, o lugar hierárquico desse elemento, sem saber ainda sua significação objetual precisa. O corpo material preenchido pela expressão valorativa, ao entrar no acontecimento social da comunicação artística, é ideologizado e torna-se um *sistema dinâmico de signos valorativos*, isto é, um objeto estético. O material vivificado e valorativamente concebido por meio desse processo pode ser livre de qualquer significação *objetual*. Assim é o material na música, e em parte na coreografia e em algumas artes plásticas (o ornamento etc.); as obras dessas artes sem objeto são profundamente ponderadas e expressivas, mas ponderadas justamente pela avaliação social que as diferencia e preenche.

A significação do material na arte torna-se em especial clara justamente nas artes sem objeto. Não há nada mais nocivo para a teoria da arte do que uma opinião bastante difundida, segundo a qual o material encarna algum "sentido", alguma "ideia" ou "vivência",[61] que amadureceram e se formaram *fora* e *além* desse material. Então esse sentido pronto e amadurecido em algum lugar é somente transmitido "de modo imperfeito" pelos meios desse material. As raízes dessa visão encontram-se, é claro, na representação dualista de matéria e espírito.

No entanto, desde o início, já a primeira manifestação da consciência e a primeira avaliação vaga existem apenas no *material da expressão*: na expressão facial, no grito etc. O aumento da consciência e a sua diferenciação se realizam apenas por meio do aumento e da diferenciação do material correspondente. Fora da expressão material não há vivência.

---

[61] O termo "vivência" (*perejivánie*) é bastante utilizado na obra *Marxismo e filosofia da linguagem*, na qual Volóchinov o associa ao termo alemão *Erlebnis* (que pode significar "vivência" ou "experiência"), conceito originário da filosofia alemã (Wilhelm Dilthey). Optamos por "vivência", porque a raiz da palavra russa *perejivánie* é *jiv*, que significa "vida". (N. da T.)

Além disso, a expressão precede a vivência e é o seu berço.[62] Em razão disso, nenhuma etapa da criação artística *ocorreu nem pode ter ocorrido fora do material*. Nenhum elemento da ideia do artista, desde a primeira manifestação vaga na sua consciência até a obra finalizada, realiza-se fora e além do material, e qualquer compreensão e precisão da ideia só pode ocorrer por meio da diferenciação e da compreensão do material.

É possível falar somente da *passagem de um material a outro*, da transposição de um material a outro. Assim, a ideia do pintor ou do escultor em seus primeiros estágios de desenvolvimento, ainda artisticamente irresponsáveis, é realizada no *material do discurso interior*, para depois passar ao material espacial. Normalmente, a ideia do músico, desde os primeiros estágios, se concretiza no *material musical*, e a transposição já ocorre dentro desse material (por exemplo, a orquestração). No que diz respeito ao poeta, não somente as suas ideias poéticas, mas, de modo geral, nenhum movimento da sua "consciência criativa" realiza-se fora do *material verbal*.

Foi essa representação falsa da criação artística, como encarnação no material de ideias, "vivências" e "pensamentos" não-materiais, que gerou na estética e nos estudos da ar-

---

[62] Nossa afirmação é, em essência, uma conclusão das palavras de Engels: "Tudo o que desperta o homem para a atividade deve inevitavelmente *passar por sua mente*: até mesmo as ações de comer e beber, o homem as começa sob influência das sensações de fome e de sede, que são refletidas na sua mente, parando de comer e de beber devido à sensação de saciedade, também refletida na sua mente. As impressões do mundo exterior produzidas no homem *são expressas na sua mente, refletem-se nela* como sentimentos, pensamentos, impulsos, movimentos voluntários, em suma, como 'aspirações ideais'..." (Engels, *Ludwig Feuerbach*, Moscou, 1923, pp. 49-50, itálicos nossos). Desse modo, fora da refração ideológica ("são expressas na sua mente") não há para nós nem mesmo as vivências biológicas (por exemplo, da fome ou da sede).

Sobre as fronteiras entre a poética e a linguística

te aquele diletantismo nocivo que tenta revelar nas artes sem objeto elementos do projeto que não fizeram parte do material. Assim, buscam, por trás de uma obra musical, determinadas ideias ou emoções, vivências, acontecimentos etc.[63]

De fato, essa interpretação objetual da obra musical não é outra coisa a não ser uma tentativa de traduzi-la para a linguagem de um outro material, verbal ou visual. Essa tradução é a última a entrar no projeto do músico. Só para o diletante poderia parecer que a palavra expressa mais e melhor do que o som. As vivências artísticas do músico foram realizadas e geradas de modo imediato no material musical.

O problema do material na arte se esclarece por completo apenas na relação com o conceito de expressão valorativa. É também esclarecida a significação puramente *sociológica* do material. Um corpo físico como tal não pode servir de material artístico, mas somente aquele corpo que pode se tornar um condutor da comunicação social e que é capaz de receber a expressão valorativa procedente de um corpo humano vivo. O material na arte, inteiramente preenchido pela avaliação, é organizado como *medium de um acontecimento social da interação artística entre as pessoas.*

A obra poética também pode ser abordada como um exercício puramente linguístico, determinado pelas possibilidades gramaticais de uma língua. Na realidade, para um poeta a língua está inteiramente preenchida pelas entonações vivas, inteiramente contaminada pelas avaliações sociais e pelas orientações sociais embrionárias, e é justamente com elas que é preciso lutar no processo de criação, é justamente en-

---

[63] Sobre a inadmissibilidade de tal "logização" e "psicologização" dos fenômenos musicais tivemos que apontar ainda no ano de 1922 na resenha do livro de I. Gliébov sobre Tchaikóvski (*Zapíski Peredvijnógo Teátra* [*Notas do Teatro Itinerante*], 1922, nº 42). [A resenha mencionada foi reproduzida na presente coletânea. (N. da T.)]

220   Valentin Volóchinov

tre elas que é preciso escolher uma ou outra forma linguística, uma ou outra expressão. Nenhuma palavra é dada ao artista no seu aspecto linguístico virgem. Essa palavra já foi fecundada por aquelas situações cotidianas e contextos poéticos nos quais ele a havia encontrado. Nesse caso, surge um problema bastante importante para a poética histórica. O poeta não introduz sua nova expressão valorativa em um material verbal virgem e sem entonação. Com efeito, esse material está repleto de entonações, de avaliações sociais, e as novas entonações inevitavelmente se deparam no material com entonações antigas, que são pré-encontradas pelo poeta. Desse modo, as entonações são cravadas na carne ideológica viva das avaliações expressas e sedimentadas no material. Por isso, a obra[64] do poeta, assim como de todo artista, é capaz de realizar somente algumas reavaliações, alguns deslocamentos entonacionais, que são percebidos por ele e por seu auditório no contexto das avaliações e entonações antigas. Então surge o problema: *quais são os limites da renovação das entonações que perpassam o material?* Esse problema está estreitamente ligado com o da *tradição artística.* Aqui não podemos nos aprofundar nessa questão. Apresentaremos nossa opinião somente de forma dogmática: no âmbito de dado grupo social, a liberdade do artista é extremamente limitada. A criação de entonações novas e essenciais é impossível para ele. Somente o aparecimento de um grupo social novo, para o qual as mesmas palavras (natureza, vida, Estado, classe etc.) desde o início existiram

---

[64] A palavra russa *tvórtchestvo* (aqui empregada) provém do verbo *tvorít* ("criar") e pode ser traduzida tanto por "criação" quanto por "obra", esta no sentido do conjunto da produção de um autor. O termo *proizvidiénie* também pode ser traduzido por "obra", mas no sentido de um trabalho específico, isolado (um romance, um poema, uma ópera etc.). (N. da T.)

Sobre as fronteiras entre a poética e a linguística

e foram pensadas em situações da vida e contextos valorativos totalmente diferentes, pode produzir uma revolução essencial e séria da forma artística. Já todas as revoluções literárias que ocorrem dentro do mesmo grupo, por mais radicais que elas pareçam, terão inevitavelmente um caráter inventado, estreito do ponto de vista estético, pouco sério. É óbvio que, nos limites estreitos da liberdade artística admitida pelo grupo antigo, pode haver diferenças individuais enormes entre alguns artistas: o mesmo material ideológico que nas mãos de um artista é estagnado e obtuso, nas mãos de outro é socialmente flexível e sensível.

VI

Devemos passar agora para uma análise mais detalhada da expressão valorativa na criação poética.

A avaliação social na poesia determina já o próprio som da voz (sua entonação) bem como a *escolha* e a *ordem* de disposição do material verbal. Em consequência disso, devemos distinguir duas formas de expressão valorativa: 1) a sonora e 2) a *tectônica*, cujas funções se dividem em dois grupos: em primeiro lugar, as *eletivas* (as que selecionam) e, em segundo, as *composicionais* (as que posicionam).[65]

As funções eletivas da avaliação social se manifestam na escolha do material lexical (a lexicologia), do epíteto, da metáfora e de outros *tropos* (todo o campo da semântica poética) e, finalmente, do tema, no sentido estrito da palavra (a escolha do "conteúdo"). Desse modo, toda a estilística e em parte a temática integram o grupo eletivo.

As funções composicionais da avaliação determinam o

[65] Consideramos nossa terminologia bastante apropriada, apesar de ser possível, é claro, uma outra definição terminológica dos mesmos fatos e fenômenos.

lugar hierárquico de cada elemento verbal no todo da obra, seu estatuto, bem como a estrutura do todo. Isso diz respeito a todos os problemas da sintaxe poética, a todas as questões de composição no sentido próprio da palavra e, finalmente, às questões de *gênero*. Todos esses três aspectos da avaliação social poética — a *entonação sonora*, ou seja, o colorido valorativo de todo material sonoro, a *escolha* do material verbal e, por fim, sua *disposição* no todo verbal — estão indissoluvelmente ligados entre si e podem ser distinguidos apenas de modo abstrato. Tudo isso é a avaliação social em sua integralidade. A sonoridade, a escolha e o lugar da palavra se desenvolvem a partir da avaliação social, assim como a estrutura de uma flor se desenvolve a partir de um botão.

A avaliação soa já na entonação do grito humano não articulado, e essa entonação ligada a toda a situação do grito dá sentido a ele. O grito humano é social. Ele se queixa, implora por ajuda, informa, ameaça, amedronta etc., mesmo que essa sua orientação social ainda não esteja refletida na consciência (o grito como reflexo). O grito é uma ponte acústica material lançada entre indivíduos isolados. O fenômeno do grito ainda não articulado, grosseiro e acústico já está preenchido por uma entonação social primitiva e, consequentemente, já é um fenômeno ideológico, que carrega e expressa o acontecimento social. Também já é possível falar de um auditório social do grito e de sua diferenciação, uma vez que esse auditório reflete-se na entonação do grito. *A entonação mais a situação correspondente* é o aparato ideológico mais simples (que precede a fala articulada). Esse aparato já é capaz de transmitir as nuances variadas e sutis das inter-relações sociais entre os participantes que o dominam. Sabe-se da função importante que a entonação sonora desempenha na fala infantil que ainda não se formou nem se firmou. Inicialmente, no material acústico não articulado, a entonação ainda desempenha tanto as funções lexicais

Sobre as fronteiras entre a poética e a linguística

quanto as morfológicas, sintáticas e estilísticas (é claro, desde que haja uma situação que elucide o enunciado infantil). De modo geral, essas funções da entonação da fala infantil não foram suficientemente estudadas, bem como a riqueza e a complexidade social dessa entonação são frequentemente subestimadas.

Karl Bühler dá um exemplo excelente dessa entonação infantil e de sua importância no artigo "Sobre a natureza da sintaxe". Ele fala o seguinte: "Surpreendeu-me em uma criança, que observei com rigor e por muito tempo, o quão cedo ela começou a utilizar a famosa e notável melodia do pedido infantil insinuante e persuasivo. Com uma voz de extrema profundidade e absoluta suavidade, que mantinha um mesmo tom, e, portanto, sem elevação nem rebaixamento na continuidade ou no final, talvez em um tempo um pouco mais lento, foram expressos já no segundo ano de vida, quando a criança mal sabia andar e falava, sem flexionar, pequenos pedidos que, do seu ponto de vista, tinham poucas chances de serem cumpridos, por exemplo *Papa Strasse gehen*[66] etc. De onde a criança aprendeu essa melodia insinuante? Minha fala soa extremamente afetada, quando tento imitá-la; encontrei-a novamente em outras crianças e afirmo que essa melodia é um dos primeiros patrimônios comuns da linguagem infantil. Contudo, talvez ela fosse emprestada dos adultos e exagerada no processo de imitação, como se observa normalmente nas crianças? Não consigo acreditar nisso: a linguagem infantil possui ricas nuances musicais, que não podem ser comparadas com nenhuma canção decorada e aprendida pela criança, canção essa que, como se sabe, ainda por muito tempo será reproduzida de modo grosseiro no canto".[67]

---

[66] Em alemão no original: "Papai vai para a rua". (N. da T.)

[67] K. Bühler, "Vom Wesen der Syntax" (*Festschrift für Karl Vossler*, 1922).

Infelizmente, K. Bühler, por ser um psicólogo subjetivista, não tenta aprofundar a análise sociológica. Abordada por ele com muito êxito, a situação é invariavelmente uma situação social, na qual sempre ocorre a cooperação da criança com os ouvintes adultos, e a entonação infantil é um elemento inseparável desse pequeno mundo social da criança. Só na unidade indivisível e material desse pequeno mundo social a entonação pode ser compreendida e estudada como um fato objetivo.

Nem é preciso falar sobre a importância da entonação na fala cotidiana. Esta, que se realiza normalmente nas condições de uma situação existente e observada com nossos próprios olhos, utiliza de modo amplo a entonação (cuja flexibilidade social é extremamente grande) para a economia dos outros elementos da fala.

Na poesia, a entonação sonora atualizada não pode ter a mesma importância da fala cotidiana. Ela é adivinhada em cada palavra e em cada elemento da obra, mas nem sempre precisa de uma efetiva atualização por meio da voz. De fato, muitas vezes não é possível essa atualização em toda a sua plenitude. As nuances disponíveis à voz humana são muito grosseiras para transmitir toda a complexidade e toda a riqueza social do sistema entonacional até mesmo da peça lírica mais simples. Na percepção, a entonação sonora é mais uma *possibilidade* do que um som efetivo! Só na música a avaliação e a entonação interior são resolvidas plenamente na pura entonação sonora. Em uma obra musical, deve soar tudo o que há de mais significativo do ponto de vista artístico. As nuances mais sutis da avaliação devem encarnar-se no som real... Aquilo que não possui som equivale a zero.[68] Na poesia, sobretudo na sua forma *prosaica*, os aspectos artísti-

---

[68] É claro que isso não tem relação com as pausas dentro do compasso ou entre compassos. Essas pausas têm uma significação expressiva

cos mais importantes são mudos. Por isso é tão grande o papel do intérprete na música (aqui ele é um participante constitutivo do acontecimento artístico) e é tão insignificante o seu papel na poesia. A percepção da obra poética é a sua *entonação interior*, porém as ênfases fundamentais e mais sutis dessa entonação interior realizam-se na *escolha* e *disposição* do material verbal. De fato, é como se toda obra fosse envolta pela possibilidade da entoação sonora, e cada um dos seus elementos fosse colorido por essa possibilidade, que deve ser sentida. Contudo, não é obrigatório que haja um intérprete real, e ele, mesmo se existisse, não poderia atualizar todas essas possibilidades. Diante disso, é preciso observar que a possibilidade auditiva da entonação (para o ouvido, como na música) não é tão importante quanto a possibilidade da pronúncia, aquela orientação do organismo e do seus órgãos necessária para a realização dessa entonação, e, consequentemente, o resultado sonoro não é tão importante quanto a orientação entonacional.[69]

Uma obra lírica interpretada à meia voz, "para si", pode fornecer toda a plenitude de compreensão e de prazer estético que um dado sujeito possa atingir, enquanto que a má interpretação de uma obra musical, mesmo "para si", dificilmente dará prazer. A música desconhece a categoria da "possibilidade sonora", enquanto que, na poesia, principalmente nas condições contemporâneas da sua percepção (a leitura "para si"), essa categoria desempenha um papel imenso.

bastante definida e são um elemento estrutural indissolúvel da obra musical. Todos os conhecedores de música sabem bem o efeito que tem a pausa inesperada após um aumento grandioso da sonoridade.

[69] Sabe-se que os gestos corporais frequentemente substituem a entonação sonora. Um costuma ser economizado às custas do outro. Quando há um gesto expressivo forte não cabe uma entonação expressiva tão acentuada, como a que seria necessária se não houvesse o gesto.

A entonação é extremamente importante para a criação do *ritmo*. É justamente *a entonação que transforma a abstração do metro na realidade viva do ritmo*. Entretanto, seria um erro grosseiro pensar que o ritmo poético é um fenômeno puramente sonoro, ou que ele combina sonoridade e pronunciação.[70] A categoria da possibilidade sonora (e da pronunciação) também desempenha um papel imenso no ritmo. Toda a plenitude do fenômeno concreto do ritmo é muito mais rica e complexa do que a sua efetiva ou possível encarnação sonora e de pronunciação.

Além disso, entre os fatores do ritmo estão também a atualização interior da escolha (na percepção do ritmo, a atividade da escolha é sentida o tempo todo) e a atualização da disposição composicional.[71]

A entonação afirma e fixa essas funções tectônicas da expressão valorativa, a qual estabelece os lugares hierárquicos das palavras de destaque no verso, dos versos na estrofe, das estrofes no todo da obra.

Desse modo, podemos estabelecer quatro fatores fundamentais do ritmo: 1) *métrico*, 2) *entonacional*, 3) *eletivo* e 4) *composicional*.

---

[70] A questão sobre a quem pertence o primado no ritmo, ao ouvido ou aos órgãos da pronunciação, não pode ter uma solução geral para todas as épocas do desenvolvimento da poesia. Problemas semelhantes admitem somente uma abordagem histórica. Esse problema torna-se ainda mais complexo devido ao papel imenso dos olhos, que se tornaram intermediários entre os ouvidos e os órgãos da pronunciação. Como resultado da divulgação geral da palavra literária graficamente fixada, a importância da imagem sonora, sem dúvida, esmaeceu e diminuiu. Não há dúvida de que o romance de aventuras moderno não é, em sua essência, um fenômeno acústico nem de pronunciação. Tanto um quanto outro aspecto são aqui insignificantes e técnicos do ponto de vista artístico, porém as principais funções técnicas pertencem à imagem gráfica e não a eles.

[71] Em parte, essa última é mais perceptível para o olhar em algumas línguas e estilos do que em outros, pois a estrofe e a linha são em parte fenômenos espaciais.

Sobre as fronteiras entre a poética e a linguística

Não é nosso objetivo nos determos detalhadamente no primeiro fator, o métrico. Compreendemos esse fator como todo o conjunto de elementos que entram no sistema estável de versificação.

Em relação ao segundo fator, o entonacional, pode surgir a tendência a dividi-lo em duas modificações independentes: 1) a entonação sintática e 2) a entonação expressiva. Essa divisão também aparece em P. N. Medviédev: "A entonação expressiva que dá cor a cada palavra do enunciado reflete sua singularidade histórica, diferente da entonação sintática, que é mais estável. [...] É claro, a entonação expressiva não é obrigatória, porém, quando ocorre, ela é a expressão mais clara do conceito de avaliação social".[72]

Acreditamos que essa afirmação não é totalmente correta. Acima de tudo, *qualquer entonação é expressiva*, isto é, é uma avaliação social encarnada em um material sonoro.

Com isso, desmorona a hipótese da possibilidade de ausência de entonação "expressiva", uma vez que não existe nenhum discurso sem avaliação na natureza. Em seguida, se falamos de *entonação* "sintática", por que não podemos falar de entonação "gráfica" ou "lexical"? A simbolização gráfica do som e a união dos sons em conjuntos significantes (semânticos), bem como as combinações desses conjuntos sonoros em enunciados inteiros dotados de sentido, são igualmente condições linguísticas materiais da entonação de qualquer enunciado lido ou ouvido. Privada dessa base material, a entonação dificilmente irá existir, se, é claro, não considerarmos o discurso "simples como um mugido"[73].[74]

---

[72] P. Medviédev, *O método formal nos estudos literários* [ed. bras.: trad. S. Grillo e E. V. Américo, São Paulo, Contexto, 2012, p. 185].

[73] Referência ao livro *Prostoe kak mytchánie* (1916), de Vladímir Maiakóvski (1893-1930). (N. da T.)

[74] A culpa pela tendência existente em nossos dias de atribuir à en-

É claro que entendemos o pensamento de Medviédev. É como se existisse um limite inferior da entonação expressiva, depois do qual já começa um outro campo, o da gramática e de suas categorias formais. No entanto, equiparar os conceitos de entonação *expressiva* e *sintática* é um *lapsus terminologiae*.

Desse modo, o ritmo do poema (assim como o ritmo do discurso em prosa) é criado, antes de tudo, pela entonação expressiva infinitamente variada e livre. Uma mesma palavra em duas frases diferentes entoa-se expressivamente de modo distinto. Mais do que isso, a mesma palavra é entoada de modo diverso em duas frases iguais, porém pertencentes a totalidades verbais distintas (imaginemos que *um mesmo verso* apareça em dois poemas diferentes). Por fim, a mesma palavra em duas totalidades verbais iguais, mas em situações diferentes (tipos de comunicação social), também é entoada de modo totalmente distinto.

Vamos dar um exemplo. Suponhamos que eu converso com um amigo (comunicação cotidiana) sobre uma biografia de V. I. Lênin que acabei de ler e digo a ele: "Quero ser parecido com Lênin, com Vladímir Ilitch".

As mesmas palavras podem ser pronunciadas por um orador em uma manifestação (comunicação de mobilização política), por exemplo, na seguinte frase: "Camaradas, no tempo atual de grandes trabalhos, em uma época de construção intensa, para ser digno da honra de substituir o líder falecido, cada um de nós deve dizer a si mesmo: 'Quero ser parecido com Lênin, com Vladímir Ilitch'".

---

tonação "sintática" quase que uma importância excepcional é, em primeiro lugar, de Eduard Sievers, que seduziu uma grande quantidade de pesquisadores russos. [Eduard Sievers (1850-1932), filólogo germanista alemão, que se dedicou à história, à fonética, à gramática da língua alemã, bem como à estilística e à psicologia da linguagem. (N. da T.)]

Sobre as fronteiras entre a poética e a linguística

Por fim, imaginemos que, do palco, escutemos as seguintes palavras inseridas em um contexto poético (comunicação artística):

"Nossa vida, como o oceano, é turbulenta,
Nossa vida, como um vulcão, é incandescente,
Quero ser parecido com Lênin,
Com Vladímir Ilitch."[75]

A diferença nas entonações, e, consequentemente, no peso valorativo dessas palavras, está clara.

Portanto, a expressão valorativa encarnada no material da voz humana é o fator sonoro (e de pronúncia) mais importante do ritmo. Além disso, é preciso ter em vista que a entonação expressiva nunca é atualizada pela voz em toda a sua plenitude. Essa plenitude só existe como uma possibilidade sonora.

É preciso destacar ainda mais uma particularidade da entonação expressiva, sua capacidade de *concretizar o auditório*, torná-lo quase sensível, perceptível e próximo. Quanto mais sutilmente diferenciada, quanto mais volúvel for a entonação expressiva, tanto mais ela se orienta para um auditório próximo e socialmente homogêneo. Assim é a orientação, por exemplo, na lírica íntima de Innokiénti Ánnenski,[76] cujo ritmo é construído sobre as nuances entonacionais mais sutis, voltadas a uma "alma gêmea", isto é, a um auditório "de câmara" muito íntimo. A entonação expressiva possui outro caráter na lírica da canção, por exemplo, em

[75] Liévin, "Piésnia komsomóltsá" ["Canção de um membro da juventude comunista"], coletânea *Pervíe piésni bojdíu* [*Primeiras canções para o líder*], 1926, p. 164, itálicos nossos. [No original, o primeiro verso rima com o terceiro e o segundo com o quarto. (N. da T.)]

[76] Innokiénti Ánnenski (1855-1909) foi um poeta simbolista russo, dramaturgo, crítico e teórico da literatura russa. (N. da T.)

Iessiênin.[77] Essa entonação é mais simples, mais grosseira, indiferente às nuances semânticas das palavras e voltada a um auditório amplo e um tanto barulhento com uma emocionalidade forte, porém pouco diferenciada.

Passemos para os dois últimos fatores do ritmo: o eletivo e o composicional.

Para o poeta, cada palavra é um *valor* (semântico, fonético etc.), e a escolha de certa palavra e não de qualquer outra é um ato de *preferência*. O ativismo da escolha sempre é sentido, e isso fica particularmente claro quando a escolha é mal sucedida, quando sentimos que a palavra é pálida, que deveria ser mais forte, e assim por diante. Sentimos isso de modo mais frequente nos lugares metricamente privilegiados (no início do verso, diante da cesura e na rima). Nesse caso, é muito difícil distinguir o fator eletivo do composicional, pois, na realidade, a escolha da palavra e a atribuição do seu lugar no todo verbal se dão em um único ato. Tanto a escolha quanto a disposição das palavras-valores conformam-se com seu peso valorativo. É possível matar o ritmo se essas palavras-valores de pesos diferentes forem posicionadas de modo infeliz no verso poético, na estrofe e na obra integral.

Todos os quatro fatores do ritmo apontados por nós estão indissoluvelmente ligados entre si. Eles podem ser isolados da unidade concreta e viva do ritmo apenas de modo abstrato. Eles possuem uma mesma alma: a avaliação social.

Com isso, finalizamos nossa análise da expressão valorativa em sua encarnação sonora. Aqui não temos condições de analisar as funções tectônicas (eletivas e composicionais) que determinam o gênero, a composição e o estilo de uma obra poética. Entretanto, para os objetivos do trabalho crí-

---

[77] Serguei Iessiênin (1895-1925), poeta representante do imagismo, tendência na literatura russa no início do século XX que colocava em primeiro plano as imagens e metáforas. (N. da T.)

Sobre as fronteiras entre a poética e a linguística

tico que empreendemos é suficiente o pouco que conseguimos abordar.

Nenhum método que tenta desprezar o problema da expressão valorativa pode tratar um monumento literário como artisticamente significativo. A tentativa de Vinográdov de ignorar a estrutura sociológica da forma poética resultou na introdução do método da linguística objetiva e abstrata na poética, método que inevitavelmente exigiu uma gramatização completa de todas as categorias estéticas. No entanto, esse caminho metodológico só pode levar a uma coisa: a um completo *isolamento da literatura de todas as relações históricas e sociais*, ou seja, daquelas forças vivas e organizadoras que são as únicas responsáveis por transformar o fenômeno puramente físico do som e do movimento em algo ideologicamente significante e dotado de sentido artístico. Apenas ao retirar da literatura tudo o que nela há de valorativo e expressivo, apenas ao matá-la socialmente e transformá-la em uma série de monumentos linguisticamente petrificados, é possível chegar à notável "conclusão das conclusões", com a qual Vinográdov finaliza seus *Etiúdi o stíle Gógolia [Estudos sobre o estilo de Gógol]* (1926): "A novela natural, quando estudada em um plano puramente artístico, demonstra na sua evolução um processo curioso e característico para os contemporâneos. Ela surge da necessidade de uma reforma estilística. Tendo afirmado uma revolução linguística, ela adapta a psicologia da imagem artística aos novos princípios da construção estilística. Tendo elaborado a maneira do desenho 'típico' e criado um sistema complexo para retratar 'tipos', a poética natural coloca sob seus serviços a ideologia e a sociologia. É assim que, na realidade artística, realiza-se uma espécie de 'método' sociológico 'às avessas'".

Um *reductio ad absurdum* tão brilhante do método linguístico na poética pode nos obrigar a exigir somente o seguinte: a mais precisa e nítida *delimitação entre os fenômenos linguísticos e poéticos.*

A poética gerada e nutrida pela linguística deve romper com seu poder despótico e obter, finalmente, sua independência *metodológica* plena. Todos os seus problemas específicos devem ser dominados não por um "método sociológico 'às avessas'", mas por um método dialético autenticamente marxista.

Horácio tem razão ao dizer:

"Deixa de andar atrás da mãe
Já estás madura para um homem."[78]

13 de novembro de 1929

[78] Horácio, *Odes*, trad. P. B. Falcão, Lisboa, Cotovia, 2008, livro I, XXIII. (N. da T.)

Sobre as fronteiras entre a poética e a linguística

Estilística do discurso literário I:
O que é a linguagem/língua?[1]

> "A linguagem e a razão resultaram da atividade conjunta, direcionada para um objetivo comum, do trabalho primitivo de nossos antepassados."
>
> Ludwig Noiré

1. A origem da linguagem/língua. 2. O papel da linguagem/língua na vida social. 3. Língua e classe. 4. Linguagem/língua e consciência. 5. "Vivência" e "expressão". 6. Ideologia do cotidiano.[2] 7. Criação literária e discurso interior. 8. Conclusões.

---

[1] Ensaio publicado em *Literatúrnaia Utchióba: Jurnál dliá Samoobrazovániia* [*Estudos da Literatura: Revista para Autoformação*], nº 2, pp. 48-66, Moscou-Leningrado, 1930. A revista *Literatúrnaia Utchióba* foi criada em 1930 por Maksim Górki, que foi seu editor-chefe, com o propósito de ensinar o ofício literário a escritores iniciantes das camadas sociais populares. Em russo, os termos "língua" e "linguagem" são designados pela mesma palavra, *iazík*, que foi traduzida ora por "língua", ora por "linguagem", a depender do sentido depreendido do contexto. Nos casos em que não foi possível determinar se se tratava exclusivamente de língua ou linguagem, adotamos a solução de Patrick Sériot e Inna Tylkowski-Ageeva (V. N. Vološinov, *Marxisme et philosophie du langage*, trad. P. Sériot e I. Tylkowski-Ageeva, Limoges, Lambert-Lucas, 2010). (N. da T.)

[2] Traduzimos a expressão russa *jíznennaia ideológuia* por "ideologia do cotidiano", opção também assumida em *Marxismo e filosofia da linguagem* (trad. S. Grillo e E. V. Américo, São Paulo, Editora 34, 2017) e no artigo desta coletânea "As mais novas correntes do pensamento linguístico no Ocidente". (N. da T.)

1. A ORIGEM DA LINGUAGEM/LÍNGUA

Um autor iniciante está sentado à mesa e olha com desalento para a folha de papel em branco diante dele. Antes de pegar a pena nas mãos e se preparar para escrever, havia tantas ideias na sua cabeça... Ontem mesmo ele contou em detalhes a um amigo o conteúdo de sua futura primeira novela... Mas agora — cada frase com a qual pretende começar sua obra parece obtusa, desajeitada, estranha e artificial. Além disso, foi só ele querer anotar a novela que parecia já estar pronta na sua cabeça, que logo surgiu uma série de questões. Em nome de quem conduzir a narrativa? Em seu nome, no do autor, ou em nome de algum personagem da novela? E qual deve ser a sua *linguagem*, se a narrativa for conduzida por um dos personagens da novela? O próprio discurso do autor pode ser a assim chamada norma-padrão[3] ou, ao contrário, o autor pode colocar a máscara de um narrador pertencente a um meio pouco escolarizado e cultivado, e então deve falar uma língua completamente diferente...

Desse modo, surge uma enorme quantidade de questões para o jovem escritor, as quais ele deve resolver antes de começar a escrita da sua obra.

É possível notar que essas questões parecem se dividir em dois grupos. O primeiro inclui tudo o que está relacionado com a própria língua, com a *escolha* das palavras. O segundo grupo diz respeito à *disposição* dessas palavras, à *organização* do todo da obra, ou, em outras palavras, à *composição* da obra. Contudo, tanto em um quanto em outro ca-

---

[3] "Norma-padrão" é a tradução de *literatúrnaia riétch*, ao pé da letra "discurso literário", que é um conceito na tradição linguística e literária russa para designar a norma culta, fixada pela gramática normativa e considerada a correta. (N. da T.)

O que é a linguagem/língua?

so, o autor sente que aquela língua habitual, a qual ele utilizou na conversa com outras pessoas, aquela língua com a qual ele raciocinou ou sonhou nos momentos de solidão, parece agora um fenômeno extremamente difícil e complexo. Enquanto ele não pensava na língua, tudo corria bem e sem dificuldades. No entanto, foi só ele tentar escrever uma obra literária, que essa língua tornou-se para ele uma massa pesada e árdua de manejar, a partir da qual é tão difícil construir uma frase leve, bonita e, o mais importante, que transmita com precisão as intenções do autor. A língua transformou-se em uma espécie de bloco de mármore gigante, no qual é necessário esculpir a figura desejada. A língua tornou-se o *material da criação literária*.

No entanto, o mármore, a argila e as cores que os escultores e pintores utilizam como material se distinguem do material verbal por sua essência.

O escultor pode dar ao mármore ou à argila qualquer forma, pode mudar a seu gosto suas menores partes, obedecendo a sua fantasia criativa ou um plano pensado nos mínimos detalhes. Entretanto, a palavra não possui essa flexibilidade e maleabilidade exterior. Ela não pode ser nem alongada, nem encurtada, tampouco é possível atribuir-lhe, por vontade própria, uma significação inadequada, totalmente outra. Ao participar de uma conversa animada, não reparamos em absoluto no caráter obrigatório e rigoroso das regras da língua. Sem qualquer reflexão, perguntamos: "Como está o tempo hoje?". Nem passa pela nossa cabeça falar: "Para como está com tempos hoje?".[4] Neste caso, não nos irão compreender e pensarão que estamos brincando ou ficamos lou-

---

[4] Volóchinov refaz a primeira pergunta (*"Kakáia segódnia pogóda?"*) empregando os casos da língua russa de um modo totalmente incorreto (*"Kakómu segódniachnikh pogódami?"*), isto é, de um modo que nenhum falante nativo empregaria, com o propósito de evidenciar a gramática internalizada dos falantes. (N. da T.)

cos. Consequentemente, existem determinadas leis linguísticas cuja violação resulta em incompreensão.

No entanto, tudo o que foi dito diz respeito apenas às assim chamadas regras gramaticais, em especial da sintaxe, isto é, à teoria sobre as regras de combinação de palavras isoladas em expressões dotadas de sentido. Contudo, existe uma diferença ainda mais nítida entre o caráter do material *verbal* e qualquer outro material puramente *físico*.

Ao comparar a palavra com um pedaço de, por exemplo, argila, veremos que aquela, ao contrário desta, possui uma *significação*, isto é, ela *significa* um objeto, uma ação, um acontecimento ou uma vivência psíquica. No entanto, um pedaço de argila tomado isoladamente *nada significa*. Ele recebe uma ou outra significação somente *no todo da obra*, ao se tornar a mão de uma estátua ou o martelo que essa mão segura etc. Consequentemente, o escritor é sempre obrigado a lidar não com um material físico bruto, mas com partes já trabalhadas antes dele, isto é, com elementos linguísticos prontos, com os quais ele pode construir o todo somente ao considerar todas as regras e leis que não podem ser ignoradas na organização desse material verbal.

Contudo, é possível que o escritor tenha condição de mudar ou criar novas regras e leis linguísticas? Na Rússia dos tsares e não muito antes da Revolução de Outubro, existiram "poetas" que tentaram inventar uma nova língua e escreveram os seguintes versos:

> "Aos mudecidos e mudados
> Conclama o exigente exestino
> E com o ribombo novo das espadas
> Responderá a ele o futurino."

E ainda melhor:

O que é a linguagem/língua?

"Go osneg kaid
Mr batulba
Sinu auksel
Ver tum dakh
Guiz"[5]

Para que o escritor não tenha o mesmo destino desses poetas, para que ele não entre na história como uma piada, mas ocupe nela uma posição bastante séria e digna, é preciso compreender *o que é a língua e a linguagem*, as quais servem de material tão especial e peculiar para a criação literária.

Se não compreendermos a essência da língua e da linguagem, se não compreendermos seu lugar e seu papel na vida social, jamais saberemos abordar corretamente aquilo que chamamos de *estilística do discurso literário*, isto é, a *técnica* de construção do objeto literário, que deve ser dominada, sem exceção, por todos os escritores desejosos de se tornar *mestres* em sua arte, e não amadores e diletantes superficiais.

Mas o que é a linguagem/língua?

Todo fenômeno pode ser melhor compreendido se observado no processo do seu *surgimento* e *desenvolvimento*. Infelizmente, em relação à língua, isso se torna mais complexo, pelo fato de os seus primórdios e primeiras etapas de desenvolvimento estarem a uma distância do nosso tempo de pelo menos cem mil anos. Apesar disso, o desejo de imaginar o surgimento da língua é bastante antigo. No entanto, as pessoas tentaram compensar a sua falta de conhecimento com lendas "religiosas" e substituíram o estudo científico pelas

---

[5] O primeiro poema, "Nemótitchei i niémitchei...", é de 1913 e foi escrito por Velimir Khliébnikov (1885-1922). O segundo, também de 1913, foi escrito por Aleksei Krutchônikh (1886-1968). Os dois poetas são considerados fundadores do futurismo russo e criadores da chamada "língua transmental" (*zaum*), uma invenção com o propósito de transgredir as regras lexicais, gramaticais e semânticas da língua russa. (N. da T.)

referências pouco produtivas à intervenção da "força divina". Entretanto, as exigências da verdadeira ciência triunfaram e, nos dias de hoje, já podemos levantar a cortina dos milênios e espiar, ao menos com o canto do olho, aqueles tempos em que foi criada a linguagem humana.

O que então se verifica? Não foi de modo sobrenatural, nem por meio da "invenção" consciente e intencional (como pensavam no século XVIII) que a linguagem/língua surgiu na sociedade humana.

Ainda há pouco tempo, as teorias mais difundidas sobre a origem da linguagem/língua foram as seguintes: 1) a teoria da *onomatopeia* e 2) a teoria das *interjeições*.

O primeiro grupo de teorias concentra-se fundamentalmente na afirmação de que o homem tentou reproduzir os sons emitidos pelos animais, ou os que acompanhavam alguns fenômenos da natureza (os uivos do vento, o murmúrio de uma nascente, o estrondo do trovão etc.). Segundo essa teoria, semelhantes onomatopeias tornaram-se significações naturais dos objetos que imitavam tais sons, isto é, tornaram-se palavras. Entretanto, uma vez que desse modo seria possível explicar uma quantidade muito pequena de palavras, eles apontavam que o elemento de imitação podia consistir não no próprio som, mas no movimento dos órgãos da fala (sobretudo da língua), ou seja, uma espécie de gesto sonoro.

O segundo grupo de teorias tentava provar que os primeiros sons da fala humana foram exclamações (interjeições) involuntárias (ou, como costumam chamá-los, "refletores") que o homem emitia sob o efeito de impressões fortes causadas por diferentes objetos. Ao se repetirem, essas exclamações tornaram-se sinais constantes desses objetos, ou seja, transformaram-se em palavras.

Ambos os grupos de teorias se mostraram igualmente inconsistentes. Embora às vezes dessem uma boa explicação para a origem de palavras isoladas (aliás, muito poucas) de

O que é a linguagem/língua? 239

uma ou outra língua, essas teorias não foram capazes de responder nem a questão sobre a essência real da linguagem/língua como fenômeno social, tampouco outras questões extremamente essenciais.

No entanto, já em 1876, Engels deu uma indicação genial sobre a direção na qual se deve procurar a resposta sobre a origem da linguagem/língua:

"Nossos antepassados macacos eram animais sociais; é evidente que é impossível tirar conclusões sobre a origem do homem, o mais social dos animais, a partir dos mais próximos antepassados não sociais. O domínio sobre a natureza, que começou junto com o desenvolvimento das mãos e do trabalho, ampliava a cada novo passo o horizonte do homem. Nos objetos da natureza, o homem constantemente descobria propriedades novas, até então desconhecidas. Por outro lado, o desenvolvimento do trabalho necessariamente contribuía para uma união mais estreita entre os membros da sociedade, uma vez que graças a ela tornaram-se mais frequentes os casos de apoio mútuo, de atividade conjunta, e passou a ser mais clara a utilidade dessa atividade conjunta para cada membro individual. Em suma, as pessoas em formação chegaram à *necessidade de falar algo uns para os outros*. A necessidade criou o órgão: a laringe pouco desenvolvida do macaco transformava-se lenta, mas firmemente, por meio das modulações cada vez mais fortes, e os órgãos da boca aprendiam aos poucos a pronunciar um som articulado após o outro."[6]

---

[6] Engels, "Rol trudá v protsésse otcheloviétchenia obeziáni" ["O pa-

Independentemente de Engels, seu contemporâneo, o cientista alemão Ludwig Noiré, também concluiu que

"A linguagem e a razão resultaram de uma atividade conjunta, direcionada para um objetivo comum, do trabalho primitivo de nossos antepassados."

Esses pensamentos receberam uma confirmação especial, linguística,[7] nos trabalhos de nosso cientista, o acadêmico Nikolai Marr.[8]

Os seus estudos, comumente chamados de "teoria jafética", estabelecem com completa certeza que

"[...] a linguagem/língua formou-se no decorrer de muitos milênios por meio do instinto social em massa, que se constituiu nas premissas das necessidades econômicas e da organização da economia."[9]

Certamente, a língua em seus estágios antigos não era em nada parecida com as línguas contemporâneas, nem mes-

---

pel do trabalho no processo de transformação do macaco em homem"], *Arkhív Márksa i Éngelsa* [*Arquivo Marx e Engels*], vol. II, p. 93.

[7] A linguística é a ciência da linguagem (da palavra latina "língua", que em russo se lê "lingva" que significa *iazík* [língua]).

[8] Nikolai Iákovlevitch Marr (1865-1934), linguista, orientalista, arqueólogo e especialista em línguas caucasianas. Nos anos 1920, propôs uma teoria da origem das línguas, das línguas pré-históricas e da relação entre pensamento e linguagem, conhecida como teoria jafética, jafetologia ou marrismo. Marr propôs ainda que a língua é uma superestrutura situada acima da base econômica, tornando-se com isso um dos mais influentes linguistas da União Soviética entre os anos 1920 e 1950. Hoje sua teoria é criticada por ser pouco científica. (N. da T.)

[9] Nikolai Marr, *Po etápam razvítiia iafetítcheskoi teórii* [*As etapas de desenvolvimento da teoria jafética*], 1926, p. 28.

O que é a linguagem/língua? 241

mo com as línguas muito mais antigas. Gerada no processo de luta obstinada do homem com a natureza, luta na qual o homem estava armado apenas de suas mãos fortes e de instrumentos de pedra grosseiramente talhados, a língua percorre o mesmo longo caminho de desenvolvimento pelo qual passou a cultura material e técnico-econômica.

Segundo a suposição do acadêmico N. Marr, ainda antes de passar para a fala sonora e articulada, a sociedade humana — a sociedade dos grupos de caça — tinha que criar um meio mais acessível e fácil de comunicação: a linguagem dos gestos e das expressões faciais (a chamada linguagem linear ou manual).

Muitos milênios se passaram antes que essa linguagem linear, que servia de fala cotidiana, se tornasse complexa, dando origem à linguagem sonora, na linguagem da magia, na linguagem do culto mágico.

As pessoas da Idade da Pedra, que conheciam os modos mais simples de obtenção de alimento — a colheita de ervas comestíveis e a caça de animais selvagens — satisfizeram-se por muito tempo com essa linguagem, que convencionalmente pode ser chamada de *linguagem manual*, pois os movimentos das mãos desempenhavam nela um papel central. É claro que os sons podiam acompanhar esses "enunciados" gestuais e de expressão facial, mas eles ainda não eram articulados e se reduziam mais provavelmente a gritos de *emoção*, isto é, de um homem que está em um estado de forte agitação.

Desse modo, o surgimento de uma fala articulada não foi causado pela necessidade de comunicação, pois havia uma linguagem gestual e de expressões faciais (a linguagem manual), mais simples e cotidiana. O surgimento de uma linguagem sonora deve ser buscado naquelas *condições especiais* da vida laboral do homem primitivo, às quais também remontam à arte, que por muito tempo foi uma combinação inseparável de três elementos: dança, canto e música (tocada com instrumentos muito simples). Tanto a linguagem sonora quanto essa arte triádica têm um fundamento comum: *as ações mágicas* que, do ponto de vista da consciência obscura e não desenvolvida do homem daquele tempo, foram uma condição necessária para o êxito da sua atividade produtiva e por isso sempre acompanharam todos os processos do trabalho coletivo. Foi nessa ação mágica complexa, composta tanto por movimentos mágicos da mão e de todo o corpo, quanto por gritos mágicos, os quais desenvolveram aos poucos os órgãos da fala, que teve início a linguagem sonora articulada.

Não esqueçamos que o rito mágico para o homem da Idade da Pedra foi um ato econômico, uma forma de ação sobre a natureza, por meio do qual ela deveria dar ao homem o bem mais importante e então praticamente o único: o alimento.[10] Desse modo, os elementos primários da fala humana sonora, assim como da arte, foram os elementos do processo do trabalho, que estavam ligados às necessidades econômicas e eram resultado da organização produtiva da sociedade.

Foi justamente essa organização, ainda extremamente primitiva, mas que aos poucos se tornava complexa, que gerou (e sofreu sua influência inversa) os estágios consequentes tanto do desenvolvimento da *compreensão* do mundo circundante quanto das *relações* com ele, isto é, da *ideologia* humana em formação.[11]

É chamado de *mágico* o estágio da cultura humana em

---

[10] O leitor encontrará no capítulo correspondente do livro de Vladímir Nikólski, *Ótcherki pervobítnoi kultúri* [*Ensaio sobre a cultura primitiva*], mais detalhes sobre a magia primitiva e seus fundamentos econômicos.

[11] Entendemos por ideologia todo o conjunto de reflexos e refrações no cérebro humano da atividade social e natural, expressa e fixada pelo homem na palavra, no desenho artístico e técnico ou em alguma outra forma sígnica.

O que é a linguagem/língua?

que surgiu a linguagem sonora. Aqui foram elaborados os elementos fundamentais da língua, que estão na base de qualquer fala sonora em geral. Ainda não eram *palavras* no nosso sentido, não eram sinais sonoros, nem *signos* de qualquer fenômeno ou grupo de fenômenos; não, eram grupos de sons determinados, que acompanhavam rituais mágicos, uma forma de processo de trabalho social.

No início, como já sabemos, eram gritos de caráter mágico, cuja repetição desenvolvia as cordas vocálicas e outros órgãos da pronúncia. E então foi preciso apenas mais um passo para que esses complexos sonoros se tornassem *palavras*. Bastava ao homem ser obrigado pelas necessidades econômicas a entender ou compreender a possibilidade de dar significado, por meio desse complexo sonoro, a ao menos um grupo de fenômenos ou objetos, para que tivesse início o desenvolvimento livre da fala sonora, ou seja, a ampliação do conjunto de objetos e fenômenos significados por cada um dos complexos ou junções sonoras existentes.

Aqui, junto com a passagem gradual para a criação de gado e a agricultura, já entramos em novos estágios do desenvolvimento linguístico: o *totêmico* (um dos seus traços ideológicos é a deificação dos animais, das plantas, e assim por diante, como progenitores da tribo) e o *cósmico* (a deificação do céu e dos fenômenos celestes). Agora cada um dos complexos sonoros é empregado de modo separado, significando, entretanto, não um único fenômeno, mas um grupo inteiro deles que, a nosso ver, quase não tinham nenhuma relação entre si. O complexo sonoro inicial tornou-se uma *palavra dotada de muitos significados*, uma palavra que no início era empregada em todas as significações conhecidas pela humanidade. É evidente que os primeiros objetos que receberam significação verbal foram os que estavam mais próximos da atividade econômica do homem e, por conseguinte, eram objetos de culto e de magia, pois a magia e o trabalho ainda estavam fundidos em sua consciência vaga.

A primeira palavra da humanidade significava aquilo que abriu para nós o caminho à civilização, aquilo a que devemos tanto o nosso primeiro instrumento de pedra, quanto a primeira língua e os primeiros vislumbres da razão. Essa palavra foi: "Mão" — a mão do homem trabalhador. Em seguida, a palavra "mão" se fundiu com uma série de significações ligadas ao culto, principalmente com os grupos "céu + água + fogo".

Esses grupos de significações se cindiram em novos grupos, por exemplo: "água + céu" receberá a significação "nuvem + fumaça + trevas"; "fogo + céu" passou a significar "luz + brilho + raio", e assim por diante. As palavras sonoras eram muito poucas, enquanto o conjunto de objetos a entrar no horizonte intelectual do homem aumentava cada vez mais, graças ao desenvolvimento da atividade econômica. Houve uma transferência da significação de um fenômeno complexo, por exemplo, o "céu", para o que seriam os seus componentes, a saber: o sol, as estrelas e até os pássaros, que seriam chamados de "filhos do céu",[12] se traduzíssemos essa palavra para a nossa língua.

No entanto, esses complexos sonoros jamais poderiam ter se transformado em uma língua desenvolvida se, junto com as novas épocas de evolução da atividade econômica, não tivesse surgido aquele novo fenômeno que determinou o destino da fala humana: o processo de *cruzamento* linguístico.

É completamente compreensível que um homem, vivendo *isolado*, não só não criaria a linguagem, mas sequer uma cultura.

Já na própria base do desenvolvimento da cultura humana — na atividade laboral — encontra-se a necessidade de

---

[12] No original, Volóchinov emprega um neologismo, *nebessiáta*, composto pelas palavras russas *nebessá* (céus) e *rebiáta* (garotada, criançada). (N. da T.)

O que é a linguagem/língua?

união em um grupo, em uma coletividade, criada por meio do cruzamento inicial. Junto com o cruzamento de grupos humanos inteiros (os exteriores: *tribais*, *estatais*; os interiores: profissionais, de classe, de estratos), ocorreu o cruzamento também de elementos linguísticos, que eram diferentes em cada grupo. Como resultado, o vocabulário se enriqueceu e surgiram *palavras resultantes de cruzamentos*, isto é, palavras compostas de *alguns* elementos fundamentais. Entretanto, graças ao caráter limitado dos sons, alguns elementos dessas palavras foram reduzidos ou diminuídos. Essas combinações resultantes de uma espécie de supressão eram percebidas como uma palavra inteiramente nova, que pode servir de base para outras formações de palavras.

A etapa seguinte do desenvolvimento da fala já é a *combinação de palavras em frases*, inicialmente por um meio simples, sem que a sua forma fosse alterada; depois, mediante a junção de partículas lexicais específicas para determinar as inter-relações de palavras na frase; e, finalmente, por intermédio da alteração da própria forma da palavra (como, por exemplo, a declinação e a conjugação na nossa língua).

Tudo o que foi dito anteriormente esclarece o papel desempenhado pela organização social do trabalho para o surgimento e o desenvolvimento da linguagem/língua. Podemos observar essa relação não apenas no campo das *significações* das palavras (na assim chamada semântica), mas também no campo da *gramática*.

Em primeiro lugar, daremos um exemplo de reflexo semântico (no campo da significação da palavra) da ordem socioeconômica.

Suponhamos que conflitos resultaram na submissão completa de uma tribo por outra, que também ocupou o território (a terra) da tribo vencida. Então, nesse grupo de pessoas que se formou mediante o cruzamento, a tribo vencedora seria a classe dominante, aquela que se beneficiou com o trabalho gratuito (escravo ou semilivre) dos seus inimigos subjugados. Contudo, as duas tribos tinham suas próprias designações sagradas, os nomes dos totens (animais ou plantas deificados etc.) ou das divindades da tribo. É claro que posteriormente a designação da tribo vencedora receberá a significação de "bondosa", "boa", enquanto que a da vencida significará "malvada", "ruim". A mesma distinção também passará para a designação das classes. Assim, a designação da tribo dos pelasgos, que outrora foi poderosa, mas depois foi subjugada pelos romanos, passou a designar, na Roma antiga, os plebeus, pessoas de classe inferior; do mesmo modo, a designação da tribo caucasiana dos "cólquios", glorificada nas lendas da Grécia antiga, recebeu, depois de escravizada, a significação de "camponeses" ou "escravos", na Geórgia. Assim os "termos (designações) tribais, inclusive os totêmicos, receberam uma reavaliação, isto é, foram avaliados segundo a posição social das tribos que se cruzaram no processo de formação de novos tipos étnicos (tribais) dos povos, e que se transformaram em classes. Em decorrência disso [...], termos sociais e não apenas os de classe representam as antigas designações tribais".[13]

Como exemplo do reflexo das relações sociais na *gramática*, é possível citar a formação das classes de palavras. Nesse sentido, é especialmente ilustrativa a formação dos *pronomes*, que surgiram junto com a noção de *propriedade*. Como no início a propriedade não era pessoal, mas da tribo ou da linhagem, os pronomes referiam uma *pessoa coletiva*, uma tribo e o seu totem (ou, um pouco mais tarde, a divindade, o guardião dos direitos de propriedade do grupo social em questão).

Apenas depois, já com o surgimento da propriedade *pessoal*, apareceu a *primeira* pessoa do singular ("eu") e, em oposição a ela, a segunda e a terceira pessoas ("tu" e "ele").

---

[13] N. Marr, *Po etápam razvítiia iafetítcheskoi teórii* [*As etapas de desenvolvimento da teoria jafética*], 1926, p. 210.

O que é a linguagem/língua?

O que foi exposto é suficiente para convencermo-nos de que a linguagem não é uma dádiva divina ou da natureza. Ela é *produto da atividade coletiva humana, e todos os seus elementos refletem a organização tanto econômica quanto sociopolítica da sociedade que a gerou.*

2. O PAPEL DA LINGUAGEM/LÍNGUA NA VIDA SOCIAL

No entanto, existe uma lacuna essencial na nossa conclusão. Não abordamos em absoluto a relação evidente entre a língua e o pensamento social. Contudo, falaremos sobre isso um pouco mais adiante. Agora devemos colocar outra questão.

Se a linguagem/língua, como vimos, é um produto da vida social, sua criação e reflexo, qual seria o papel que ela, por sua vez, desempenha no processo de desenvolvimento dessa vida social? Em outras palavras, será que a linguagem/língua, uma espécie de superestrutura, acima das relações socioeconômicas, exerce uma influência inversa sobre essas relações que a geraram?

Essa questão é muito mais simples do que aquela sobre a origem da linguagem/língua e por isso seremos muito breves. Para qualquer consciência imparcial, está claro o enorme papel que a linguagem/língua deve desempenhar na organização da vida social.

Já a primeira linguagem da humanidade, a mais primitiva — linear ou manual — que chegou até os nossos dias na qualidade de meio auxiliar para a fala sonora (a gesticulação habitual das mãos e a expressão facial durante a conversa), essa primeira linguagem marca uma ruptura abrupta com o mundo da natureza e marca os primórdios da criação de um novo mundo, do mundo do homem social, do mundo da história social. Não bastava colocar uma fronteira entre esses dois mundos com o levantar do primeiro instrumento criado pelas mãos do homem: o levantar de um machado de pedra. Foi preciso fortalecer essa nova posição de "animal bípede que produz instrumentos", o que só foi possível por meio da mais estreita coesão e inter-relação dos grupos humanos. Nessa luta terrível pela existência, sobre a qual hoje nem temos uma ideia suficientemente clara, as questões de obtenção coletiva de alimentos, da defesa coletiva contra os animais selvagens etc. foram questões relacionadas à própria existência da humanidade. No entanto, a atividade coletiva só foi possível mediante uma concordância mínima de ações e uma ideia mínima sobre um objetivo comum. Para isso, foi necessário que as pessoas pudessem compreender umas às outras. Essa tarefa já fora cumprida pela linguagem dos gestos e da expressão facial, o meio mais antigo da comunicação humana. Contudo, essa comunicação não somente contribuiu para a organização do trabalho, mas também possibilitou a organização do pensamento social, da consciência social. A psiquê humana teve que realizar um trabalho mental que, embora fosse elementar, era dificílimo para a época. Para a realização do fato da comunicação discursiva foi necessário que aquele sentido atribuído ao movimento das mãos de uma pessoa fosse compreensível para outra pessoa, que esse outro pudesse estabelecer (graças à experiência anterior) uma relação necessária entre esse movimento e aquele objeto ou acontecimento no lugar do qual ele foi usado. Em outras palavras, o homem deve compreender esse movimento como dotado de certa significação, ou seja, compreendê-lo como um signo que expressa algo. Entretanto, isso ainda é pouco. O signo expresso pela mão não deve ser um signo ocasional e passageiro. Apenas ao se tornar um signo estável ele pode entrar no horizonte de um grupo social, ser necessário a ele e se transformar em um valor social. Com o aumento e a alteração da organização econômica, esse signo, é claro, mudará constantemente, porém essas mudanças

O que é a linguagem/língua?

serão quase imperceptíveis para aquela geração de pessoas que o empregam.

No entanto, tudo o que foi dito por nós é apenas um lado do processo de comunicação discursiva entre as pessoas, processo esse que não poderia ser realizado se o signo gestual (e posteriormente também verbal) permanecesse apenas um signo *exterior*. Ele deve se tornar um signo de utilização *interior*, tornar-se um discurso interior, e somente então será criada a segunda (além do movimento de sinalizar) condição necessária para a comunicação discursiva: a *compreensão* do signo e a *resposta* a ele.

3. Língua e classe

E assim a língua torna-se uma condição necessária para a organização laboral das pessoas. Contudo, com o desenvolvimento da atividade econômica, ocorre, nessa organização laboral, a separação de personalidades isoladas que possuem outras obrigações e outros direitos. Isso está ligado ao surgimento da fala sonora, que por muito tempo permaneceu sagrada, mágica e, portanto, secreta. Gradativamente, separaram-se os *guardiões dessa fala secreta*, que eram um grupo de sacerdotes ou xamãs. Eles eram cercados por respeito e veneração especiais, pois eram "oniscientes" e "onipotentes". Dominavam as palavras mágicas e misteriosas, das quais, do ponto de vista do homem primitivo, dependiam tanto a colheita bem-sucedida de plantas comestíveis e a caça feliz, quanto a eliminação dos inimigos e o bem-estar geral da tribo! Assim, no próprio alvorecer da história humana, a língua involuntariamente também contribuiu para os princípios da divisão da sociedade em *classes* e *estratos*.[14]

---

[14] Abordaremos a questão da formação da linguagem "literária", que é a linguagem da classe dominante, em um ensaio posterior.

Na história posterior da humanidade, com o surgimento da propriedade particular e com a formação do Estado, foi necessária a fixação jurídica das relações de propriedade, expressa pela linguagem oficial. Surgiram as *fórmulas jurídicas*, ainda estreitamente ligadas às fórmulas religiosas. É como se a palavra consagrasse com sua autoridade mágica do passado as leis que favoreciam a minoria governante e que propiciavam a servidão da maioria subjugada. Certamente, sem a língua seria impensável aquele sistema legislativo desenvolvido que já encontramos em povos mais antigos: os sumérios, os egípcios e assim por diante.

No entanto, não só as leis jurídicas escritas, mas também as leis morais não escritas foram criadas, assimiladas e tornaram-se uma força coercitiva somente com o surgimento da fala humana.

Por fim, é óbvio que sem a ajuda da palavra não teriam surgido a ciência, a literatura etc., em suma, nenhuma cultura poderia ter existido se a humanidade tivesse sido privada da possibilidade da comunicação social, *cuja forma materializada é a nossa língua.*

4. LINGUAGEM/LÍNGUA E CONSCIÊNCIA

Entretanto, tudo isso é uma espécie de aspecto exterior do papel desempenhado pela língua na vida social, aspecto que é o primeiro a ser percebido e o mais fácil de ser estudado.

Incomparavelmente mais complexa é a questão da influência da linguagem/língua sobre aqueles fenômenos da vida social que levam o nome de "consciência de classe", "psicologia social", "ideologia social", e assim por diante. Junto a isso deve surgir de modo inevitável uma nova questão estreitamente relacionada com a anterior: qual significação tem a linguagem para a consciência (o psiquismo) individual e pessoal do homem, para a formação da sua vida "interior", das suas "vivências", e para a *expressão* dessa vida e dessas vivências?

Todo esse conjunto de questões tem uma importância primordial para todos que lidam com a língua, tanto como *material*, quanto como *instrumento* de criação. Começamos este ensaio justamente com a representação de um estado do escritor que costuma ser chamado de tormento da palavra. No entanto, normalmente atribuímos esses "tormentos da palavra" à falta delas para "expressar" nossas vivências, ou à *impotência* das palavras para transmitir tudo o que quer "falar a alma".

Nosso objetivo é justamente esclarecer se essas afirmações correspondem à realidade, e descobrir se de fato os "tormentos da palavra" surgem apenas em consequência de uma "falta" de palavras, ou da "impotência" destas.

Vimos que as condições da luta coletiva com a natureza, ocorrida na forma do processo mágico-econômico coletivo, ocasionaram o surgimento, primeiramente, da fala da expressão facial e cotidiana, e depois da sonora (de culto). Com o passar do tempo, a fala sonora do culto torna-se patrimônio também da vida cotidiana, ou seja, da comunicação cotidiana diária. Ela se desenvolveu graças a todo tipo de cruzamentos, causados pelo aumento posterior da atividade econômica do homem. Contudo, desde os primeiros estágios de sua formação, a comunicação verbal entre as pessoas esteve inseparavelmente ligada a outras formas da comunicação social. Ela surgiu no terreno comum da comunicação *durante a produção*. A comunicação verbal sempre está ligada, como veremos adiante, às condições da vida real, às ações (atos) reais do homem: de trabalho, de culto (rituais), lúdicos e de outros tipos. Contudo, o que estava acontecendo com a consciência do homem? Será que ela se desenvolvia independentemente da comunicação verbal, ou havia uma relação entre elas, e qual era essa relação? Pode parecer que justamente o crescimento da consciência determina o crescimento da língua: a quantidade de palavras, expressões etc. Será que aquele homem, com sua consciência opaca, que acabara de despertar, podia ser dono de uma língua rica e desenvolvida, com um enorme e diversificado vocabulário, frases construídas de modo preciso e expressões certeiras? É claro que não. Contudo, é justamente aqui, graças à obviedade aparente, que caímos habitualmente no erro, totalmente semelhante àquele que a humanidade viveu antes da famosa descoberta de Copérnico.[15] Não seria "evidente" que todos os dias o Sol "se levanta" e "se põe" e que, por conseguinte, ele gira em torno da Terra? No entanto, verifica-se que essa "evidência" é só um erro de nossos sentidos, pois a *Terra* gira em torno do Sol e não o contrário. O mesmo acontece com a questão da inter-relação entre a linguagem e a consciência.

Antes de tudo, tentemos definir o seguinte: o que é nossa consciência?

Fechemos os olhos e comecemos a refletir sobre a questão. A primeira coisa que percebemos é um *fluxo de palavras*, às vezes unidas em determinadas frases, porém quase sempre correndo em uma alternância ininterrupta de fragmentos de pensamentos, de expressões habituais, de impressões conjuntas gerais de objetos ou fenômenos da vida. E essa ciranda verbal multicor se movimenta o tempo todo, ora se afastando, ora se aproximando do seu tema principal: daquela questão sobre a qual tentamos refletir. Contudo, agora tentemos abstrair de quaisquer palavras.

O que podemos observar em nós mesmos?

---

[15] Nicolau Copérnico (1473-1543) foi o primeiro dos astrônomos que provou que o Sol enquanto estrela central é imóvel e que em torno dele orbitam todos os planetas, inclusive a Terra. Essa discordância com a doutrina bíblica provocou uma resistência tenaz da parte do clero, mas a verdade científica foi mais forte do que a ignorância religiosa.

O que é a linguagem/língua?

É possível que surjam algumas representações visuais ou sonoras, fragmentos de imagens da natureza, outrora vistos, ou pedaços de melodias já ouvidas. Abstraiamo-nos também disso. É bem provável que sintamos os batimentos do coração, ou o fluxo do sangue nos ouvidos, ou que surjam representações ligadas ao funcionamento dos nossos músculos, as assim chamadas representações "motoras" (de movimento). Entretanto, se conseguíssemos, por meio de um esforço excepcional da vontade, nos apartar também dessas representações motoras (de movimento), o que restaria da nossa consciência?

Nada.

Uma completa não existência, semelhante a um estado de inconsciência ou de sono sem sonhos.

E para que retornemos novamente ao estado "consciente", precisaríamos quebrar essas paredes de não existência, deixar entrar toda essa confusão de palavras e representações que reveste os nossos pensamentos, desejos e sentimentos, e pronunciar, dentro de nós, ao menos uma pequena palavra: "Eu".

Chamemos esse fluxo de palavras que observamos em nós de *discurso interior*. Ao observarmos atentamente a nós mesmos, veremos que, no final das contas, nenhum ato de consciência pode ocorrer sem ele. Mesmo que surja em nós uma sensação puramente fisiológica, por exemplo, a sensação de fome ou de sede, para "sentir" essa sensação e torná-la consciente é necessário *expressá-la* de algum modo dentro de si, encarná-la no material do discurso interior. Desde o seu princípio, essa expressão de uma necessidade puramente fisiológica é, assim como a própria "vivência", condicionada pela existência social, ou seja, por aquele meio no qual vivemos.

5. "Vivência" e "expressão"

Tomemos uma expressão verbal muito simples de alguma necessidade, por exemplo, a *fome*. Seria possível uma pura "expressão" dessa necessidade, não expressa por nenhum discurso interior ou exterior ou, melhor dizendo, *não refratada ideologicamente?*[16] É claro que nunca encontraremos uma expressão de fome tão pura e livre de todo o social, ou seja, uma espécie de voz da própria natureza.

Para se tornar um desejo humano vivido e expresso, toda necessidade natural deve obrigatoriamente passar pelo estágio da refração ideológica e, por conseguinte, social, semelhante a um raio de sol ou de alguma estrela, que pode atingir os nossos olhos apenas ao se refratar inevitavelmente na atmosfera terrestre. O homem não pode falar nenhuma palavra se permanecer simplesmente um homem, um indivíduo da natureza (biológico), uma espécie de bípede do reino animal. A mais simples expressão de fome — "Quero comer" — pode ser falada (expressa) somente em uma determinada *língua* (mesmo que ela seja linear, ou manual), e será falada com determinada *entonação*[17] e gesticulação. Entretanto, por meio disso nossa expressão elementar da necessidade fisiológica e natural inevitavelmente obterá um colorido *sociológico* e *histórico*: da época, do meio social, da posição de classe do falante e daquele ambiente real e concreto no qual ocorre o enunciado.

Tentemos agora começar a remover essas camadas da formalização histórica e social da nossa expressão de fome.

Em primeiro lugar, façamos a abstração de uma determinada língua, depois de determinada entonação da voz, do

---

[16] Isto é, em algum signo, palavra, gesto, desenho, símbolo etc.

[17] A entonação é o aumento ou diminuição do volume da voz, que expressa nossa relação com o objeto do enunciado (de alegria, de tristeza, de surpresa, de questionamento etc.)

O que é a linguagem/língua?   255

gesto etc, e então... estaremos na situação tola de uma criança que tenta encontrar o núcleo da cebola ao retirar dela uma camada após a outra. Nada sobrará da expressão, assim como da cebola.

Como veremos adiante, não sobrará nada também da vivência.

Atentaremos para como o ambiente social mais próximo, no qual o enunciado sobre a fome é pronunciado, determina a forma desse enunciado.

Por meio da solução dessa questão, lançaremos uma ponte temática para o nosso próximo ensaio e, ao mesmo tempo, prepararemos o material para as conclusões a serem feitas nele.

Em primeiro lugar, para quem o falante declara sua vontade de comer? Se ele falar a uma pessoa que tem a obrigação de alimentá-lo (a um escravo, um criado etc.), ele expressará sua vontade ou na forma de uma ordem ríspida e com certa entonação imperativa, ou de forma educada, mas segura da concordância imediata em atender o seu pedido.

Vale a pena pensar o quão multiformes e diversas são as formas verbais empregadas pelas pessoas para expressam sua vontade de comer, a depender de onde se encontram: na casa dos outros, em casa, em um restaurante, em um refeitório público etc. É grande a distância entre as entonações de voz que soam, como uma herança ainda não superada dos antigos cultos de magia, na fórmula da prece "O pão nosso de cada dia nos dai hoje" e no grito atrevido de Khlestakóv: "Tenho muita fome. Não estou brincando!".[18]

Desse modo, vemos que a pura sensação fisiológica da fome não pode, *por si só*, ser expressa, pois esta necessita de uma determinada posição *social* e *histórica* do organismo fa-

---

[18] Citação da peça O *inspetor geral*, de Gógol (ver Nikolai Gógol, *Teatro completo*, trad. Arlete Cavaliere, São Paulo, Editora 34, 2009, p. 72). (N. da T.)

minto. O aspecto decisivo da questão sempre é: *quem* tem fome, *com quem* e *em qual meio*, em outras palavras, toda expressão possui uma *orientação social*. Consequentemente, a expressão é determinada pelos *participantes do acontecimento* do enunciado, tanto mais os próximos quanto os mais distantes. São justamente as inter-relações desses participantes do acontecimento que formam o enunciado e o obrigam a soar de um modo e não de outro: como uma ordem ou uma solicitação, como a defesa de um direito ou o pedido de um favor, em estilo pomposo ou simples, seguro ou tímido, e assim por diante.

É justamente essa dependência entre o enunciado e as condições concretas nas quais ele ocorre que tem uma enorme importância para a nossa pesquisa. Sem a consideração dessas condições e relações de classe entre os falantes, nunca poderemos abordar as questões que consideramos as mais fundamentais: as de estilística literária. Apenas quando estudarmos a relação entre o tipo de comunicação social e a forma do enunciado, quando percebermos que toda "expressão" de uma "vivência" é o *documento* de um acontecimento social, essas questões de estilística ficarão completamente claras.

Agora teremos pela frente a seguinte tarefa. Vimos que a expressão de uma vivência necessita, acima de tudo, da ajuda da linguagem/língua, compreendida no sentido mais amplo: como discurso interior e exterior. Sem a linguagem/língua, sem um enunciado verbal ou mesmo gestual, não há expressão, assim como não há expressão sem as suas condições sociais reais e sem os seus participantes reais.

Mas, e a vivência? Será que ela também necessita da linguagem/língua? Será que nossos sentimentos — amor, ódio, amargura, alegria — necessitam da linguagem/língua e não podem sem ela atingir a plenitude de sua existência na consciência do homem? Não é difícil responder a essas questões. Mesmo a tomada de consciência simples e confusa de uma

O que é a linguagem/língua? 257

sensação (por exemplo, da fome, sem sua expressão exterior) necessita de uma forma ideológica. Toda tomada de consciência necessita de um *discurso* interior, de uma *entonação* interior e de um estilo interior embrionário: a tomada de consciência da própria fome pode ocorrer como súplica, lamento, raiva, indignação, e assim por diante. Na maioria dos casos, a expressão exterior só continua e esclarece a direção do discurso interior e as entonações nele contidas.

Tentemos fazer uma experiência de auto-observação. Todos já vivemos uma alegria súbita. Imaginemos que nos alegramos muito ao lermos uma resenha brilhante e inesperada sobre uma obra nossa que nos parecia bem medíocre. Qual é a força organizadora mais importante dessa nossa vivência? Sem sombra de dúvida, tudo o que se relaciona com o aspecto exterior desse acontecimento: *o fato do aparecimento da resenha brilhante em um periódico, após uma longa espera.* Chamaremos de *situação* do acontecimento todas as suas condições ou circunstâncias. Adiante iremos utilizar de modo recorrente essa palavra e, por isso, memorizá-la é extremamente importante.[19]

Desse modo, a situação é uma condição necessária da nossa vivência. Do que é formada essa vivência? Em primeiro lugar, ocorre dentro de nós toda uma série de fenômenos relacionados com nosso organismo: a respiração acelerada, o batimento mais rápido do coração, os movimentos dos músculos (a vontade de bater palmas), e assim por diante. Chamaremos de *reação orgânica* todo o conjunto desses fenômenos que são uma espécie de resposta inconsciente do organismo ao acontecimento exterior.

---

[19] Situação (em francês *la situation*) significa o conjunto de circunstâncias e condições de algo que acontece. Na maioria das vezes, ela é empregada para significar as inter-relações entre pessoas que agem em cada momento de uma peça teatral.

Entretanto, essa reação orgânica ou essas mudanças que acontecem no interior do corpo sob ação das condições exteriores, isto é, da situação de leitura da resenha, são acompanhadas necessariamente do fluxo do discurso interior, graças ao qual compreendemos tudo o que está acontecendo. No exato momento da leitura da resenha, esse fluxo pode romper para fora, ou seja, para o discurso exterior, na forma de exclamações desconexas de alegria, que depois se transformarão em um discurso mais formalizado e sistemático. Contudo, não há nenhuma ruptura qualitativa entre a primeira sensação, do coração acelerado ao ler a resenha há muito tempo aguardada, e aquele conjunto de raciocínios bastante nítidos e claros que talvez comecemos a trocar com alguém dentro de alguns minutos.

É possível falar que todo o campo da vida interior ou todo o mundo de nossas vivências movimenta-se em algum lugar entre o estado fisiológico do organismo e a expressão exterior acabada. Quanto mais esse mundo de vivências aproximar-se do seu limite inferior, tanto mais vaga e obscura será a vivência, bem como a sua tomada de consciência e percepção. No entanto, quanto mais próximo o mundo das vivências for do seu limite superior, a expressão acabada, tanto mais complexa e ao mesmo tempo clara, rica e completa será a situação social expressa por esse mundo. *O discurso interior é aquela esfera, aquele campo, no qual o organismo passa do meio físico para o meio social.* Aqui ocorre uma sociologização de todas as manifestações e reações orgânicas.

Certamente, nos estágios inferiores do desenvolvimento a expressão verbal pode ser substituída por outros meios: a linguagem linear (manual), os gritos inarticulados, mas entoados de modo expressivo etc. No entanto, mesmo nesse caso, a relação entre a vivência e a expressão permanece idêntica. Não existe e não pode existir uma consciência que não esteja encarnada no material ideológico da palavra interior, do gesto, do signo ou do símbolo.

O que é a linguagem/língua?

6. Ideologia do cotidiano[20]

Convenhamos chamar todo o conjunto das vivências cotidianas — que refratam e refletem a existência social — e das expressões exteriores ligadas diretamente a elas de *ideologia do cotidiano*. A ideologia do cotidiano atribui sentido a cada um dos nossos atos, ações e estados "conscientes". Do oceano inconstante e mutável da ideologia do cotidiano surgem gradativamente numerosas ilhas e continentes de sistemas ideológicos: de ciência, arte, filosofia, opiniões políticas.

No final das contas, esses sistemas são o produto do desenvolvimento econômico, ou seja, o produto do enriquecimento técnico-econômico da sociedade. Por sua vez, esses sistemas exercem uma fortíssima influência inversa sobre a ideologia do cotidiano, e frequentemente dão a ela o seu tom. Ao mesmo tempo, esses produtos ideológicos em formação conservam o tempo todo a mais viva ligação com a ideologia do cotidiano, nutrem-se da sua seiva, e fora dela estão mortos.

Não se deve pensar que a ideologia do cotidiano é algo íntegro, monolítico, homogêneo e semelhante em todas as suas partes. Devemos distinguir nela todo um conjunto de camadas que vão das mais inferiores, voláteis e mutáveis, até as mais superiores, que estão em contato direto com os sistemas ideológicos.

Aqui estamos pouco interessados nas camadas inferiores, isto é, nas vivências, pensamentos e palavras ocasionais e vazias, que são confusas, pouco desenvolvidas e que lam-

---

[20] A expressão russa *jíznennaia ideológuia* significa literalmente "ideologia da vida", porém o adjetivo *jíznennaia* é empregado correntemente em russo para designar algo corriqueiro, do dia a dia, daí nossa preferência por "cotidiano". (N. da T.)

pejam na nossa consciência. Para nós, é mais importante conhecer aquelas camadas superiores da ideologia do cotidiano que são dotadas de um *caráter criativo*.

Nessas camadas superiores, ocorre a *comunicação entre o autor e seus leitores*, que é essencial para nós. Aqui forma-se a linguagem/língua comum a eles e sua relação mútua (ou mais precisamente, a orientação mútua). Tanto o autor quanto o leitor encontram-se em um terreno extraliterário comum: podem trabalhar na mesma instituição, participar das mesmas seções plenárias e reuniões, conversar à mesa de chá, ouvir as mesmas conversas, ler os mesmos jornais e livros, assistir aos mesmos filmes. Desse modo, aqui compõem-se, formalizam-se e padronizam-se os seus "mundos interiores". Em outras palavras, ocorre uma espécie de "cruzamento" de seus pontos de vista e opiniões, ou seja, uma espécie de cruzamento do discurso interior de um conjunto inteiro de pessoas, semelhante ao cruzamento das línguas tribais sobre o qual tratamos acima.

7. Criação literária e discurso interior

De tudo o que falamos, está claro que o fenômeno que normalmente chamamos de "individualidade criativa" expressa, na verdade, uma linha firme e constante da orientação social, isto é, das opiniões, simpatias e antipatias de classe de uma pessoa, as quais se constituíram e ganharam forma no material do seu discurso interior.

A estrutura sociológica do discurso interior nas suas camadas superiores e as *orientações sociais* nela contidas predeterminam, em grande medida, a criação ideológica de um indivíduo, e em particular a artística, e adquirem nessa criação o seu desenvolvimento e acabamento finais. É extremamente importante que levemos isso em conta. É necessário lembrar que qualquer obra dotada de certa importância e originalidade é criada, em sua essência, ao longo de toda a vida do escritor, pintor ou compositor. Acima de tudo, as orientações mais fundamentais das suas simpatias e antipatias de classe, suas opiniões e gostos, que determinam e perpassam tanto o conteúdo quanto a forma da obra, já foram preparadas e sedimentadas no discurso interior. Elas não podem ser transformadas de uma hora para outra, a fim de atender "o dia de hoje" e suas exigências literárias. É como se elas fossem *dadas* ao escritor; a construção da ideia artística, a escolha do tema, do gênero, e assim por diante, já ocorrem dentro dos seus limites nítidos, ainda que amplos.

O discurso artístico exterior não pode opor-se às orientações sociais fundamentais do discurso interior. Caso ele tente se opor, inevitavelmente perderá sua eficiência e força, soará falso como uma lição bem decorada, pronunciada com uma entonação opaca, casual e pouco convincente. O estilo do discurso interior deve determinar o estilo do discurso exterior, apesar de este exercer uma influência inversa sobre aquele. Entre o estilo interior e o exterior, entre o estilo da "alma" e o estilo da obra, existe uma interação, assim como ocorre entre a ideologia do cotidiano e um sistema ideológico formalizado e fixado: o discurso interior vivifica e nutre com sua seiva o discurso exterior percebido e criado, mas ao mesmo tempo é determinado por ele.

De modo geral, aqui não deveria haver uma ruptura nem um salto. O mesmo grupo social que deu ao indivíduo sua língua, orientou suas opiniões, gostos, avaliações, em uma palavra, determinou o *tom* e o *caráter* da sua vida interior, agora opõe-se a ele como um meio exterior, como uma massa leitora, como um conjunto de consumidores e críticos da sua criação literária. Por isso, quando surgem contradições e conflitos entre os discursos interior e exterior do escritor, eles são causados por motivos sociais específicos.

É claro que com essas palavras apenas esboçamos o caminho para uma solução correta da questão dos "tormentos da palavra", a qual ainda abordaremos no futuro, quando pesquisarmos mais de perto a estrutura da criação literária e o papel da palavra nessa estrutura. Por enquanto, tentaremos representar de modo mais sistemático o caminho da criação literária.

A passagem da vivência, como expressão interior, para o enunciado realizado no exterior, é o *primeiro* degrau da criação ideológica, no nosso caso, literária. Nesse estágio, ganha força a *orientação social* que já estava contida ou esboçada como uma possibilidade na vivência. É como se aqui surgisse e fosse levado em consideração o ouvinte presumido, o participante presumido daquele acontecimento que provoca a passagem da expressão interior para a exterior. Ocorre o primeiro teste e a primeira verificação das formas ideológicas da vivência.

No *segundo* estágio da sua realização, a forma primitiva do cotidiano já se transforma em um *produto ideológico*: em uma obra no sentido próprio da palavra. Aqui ocorre uma reconstrução essencial de toda a estrutura social da expressão: o ouvinte ("interior") presumido, esboçado de modo impreciso, começa a ser considerado como um ouvinte real e presente, começa a ser considerado como uma massa leitora que é organizada de um modo determinado.

O aspecto mais importante desse segundo estágio é o domínio do material, a sua transformação em um objeto de arte (estátua, quadro, sinfonia, poema, romance etc.). No primeiro estágio, a passagem do discurso interior para o exterior ainda se realizava diretamente nas profundezas da ideologia do cotidiano. É por isso que, nesse caso, não se podia falar nem da maestria, nem dos procedimentos artísticos etc. No entanto, na literatura, o segundo estágio examinado por nós entra em contato estreito com o estágio anterior, pois aqui a língua é tanto o material quanto o instrumento da criação.

Finalmente, no *terceiro* e último estágio da sua realização, o produto ideológico deve dominar as condições *técni-*

O que é a linguagem/língua? 263

cas exteriores. Ocorre uma reformulação técnica do material. A obra deve orientar-se para a redação, a editoração, a tipografia, o mercado editorial etc.

Em todos esses três estágios, o processo de realização da obra literária ocorre no mesmo *meio social*. Esse processo é ininterrupto: entre a vivência vaga e a impressão do livro ocorre só o detalhamento e a ampliação da estrutura social, que já estava presente nas primeiras manifestações da consciência humana. Aqui não há nem pode haver limites precisos entre os momentos isolados desse processo (entre a criação solitária e o encontro com o público): *a vivência interior desde o início era uma expressão exterior* (ainda que de modo oculto); *e o ouvinte* (ainda que presumido) *desde o início era um elemento necessário da sua estrutura.*

8. Conclusões

Agora podemos tirar algumas conclusões.

Mostramos que a linguagem/língua foi gerada em razão da necessidade de comunicação dos grupos humanos da Idade da Pedra. Primeiramente, a linguagem/língua formou-se do material dos gestos e expressões faciais e, em seguida, do material sonoro. Atendendo às necessidades de comunicação das pessoas, a linguagem/língua ao mesmo tempo serve como uma espécie de instrumento do processo econômico: a fórmula mágica. Por ser um produto da vida social, e refleti-la não somente no campo das significações, mas também no das formas gramaticais, a linguagem/língua simultaneamente exerce uma enorme influência inversa sobre o desenvolvimento da vida econômica e sociopolítica.

Com a ajuda da linguagem/língua, criam-se e formam-se os sistemas ideológicos (a ciência, a arte, a moral, o direito), e ao mesmo tempo a língua cria e forma a consciência do homem.

Toda a vida interior do homem é constituída na dependência dos meios de sua expressão. Sem o discurso interior não há consciência, assim como não há discurso exterior sem o interior.

A ideologia social, ou seja, os sistemas ideológicos formados, é a ideologia do cotidiano ("a psicologia social") sistematizada e fixada nos signos exteriores.

A criação literária percorre o seguinte caminho: da vivência ou expressão embrionária ao enunciado expresso no exterior. Tanto na base da vivência quanto na da expressão encontra-se a mesma estrutura social.

Qualquer fenômeno da realidade, qualquer situação, ao despertar no homem uma reação orgânica, normalmente também gera um discurso interior, que facilmente se transforma em um discurso exterior.

O discurso interior e o exterior são igualmente orientados para o "outro", para o "ouvinte". Tanto aquele que pronuncia a palavra quanto o ouvinte são participantes conscientes do acontecimento do enunciado e ocupam nele posições autônomas.

O enunciado literário, isto é, uma obra literária, é tão sociológico quanto um enunciado cotidiano real.

Somente por meio de uma pesquisa sociológica estaremos mais próximos de esclarecer a essência daqueles fenômenos que estão ligados aos conflitos dos discursos interior e exterior, e que possuem um nome característico: os "tormentos da palavra".

Falaremos sobre isso mais à frente.

O que é a linguagem/língua?   265

Estilística do discurso literário II:
A construção do enunciado[1]

1. Comunicação social e interação discursiva. 2. Discurso monológico e discurso dialógico. 3. A dialogicidade do discurso interior. 4. A orientação social do enunciado. 5. A parte extraverbal (subentendida) do enunciado. 6. A situação e a forma do enunciado; a entonação, a escolha e a disposição das palavras. 7. A estilística do enunciado cotidiano.

1. COMUNICAÇÃO SOCIAL E INTERAÇÃO DISCURSIVA[2]

No nosso artigo anterior, esclarecemos a natureza social da linguagem/língua. Mostramos aqueles fatores e aquelas forças motoras que determinaram o surgimento e o desen-

---

[1] Ensaio publicado em *Literatúrnaia Utchióba: Jurnál dliá Samoobrazovániia* [*Estudos da Literatura: Revista para Autoformação*], n° 3, pp. 65-87, Moscou-Leningrado, 1930. (N. da T.)

[2] Tanto no título da série "Estilística do discurso literário" ("Stilística khudójestvennoi riétchi") quanto nos subtítulos do capítulo, aparecem, de modo recorrente, a palavra *riétch* e o adjetivo dela derivado *retchevói*, que traduzimos respectivamente por "discurso" e "discursivo/a". Em russo, *riétch* recobre um campo semântico extremamente amplo que pode compreender: linguagem, língua, discurso, fala, conversa. Optamos pela palavra "discurso", por entendermos ser a única que abrange as várias acepções, por exemplo: discurso literário, discurso interior e exterior, discurso monológico e dialógico etc. (N. da T.)

volvimento da linguagem: a *organização laboral da sociedade* e a *luta de classes*. Também vimos que o discurso humano é um fenômeno *bilateral*: a existência de todo enunciado pressupõe não só a presença de um falante como também de um ouvinte. Toda expressão linguística das impressões do mundo exterior — tanto as indiretas quanto as que se estratificaram nas profundezas de nossa consciência e receberam contornos ideológicos mais precisos e estáveis — sempre está *orientada para o outro*, para o ouvinte, mesmo que esse outro esteja, de fato, ausente. Já observamos que as expressões mais simples e primitivas, mesmo dos desejos e sensações puramente fisiológicos, possuem uma determinada *estrutura sociológica*.

Tudo isso nos dá a possibilidade de elaborar uma definição final da linguagem/língua e passar para uma análise detalhada da construção de qualquer enunciado, tanto do cotidiano quanto — posteriormente — do literário.

Em primeiro lugar, devemos lembrar que a língua não é algo imóvel, dado de uma vez por todas e determinado de modo rigoroso em suas "regras" e "exceções" gramaticais. A língua não é, de modo algum, um produto morto e petrificado da vida social: ela movimenta-se ininterruptamente, seguindo em seu desenvolvimento a vida social. Esse movimento progressivo da língua realiza-se no processo da comunicação do homem com o homem, comunicação esta que não é só produtiva, mas também *discursiva*. É na comunicação discursiva (um dos aspectos da comunicação mais ampla: a social) que são elaborados os mais variados tipos de enunciados, correspondentes aos diferentes tipos de comunicação social.

Nunca poderemos compreender a construção de um enunciado (por mais autônomo e finalizado que ele nos pareça) sem considerar que ele é só um momento, uma gota no fluxo da comunicação discursiva, tão ininterrupto quanto a própria vida social e a própria história.

A construção do enunciado

No entanto, a comunicação discursiva também é só uma das múltiplas formas de desenvolvimento ("constituição") daquela coletividade social, na qual se realiza a interação discursiva das pessoas que vivem a vida social. Por isso, seria uma tarefa infrutífera tentar compreender a construção dos enunciados que compõem a comunicação discursiva sem traçar uma relação com as condições sociais reais (a situação) produtoras desses enunciados.

Desse modo, chegamos à nossa última conclusão: *a essência real da língua é o acontecimento social da interação discursiva, realizada em um ou muitos enunciados.*

Do que depende e qual é a ordem da transformação das formas da língua?

O material do artigo precedente permite-nos construir um esquema finalizador que dá uma resposta à questão colocada por nós:

1. A organização econômica da sociedade.
2. A comunicação social.
3. A interação discursiva
4. Os enunciados.
5. As formas gramaticais da língua.

É esse esquema que servirá para nós de princípio orientador no estudo daquela unidade real do discurso que chamamos de *enunciado*.

Certamente, não será necessário nos determos nas questões do estudo das formas e tipos da *vida econômica* da sociedade. Essas questões são objeto de estudo de outras ciências, as sociais, e, em particular, da economia política.

Tampouco nos ocuparemos longamente da análise dos tipos de *comunicação social*. Para os nossos objetivos, é suficiente apontar os tipos mais importantes e frequentes. Nos nossos próximos artigos deveremos dedicar uma atenção especial a um deles, que é precisamente a comunicação *artística*.

Ao analisar a vida social, podemos destacar com facilidade, além da comunicação artística, já apontada por nós, também os seguintes tipos: 1) a comunicação no setor produtivo (nas indústrias, nas fábricas, nos *kolkhozes*[3] etc.); 2) a comunicação de negócios (nas instituições, nas organizações sociais etc.); 3) a comunicação cotidiana (encontros e conversas na rua, nos refeitórios coletivos, em casa etc.); e finalmente 4) a comunicação *ideológica* no sentido estrito da palavra: *de agitação política, escolar, científica, filosófica*, em todas as suas variantes.

O que chamamos no artigo precedente de *situação* não é outra coisa a não ser a *realização efetiva, na vida real, das diferentes formações ou variedades da comunicação social.* Entretanto, toda situação cotidiana organizadora do enunciado pressupõe inevitavelmente os seus atuantes: o falante ou os falantes. Chamaremos de *auditório* do enunciado essa *presença* evidente e necessária dos *participantes da situação.*

Além da parte *verbal* expressa, todo enunciado cotidiano (como ficará evidente um pouco adiante) consiste de uma parte não expressa, porém subentendida e *extraverbal* (situação e auditório), sem a qual não é possível compreender o próprio enunciado.

Esse enunciado, como unidade da comunicação discursiva e como um *todo* semântico, constitui-se e toma uma forma estável precisamente no processo de uma determinada interação discursiva gerada por um tipo de comunicação social. Cada um dos tipos dessa comunicação citados por nós organiza, constrói e finaliza, *a seu modo*, a forma gramatical e estilística do enunciado, sua *estrutura típica*, que chamaremos adiante de *gênero.*

---

[3] *Kolkhóz*: propriedade rural coletiva, isto é, uma espécie de cooperativa em que o Estado soviético fornecia os meios de produção aos camponeses e, em troca, recebia uma parte dos produtos. (N. da T.)

Agora analisemos a relação de ao menos um tipo de comunicação social — a *cotidiana*[4] — com o tipo correspondente de interação discursiva.

Já vimos antes como a situação e o auditório obrigam o discurso interior a obter uma expressão exterior determinada, diretamente incluída nas condições da vida que permanecem não expressas (mas subentendidas) e compensadas pela ação, pelo ato ou pela resposta verbal dos outros participantes do enunciado.

"A pergunta acabada, a exclamação, a ordem, o pedido são essas as totalidades típicas dos enunciados cotidianos. Todas elas (principalmente a ordem e o pedido) exigem um complemento extraverbal, assim como um início extraverbal. O próprio tipo de acabamento desses pequenos *gêneros* cotidianos é determinado pelo atrito da palavra com o meio extraverbal e pelo atrito da palavra com a palavra alheia (das outras pessoas).

Assim, a forma de uma ordem é determinada por aqueles obstáculos que ela pode encontrar, pelo grau de submissão etc. O acabamento de gênero corresponde aqui às particularidades ocasionais e singulares das situações cotidianas.

Só é possível falar sobre determinados tipos de acabamento de gênero na fala cotidiana quando ocorrem formas de *comunicação cotidiana* que se-

---

[4] A palavra russa aqui é *bitovói*, originária de *biti*, que significa cotidiano, dia a dia, vida cotidiana. Em outras passagens, o autor utiliza o termo *jízneni*, literalmente "da vida", mas que preferimos traduzir também por "cotidiano". Esta passagem foi determinante para a opção de traduzir *jízneni* por "cotidiano", pois mostra que ambos os termos são empregados de modo equivalente. (N. da T.)

jam ao menos um pouco mais estáveis, fixadas pelo dia a dia e pelas circunstâncias.

Por exemplo, um tipo totalmente específico de acabamento de gênero formou-se no bate-papo de salão, leve e sem quaisquer obrigações, onde todos se conhecem e onde a principal diferenciação no público (auditório) é a distinção entre homens e mulheres. Aqui são elaboradas formas específicas da palavra: alusão, insinuação, reminiscência de pequenas histórias sabidamente levianas etc. Um outro tipo de acabamento é elaborado em conversas entre marido e mulher, irmão e irmã. De modo completamente diferente, são iniciadas, finalizadas e construídas as afirmações e réplicas dos tipos mais variados de pessoas que se reúnem ocasionalmente em uma fila, em uma instituição, ou em qualquer outro lugar. Também possuem seus tipos os bate-papos de vizinhos em povoados, as festas urbanas, as conversas informais entre trabalhadores no horário do almoço, e assim por diante. Cada situação cotidiana recorrente possui uma determinada organização do auditório e portanto um determinado repertório de pequenos gêneros cotidianos. Em todo lugar, o gênero cotidiano se insere em uma determinada via da comunicação social, sendo um reflexo ideológico do seu tipo, estrutura, objetivo e composição social.

O gênero cotidiano é uma parte do *ambiente social*: da festa, do lazer, da conversa na sala de visitas, na oficina etc. Ele entra em contato com esse ambiente, que o limita e define em todos os seus aspectos interiores."[5]

---

[5] Valentin Volóchinov, *Marxismo e filosofia da linguagem*, trad. S. Grillo e E. V. Américo, São Paulo, Editora 34, 2017 [1929], pp. 221-2. A

2. Discurso monológico e discurso dialógico

Ao observar o processo de formação desses pequenos gêneros cotidianos, não é difícil notar que a comunicação discursiva, na qual eles surgem e ganham acabamento, é composta por dois momentos: o enunciado do falante e a compreensão desse enunciado pelo ouvinte. Essa compreensão sempre contém elementos de uma resposta. Em condições normais, sempre concordamos ou não concordamos com aquilo que ouvimos. Habitualmente, respondemos a todo enunciado do interlocutor, se não com palavras, ao menos com gestos: o movimento das mãos, o sorriso, o balanço da cabeça etc. É possível falar que toda comunicação ou interação discursiva ocorre na forma de uma *troca de enunciados*, isto é, na forma de um *diálogo*.[6]

O diálogo — a troca verbal — é a forma mais natural da linguagem.[7] É possível até dizer mais: os enunciados longos de um falante — o discurso do orador, a palestra do pro-

---

divisão em parágrafos e os itálicos não se encontram no texto original e foram acrescentados por Volóchinov nesta citação, provavelmente para facilitar a leitura e chamar a atenção para os conceitos-chave. (N. da T.)

[6] O diálogo é uma conversa mútua entre duas pessoas, diferentemente do monólogo, que é o longo discurso de uma pessoa. Os enunciados trocados pelos participantes do diálogo são chamados de réplicas (exemplos de diálogo e de monólogo podem ser encontrados em qualquer obra escrita para ser encenada).

[7] A respeito disso conferir o artigo de L. Iakubínski (apesar de ser um pouco difícil para o escritor principiante) na coletânea *Rússkaia Riétch* [*Língua Russa*], I, 1922, sob o título "O dialoguítcheskoi riétchi" ("Sobre o discurso dialogal") [ed. bras. trad. do francês: Lev Jakubinskij, *Sobre a fala dialogal*, trad. A. C. da Cunha e S. L. Cortez, São Paulo, Parábola Editorial, 2015. (N. da T.)].

fessor, o monólogo do ator, o pensamento em voz alta de uma pessoa —, todos esses enunciados são monológicos apenas em sua forma exterior. Já em sua essência e no todo da sua construção estilística e semântica, eles são *dialógicos*. Ter conhecimento disso é extremamente importante para qualquer escritor que utilize o discurso monológico do personagem. De fato, todo enunciado — do orador, do palestrante etc. — leva em conta um ouvinte, isto é, sua *compreensão* e *resposta* (é claro que não se trata de uma resposta imediata, pois não se pode interromper o orador ou o palestrante com suas observações responsivas), sua *concordância* ou *discordância*, em outras palavras, a *percepção avaliativa* do ouvinte ("auditório"). Todo orador ou palestrante experiente sabe muito bem desse aspecto dialógico do seu discurso. Os ouvintes atentos de modo algum se contrapõem a ele como uma massa indiferente, inerte e imóvel de indivíduos alheios que o acompanham. Não, diante dele está um interlocutor vivo e de múltiplas faces. Cada movimento de um ou de outro ouvinte — sua pose, sua expressão facial, o leve tossir, a mudança de posição —, tudo isso, para um verdadeiro orador profissional, serve de resposta clara e expressiva, e acompanha a sua fala de modo constante.[8]

É muito frequente que o orador tenha que desviar do tema principal de modo totalmente inesperado e contar um caso engraçado ou uma anedota, não só para animar o público, mas também, às vezes, para enfatizar ("acentuar") alguma ideia à qual o ouvinte possa não ter prestado a devida atenção.

O orador que ouve apenas a própria voz ou o professor que vê apenas as próprias anotações é um orador ou profes-

---

[8] É curioso observar a cômica inabilidade dos palestrantes ou atores experientes quando têm que se apresentar pela primeira vez diante de um auditório absolutamente invisível e imperceptível, como diante do microfone de um programa de rádio.

A construção do enunciado

sor ruim. Eles mesmos paralisam a força de seus enunciados, destroem a relação viva e dialógica com seu auditório e, com isso, desvalorizam a sua apresentação.

3. A DIALOGICIDADE DO DISCURSO INTERIOR

"Tudo bem, vamos supor que seja assim", tentarão nos arguir, "mas nos exemplos citados o ouvinte-interlocutor realmente existe e não há nada de estranho no fato de que as palavras do falante levem em consideração a presença daquele. No entanto, como proceder nos casos em que esse ouvinte não existe e o falante está sozinho? Será que a construção de seus pensamentos mais íntimos, que se movimentam no fluxo do seu discurso interior, ou mesmo dos que são pronunciados em voz alta, será que esses enunciados ocultos também são orientados socialmente, também levam em conta o seu ouvinte? Será que esses auto-enunciados surgidos na solidão não seriam uma forma mais pura de monólogo, que não é orientado para ninguém a não ser o próprio falante e que não depende de nada a não ser do seu 'estado psicológico'?"

Ousamos afirmar de modo categórico que até esses discursos verbais[9] íntimos são inteiramente *dialógicos* e inteiramente penetrados pelas avaliações do seu ouvinte ou do auditório potencial, mesmo que o pensamento sobre o ouvinte não tenha ocorrido ao falante.

Não só as conclusões do nosso artigo anterior provam isso, mas também a sociologicidade da consciência humana (das "vivências" e das suas "expressões"), revelada por nós. Não, podemos verificar por nós mesmos, isto é, por nossa ex-

---

[9] Seguindo a opção de *Marxismo e filosofia da linguagem*, a expressão *retchevóie vistupliénie* foi traduzida como "discurso verbal". Apesar de normalmente traduzirmos *retchevoi* por "discursivo", optamos aqui por "verbal" para evitar a tautologia "discurso discursivo". (N. da T.)

periência própria, até mesmo sem a utilização do material literário (todo tipo de diários, anotações íntimas etc.) essa condicionalidade social — ou para sermos mais precisos e sinceros, *de classe* — de todo discurso monológico, que se manifesta externamente por meio da dialogicidade desse discurso. Assim que começamos a pensar em alguma questão, assim que começamos a refletir atentamente sobre ela, de imediato nosso discurso interior (às vezes na solidão e pronunciado em voz alta) toma a forma de perguntas e respostas, de afirmações e negações posteriores — em síntese, nosso discurso fragmenta-se em *réplicas* isoladas, mais ou menos extensas, ou seja, toma uma forma *dialógica*.

Essa forma dialógica manifesta-se com mais clareza naqueles casos em que devemos tomar alguma decisão. Nós hesitamos. Não sabemos o melhor modo de agir. Discutimos com nós mesmos, começamos a nos convencer sobre a correção desta ou daquela decisão. É como se a nossa consciência se dividisse em duas vozes independentes e contraditórias entre si.

Uma dessas vozes, independentemente da nossa vontade e consciência, sempre funde-se com o ponto de vista, com as opiniões e avaliações da classe à qual pertencemos. A segunda voz sempre se torna aquela do representante mais típico e ideal da nossa classe.

"Meu ato[10] será ruim." De qual ponto de vista? Do meu, pessoal? Contudo, de onde eu tirei esse ponto de vista "pessoal", a não ser dos pontos de vista daqueles que me educaram, com quem estudei, daqueles que li em jornais e livros, que ouvi em manifestações e palestras? E se eu negar as opiniões do grupo social ao qual pertencia até aquele momento,

---

[10] A palavra "ato" é uma tradução de *postúpok*, a mesma que aparece no título do manuscrito de Mikhail Bakhtin "Para uma filosofia do ato". (N. da T.)

é somente porque a ideologia de *outro* grupo social dominou a minha consciência, a preencheu e a obrigou a reconhecer a razão da existência social que a havia gerado. "Meu ato será ruim." Essa "voz da minha consciência" deveria soar assim: "*seu* ato será ruim do ponto de vista dos *outros*, do ponto de vista dos melhores representantes da sua classe".

Pode parecer que nem sempre assumimos esse "ponto de vista dos outros" como necessário e completo. É possível que discordemos dele, que polemizemos com o ouvinte-interlocutor invisível. Podemos supor até que o indivíduo esteja com raiva da sociedade e, apesar disso, quanto mais ele for irreconciliável e hostil a ela, quanto mais forte o indivíduo tentar afirmar seu "eu" individual, a sua "vontade própria" (como fala um dos personagens de Dostoiévski), tanto mais nítida será a forma dialógica do discurso interior, tanto mais evidente será a colisão de *duas* ideologias dentro de *um* fluxo discursivo, isto é, do conflito entre dois pontos de vista de classe.

Assim por exemplo, o ódio agudo que algum "sabotador" sente pela sociedade proletária, assim como a raiva obtusa de algum "cidadão mecânico",[11] de modo algum testemunham a independência e a "autoafirmação" livre da sua individualidade. Os monólogos pronunciados por eles em pensamento ou em voz alta irão apoiar-se inevitavelmente na empatia dos ouvintes presumidos: no auditório invisível formado pelos "cacos" da classe "estilhaçada". Todos os enunciados serão construídos justamente do seu ponto de vista; as suas opiniões e avaliações possíveis determinarão tanto o som interior (ou exterior) da voz (*entonação*), quanto a *es-*

---

[11] "Sabotador" (*vredítel*) e "cidadão mecânico" (*mekhanítcheski grajdanín*) são expressões que circulavam nos periódicos soviéticos da época para condenar os opositores ou discordantes do regime. (N. da T.)

colha das palavras e a sua *distribuição* composicional em um enunciado concreto. Em uma simples exclamação do pensamento (do tipo revoltado: "Mas como é que pode!", ou indignado: "Não, pense só nisso!...") já se encontra um endereçamento claro ou velado para um ouvinte potencial, como seu partidário, testemunha simpatizante ou juiz confesso.

Certamente, é possível um caso mais complexo, quando no discurso interior soam duas vozes contraditórias, mas igualitárias, e o indivíduo não sabe a qual delas dar primazia ou qual seguir.

Esse caso (se ele for característico para uma determinada época) é testemunha do embate iminente entre duas classes, ainda igualmente fortes, pela hegemonia na vida histórica, embate este transferido também para a arena da consciência individual.

Finalmente, resta um último caso, que é quando o indivíduo perdeu o seu ouvinte interior e na sua consciência decompuseram-se todos os pontos de vista estáveis e resistentes, e toda a existência do indivíduo, todo o seu comportamento social, é dirigido somente por pulsões e impulsos ocasionais, completamente irresponsáveis e sem princípios. *Aqui presenciamos o fenômeno da exclusão do indivíduo da sua classe, que normalmente ocorre depois de uma completa marginalização[12] do homem. Diante de condições sociais especialmente desfavoráveis, esse desprendimento do indivíduo do meio ideológico que o nutre pode, no final das contas, resultar até em uma completa decomposição da consciência, loucura ou idiotismo.*

---

[12] O autor reforça duas vezes a ideia de que o indivíduo é excluído de sua classe social por meio das expressões *vipadiénie lítchnosti iz klássovoi sredí* (literalmente "saída do indivíduo para fora de seu meio de classe") e *deklassírovanie* (literalmente "desclassificação"). Os termos remetem claramente à terminologia marxista das classes sociais. Optamos por "exclusão do indivíduo da sua classe" e "marginalização". (N. da T.)

A construção do enunciado

O caso analisado por nós é extremamente rico em conflitos agudíssimos entre os discursos interior e exterior.

Quando o indivíduo é excluído da existência social e tem o seu sistema habitual de avaliações e pontos de vista destruído, não resta nada na sua consciência devastada que possa servir de expressão de autoridade e reconhecimento do comportamento social produtivo e ideologicamente justificado. O mundo das palavras e das significações verbais novas, gerado da "chama e luz" das revoluções, junto com a nova existência social, ficou fora do limiar da consciência e não integrou o horizonte do homem, nem se tornou para ele "seu". Já as palavras antigas perderam a correspondência com a realidade, deixaram de ser seus signos e símbolos, e o indivíduo ficou sozinho com suas emoções e vivências vagas que, em grande parte, já se encontram *fora dos limites* da sua expressão linguística social. Essas emoções e vivências, na medida em que se afastam da formalização e da expressão ideológica (ao passarem para as camadas inferiores da ideologia do cotidiano, que beiram o estado fisiológico do organismo), agrupam-se cada vez mais em torno de um núcleo.

O indivíduo perdeu a si mesmo no mundo social, mas, em compensação, encontrou a si mesmo no mundo de suas pulsões sensíveis e puramente naturais. Agora o centro organizador deixa de ser os interesses sociais e assim chamados "espirituais", e se torna os interesses da vida sexual, os interesses do sexo. Todas as épocas de crise e de decadência são acompanhadas por mudanças profundas nas relações econômicas e políticas e conhecem esse triunfo do "homem animal" sobre o "homem social". Nas profundezas ideológicas da classe em declínio, começa a soar com cada vez mais força esse motivo. *O sexual torna-se um substituto* (uma falsificação e uma substituição) *do social*. O amor em sua forma mais elementar, fisiológica, é declarado o valor superior, e, no século XX, a consciência em decomposição da *intelligentsia* burguesa da Europa Ocidental tenta proclamar pelos lábios dos seus expoentes literários um "novo" evangelho: "No princípio era o sexo" (Przybyszewski).[13]

Entretanto, algum tempo antes, na literatura russa surgiram ótimos exemplos dessa decadência do indivíduo social, que era obcecado por uma pulsão sexual devoradora. Encontramos tais exemplos (é claro que em um outro terreno, o de classe) sobretudo em Dostoiévski. Devemos adiar o seu estudo até aquele momento em que pudermos nos ocupar da análise da estrutura do monólogo e do diálogo literário. No entanto, ainda assim tomamos a liberdade de nos deter por um tempo relativamente longo na questão da dialogicidade de todo discurso cotidiano[14] e da sua relação com o ouvinte, interior (presumido) ou presente, com o propósito de dar ao escritor iniciante um esclarecimento estritamente materialista e marxista de questões que costumam ser explicadas de modo excessivo psicológico e até mesmo francamente idealista e, em consequência disso, incorreto. O escritor é *obrigado* a compreender aquelas causas e condições sociais que, na vida real, criam caracteres e circunstâncias (situações) que o interessam. Ao construir o seu personagem, o escritor não deve esquecer nem por um minuto que a força da expressividade da arte depende, em um grau significativo, da força da verdade da vida contida na obra.

A dialética implacável dos acontecimentos sociais e a sucessão cruel da lei de causa e consequência devem ser as mesmas tanto na vida quanto no romance.

---

[13] Stanisław Przybyszewski (1868-1927) foi um escritor polonês cuja obra, sob forte influência de Nietzsche, foi uma manifestação do esteticismo, do erotismo e do expressionismo modernistas. (N. da T.)

[14] Tradução de *jíznennaia riétch*, que também poderia ser "fala da vida". Optamos por seguir as decisões tomadas em traduções anteriores para evitar uma oscilação terminológica. Ver nota 4. (N. da T.)

4. A ORIENTAÇÃO SOCIAL DO ENUNCIADO

Voltemos agora ao nosso tema principal.

Observamos que todo discurso é um discurso *dialógico* orientado para outra pessoa, para sua *compreensão* e *resposta* real ou possível. Essa orientação para o "outro", para o ouvinte, pressupõe inevitavelmente a consideração da inter--relação *sócio-hierárquica*[15] que existe entre os interlocutores. No artigo anterior, já mostramos como a forma do enunciado (por exemplo, "quero comer") muda na dependência da posição social do falante e do ouvinte e de todas as condições sociais do enunciado. Essa *dependência do enunciado em relação ao peso sócio-hierárquico do auditório* (isto é, do pertencimento de classe dos interlocutores, dos seus bens, da profissão, do cargo ou, por exemplo, como foi na Rússia antes das reformas, do título, da patente, da quantidade de servos, da classe, do capital etc. etc.) convencionamos chamar de *orientação social* do enunciado.

Essa orientação social estará sempre presente em qualquer enunciado do homem, não somente o verbal, mas mesmo no gestual (por meio de gestos e expressões faciais), independentemente da forma da sua realização: se a pessoa fala consigo mesma (monólogo) ou se duas ou mais pessoas participam de uma conversa (diálogo). A orientação social é justamente uma daquelas forças vivas organizadoras que, junto com as condições do enunciado (a situação), constituem não somente a sua força estilística, mas até mesmo a sua estrutura puramente gramatical.[16]

O *auditório* do enunciado (presente ou presumido, fora do qual, como já vimos, não ocorreu nem pode ter ocorrido

[15] Hierarquia diz respeito à ordem de superioridade (graus, patentes, posição social etc.).

[16] Confirmaremos adiante essa ideia (com base na análise dos fragmentos de *Almas mortas*, de Gógol).

nenhum ato de comunicação discursiva) reflete-se justamente na orientação social.

Em prol dos interesses do escritor, que cria não só os enunciados, mas também toda a *imagem exterior* do personagem, é preciso observar que os assim chamados "modos do homem" ("saber se comportar na sociedade") são, em sua essência, *uma expressão gestual da orientação social do enunciado*.

Essa forma exterior corporal do comportamento social do homem (movimento das mãos, pose, tom da voz), que costuma acompanhar o seu discurso, é determinada principalmente pela consideração e, por conseguinte, pela avaliação correspondente do auditório presente. O que são "os bons modos" de Tchítchikov (que ainda assim diferem a depender se ele visita Koróbotchka, Pliúchkin ou o general Bietríchev)[17] a não ser a expressão gestual de uma consideração constante e habitual do seu auditório, de uma sutil compreensão da situação e da personalidade social do seu interlocutor, compreensão que entrou na carne e no sangue de Tchítchikov e que foi tão necessária para todas as suas empreitadas?

A palavra e o gesto das mãos, a expressão do rosto e a pose do corpo são igualmente sujeitos à orientação social e organizados por ela. Os "maus modos" são a desconsideração do interlocutor, a ignorância da relação sócio-hierárquica entre o falante e o ouvinte;[18] é um costume (muitas vezes inconsciente) não mudar a orientação social do enunciado (por meio da palavra e do gesto) quando ocorre a mudança do círculo social ou do auditório.

Por isso o escritor, ao atribuir ao seu personagem "bons" ou "maus" modos, deve sempre ter em vista que esses modos

---

[17] Personagens de *Almas mortas*, de Gógol. (N. da T.)

[18] É preciso lembrar que se trata de pessoas de uma obra de ficção literária.

A construção do enunciado

não podem ser explicados apenas como resultado das "qualidades inatas" ou do "caráter" pressupostos nele. Seria mais correto dizer que o personagem adquire seus modos graças à sua educação. É claro que em parte isso está certo, mas não se pode esquecer que a própria cortesia não é nada a não ser a tendência de ensinar o homem a considerar constantemente o seu auditório (o que é chamado de "saber se comportar em sociedade") e a expressar fiel e educadamente (a "cortesia" de Tchítchikov!) a orientação social dos seus enunciados *por meio dos gestos e da expressão facial.*

5. A PARTE EXTRAVERBAL (SUBENTENDIDA) DO ENUNCIADO

Entretanto, todo enunciado, além dessa orientação social, encerra em si um sentido, um *conteúdo*. Privado desse conteúdo, o enunciado se transforma em um conjunto de sons sem nenhuma significação e perde seu caráter de interação discursiva. O "outro" — o ouvinte — não tem nada a fazer com o enunciado. Ele é inacessível para a sua compreensão e deixa de ser condição e meio para a comunicação linguística. O "poema" de Krutchônikh, citado no primeiro ensaio, "Go osneg kaid Mr batulba"[19] etc., também faz parte dos "enunciados" privados de qualquer sentido. Esses enunciados, que talvez sejam interessantes por sua sonoridade, não têm nenhuma relação com a língua, no sentido exato da palavra, e, portanto, não serão estudados por nós.

Em suma, todo enunciado efetivo e real é dotado de um *sentido.* Contudo, se tomarmos um enunciado qualquer, o

---

[19] Poema transmental de Aleksei Krutchônikh (1886-1968) publicado em 1913. Outros poemas desse tipo podem ser encontrados em *Poesia russa moderna*, trad. Augusto de Campos, Haroldo de Campos e Boris Schnaiderman, São Paulo, Perspectiva, 6ª ed., 2001. (N. da T.)

mais comum (modelar), nem sempre podemos de imediato apreender o seu sentido. É provável que muitos de nossos leitores ouviram e até pronunciaram as palavras: "Mas que história!". No entanto, por mais que nos esforcemos, não compreenderemos o sentido desse enunciado se não conhecermos todas as condições nas quais ele é pronunciado. Em condições e em um ambiente diferentes, esse enunciado sempre terá sentidos distintos.

Deixaremos que os próprios leitores procurem exemplos em que *uma mesma* expressão verbal — "Mas que história!" — tenha *sentidos completamente distintos*: de surpresa, indignação, alegria, tristeza; em outras palavras, ela será nossa resposta, nossa réplica para acontecimentos e circunstâncias absolutamente diferentes e dessemelhantes. Quase toda palavra da nossa língua pode ter várias significações a depender do *sentido geral* do todo do enunciado. O sentido depende por inteiro tanto do ambiente mais próximo, gerador imediato do enunciado, quanto de todas as causas e condições sociais mais longínquas da comunicação discursiva.

Desse modo, é como se todo enunciado fosse formado de duas partes: uma *verbal* e outra *extraverbal*.

Não esqueçamos que analisamos o tempo todo somente enunciados cotidianos, já formados ou que estão se formando em determinados gêneros cotidianos. Somente nesses enunciados elementares encontraremos a chave para a compreensão da estrutura linguística do enunciado literário.

O que seria então a parte extraverbal do enunciado?

Esclareceremos facilmente isso por meio do seguinte exemplo:

> "O homem de barbicha branca, sentado à mesa, depois de um minuto de silêncio disse: 'É!'. O jovem em pé à sua frente enrubesceu, deu-lhe as costas e foi embora."

A construção do enunciado

O que pode significar esse enunciado, "É!", breve, mas, pelo visto, extremamente expressivo? Por mais que o estudássemos de todos os pontos de vista gramaticais, por mais que procurássemos em dicionários todas as significações possíveis dessa palavra, não entenderíamos absolutamente nada dessa "conversa".

Contudo, a conversa está, de fato, repleta de sentido, a sua parte verbal possui uma significação totalmente determinada, e, embora curta, constitui um *diálogo* bastante acabado: a primeira réplica é composta pelo "É!" verbal, a segunda réplica é substituída pela reação orgânica do interlocutor (o rubor no rosto) e seu gesto (sair em silêncio).

Mas por que não entendemos nada nessa conversa?

Justamente por desconhecermos a segunda parte, extraverbal, do enunciado, que determina o sentido da sua primeira parte, verbal. Em primeiro lugar, não sabemos *onde* e *quando* acontece essa conversa; em segundo, não conhecemos o seu *objeto*; e, finalmente, em terceiro, desconhecemos a *relação* de ambos os interlocutores com esse objeto: a sua *avaliação* mútua dele.

No entanto, suponhamos que esses três aspectos desconhecidos da parte extraverbal do enunciado se tornem conhecidos: o acontecimento se dá junto à mesa de um examinador; o examinado não responde a nenhuma das questões mais simples feitas a ele; o examinador, em tom de reprovação e de uma certa lástima, pronuncia "É!"; o examinado compreende que foi reprovado, fica com vergonha e vai embora.

Agora, entraram no campo de nossa visão, no nosso horizonte, todos os aspectos do enunciado que estavam ocultos, porém subentendidos pelos falantes. A expressãozinha "É!", totalmente vazia, e que à primeira vista não significava nada, é preenchida de sentido, adquire uma significação bastante determinada e, se for necessário, pode ser decifrada como uma frase grande, clara e acabada, como, por exemplo: "Péssimo, péssimo, camarada! Por mais que seja triste, terei que colocar 'insatisfatório'". É justamente assim que o examinado compreende esse enunciado e concorda por inteiro com ele.

Os três aspectos subentendidos da parte extraverbal do enunciado, encontrados por nós — o *espaço* e o *tempo* do acontecimento do enunciado (o "onde" e o "quando"), o objeto ou *tema* do enunciado ("sobre o quê" se fala) e a *relação* dos falantes com o ocorrido ("avaliação") —, convencionamos chamar por uma palavra já conhecida: *situação*.

E agora se torna completamente claro que *a diferença nas situações determina também a diferença nos sentidos* de uma mesma expressão verbal. Nesse caso, a expressão verbal — o enunciado — reflete a situação não apenas de modo passivo. Não, ela é sua *solução*, torna-se sua *conclusão avaliativa* e ao mesmo tempo é uma condição necessária do seu *desenvolvimento* ideológico posterior.

Já havíamos proposto aos nossos leitores que fizessem uma experiência de troca da significação das palavras "Mas que história!", isto é, propusemos que encontrassem situações nas quais essa expressão tivesse cada vez um sentido diferente.

Para sermos mais claros, mostraremos a mudança da significação da exclamação "É!", que já nos é conhecida.

Em primeiro lugar, mudaremos a situação. No lugar da mesa de exame, haverá uma janelinha de caixa. O funcionário entrega um maço volumoso de dinheiro — o prêmio de um sorteio — e pronuncia em voz baixa: "É!".

Nessa situação, o sentido geral do enunciado já não é de reprovação, mas de uma admiração um tanto invejosa: "Teve sorte, homem! Ganhou uma fortuna!".

Tudo isso nos mostra com clareza como o papel da situação é importante para a criação do enunciado. Se os falantes não fossem reunidos por essa situação, se eles não tivessem uma compreensão comum do que está acontecendo,

A construção do enunciado   285

nem uma determinada opinião sobre isso, as suas palavras seriam incompreensíveis para cada um deles, sem sentido e desnecessárias. A comunicação ou interação discursiva só se realiza graças à existência de algo subentendido para eles. Certamente, no futuro ainda teremos de falar sobre a importância do papel que o subentendido desempenha no enunciado literário. Por hora, observemos que, de modo geral, nenhum enunciado — científico, filosófico, literário — pode existir sem um certo grau de subentendido.

6. A SITUAÇÃO E A FORMA DO ENUNCIADO; A ENTONAÇÃO, A ESCOLHA E A DISPOSIÇÃO DAS PALAVRAS

Depois de estabelecer que o sentido de todo enunciado cotidiano depende da situação e de como esta determina a orientação social para o ouvinte-participante dessa situação, devemos passar agora para a análise da *forma* do enunciado. O conteúdo e o sentido do enunciado precisam de uma forma que os concretize e realize, fora da qual eles nem existiriam. Mesmo se o enunciado estivesse privado de palavras, deveria restar nele o *som da voz* (entonação) ou ao menos o *gesto. Não há enunciado nem vivência fora da expressão material.*

Uma vez que teremos de lidar com enunciados *verbais*, a nossa tarefa mais próxima será o esclarecimento da relação da forma verbal do enunciado com sua situação e seu auditório. É claro que agora não tocaremos na questão da forma *artística*.

Consideraremos como elementos fundamentais que constroem a forma do enunciado, primeiramente, o *som expressivo* da palavra, isto é, a entonação; em seguida, a *escolha* da palavra; e, finalmente, a *disposição* da palavra no todo do enunciado.

Esses três elementos, por meio dos quais é construído qualquer enunciado dotado de sentido, conteúdo e orientação social, serão analisados por nós apenas de modo breve e preliminar, uma vez que no futuro, ao analisarmos a construção do enunciado literário, eles se tornarão um dos objetos centrais de nossa pesquisa.

A relação do enunciado com sua situação e seu auditório é criada, primeiramente, pela entonação. No artigo anterior, já abordamos em parte a questão da entonação. Aqui destacaremos o fato de que justamente a entonação desempenha o papel mais essencial na construção tanto do enunciado cotidiano quanto do literário.

Existe um provérbio bastante popular: "*o tom faz a música*". É justamente esse "tom" (a entonação) que faz a "música" (o sentido e a significação gerais) de qualquer enunciado. A mesma palavra, a mesma expressão, se pronunciadas com entonações diferentes, também adquirem significações diferentes. Um tratamento injurioso pode se tornar carinhoso e vice-versa ("Espera, *meu caro*, que você vai ver só!...").

A palavra afirmativa pode se tornar interrogativa ("Sim!" e "Sim?"), a de rendição, em uma exigência ("*Perdoe-me*, peguei seu sobretudo" e "*Perdoe-me*, esse sobretudo é meu").

Antes de mais nada, a situação e o auditório correspondente determinam justamente a entonação e, por meio dela, realizam tanto a escolha das palavras quanto a sua ordenação, ou seja, já por meio dela concebem o todo do enunciado. A entonação é o condutor mais flexível e sensível daquelas relações sociais existentes entre os falantes em uma dada situação. Quando falamos que o enunciado é uma resolução da situação, sua conclusão avaliativa, tínhamos em mente sobretudo a entonação do enunciado. Sem desenvolver mais essa ideia, diremos que a entonação é a *expressão sonora da avaliação social*. Mais adiante, atestaremos a importância excepcional dessa conclusão, e agora daremos apenas um exemplo que ilustra com perfeição nossas ideias.

A construção do enunciado

"É preciso dizer que nós, na Rússia, se ainda não alcançamos os estrangeiros em algumas coisas, já os deixamos muito para trás no que diz respeito à perícia no trato com as pessoas. É impossível enumerar todas as nuances e sutilezas de nossas maneiras quando nos dirigimos uns aos outros. Um francês ou um alemão nunca vai conseguir captar nem entender toda essa peculiaridade e diferença; eles se põem a falar com um milionário e com um pequeno vendedor de tabaco quase com a mesma voz e com o mesmo linguajar, embora, naturalmente, no fundo, se rebaixem diante do primeiro. Entre nós não é assim: temos sábios que, com um senhor de terras que possui duzentas almas, falam de maneira completamente distinta de como falam com outro, que possui trezentas, e falam ainda de modo diferente com um que possui quinhentas, e também não falam com o que possui quinhentas almas da mesma forma como falam com o que possui oitocentas; numa palavra, mesmo que cheguemos a um milhão de almas, sempre haverá nuances. Por exemplo, vamos supor que exista uma repartição pública, não aqui, mas num fim de mundo qualquer, e nessa repartição, vamos supor, existe um chefe. Peço que o observem quando ele estiver sentado em meio a seus subordinados — por puro medo, ninguém dirá uma palavra sequer! Orgulho, nobreza e nem sei mais o quê: é o que seu rosto exprime. É só pegar um pincel e fazer uma pintura: um Prometeu, sem tirar nem pôr, um Prometeu! Contempla como uma águia, explana de modo fluente, compassado. Essa mesma águia, assim que sai de seu reduto e se aproxima do gabinete de seu superior, anda como uma perdiz, com os papéis enfiados embaixo do braço, e tão afobado que bota os bofes pela boca. Em sociedade ou num sarau, se todos os presentes são funcionários de escalão inferior, o Prometeu continua Prometeu, mas basta haver alguém um pouquinho superior a ele, para que ocorra com o Prometeu uma metamorfose que nem Ovídio poderia imaginar: uma mosca, ainda menos do que uma mosca, ele é aniquilado, até virar um grão de areia! 'Ora, esse não é Ivan Petróvitch', dizemos, quando olhamos para ele. 'Ivan Petróvitch é mais alto, esse aí é baixote, magrinho, o outro fala alto, tem voz grave e nunca ri, e esse, só o diabo sabe o que é: pia como um passarinho e ri o tempo todo.' Chegamos mais perto, olhamos bem, é igualzinho ao Ivan Petróvitch! 'Ora, ora!', pensamos..."[20]

Nesse trecho de *Almas mortas*, Gógol, de modo extremamente certeiro, expressou a mudança brusca de entonação diante da alteração tanto da situação quanto do auditório do enunciado. Naquela Rússia organizada com base na servidão, no burocratismo dos funcionários públicos e no estrangulamento por parte dos gendarmes de tudo o que era honesto, nobre e de pensamento livre, a desigualdade social entre as pessoas manifestava-se de modo mais agudo. Essa desigualdade social encontrou sua expressão, antes de mais nada, nas nuances mais variadas da entonação: de obtusa-presunçosa até a de humilhação infame. Essa entonação dominava não só a voz, mas também todo o corpo do homem: os movimentos, gestos e expressões faciais. De fato, a águia se transformava em perdiz.

Evidentemente, a mudança de auditório (a comunicação de negócios e cotidiana não com os subordinados, mas

---

[20] Nikolai Gógol, *Almas mortas*, trad. Rubens Figueiredo, São Paulo, Editora 34, 2018, pp. 58-9. (N. da T.)

A construção do enunciado

com o chefe) provocou uma mudança na orientação social do enunciado. Como vimos, isso refletiu-se de modo imediato na entonação (a maneira de falar) e na gesticulação (a maneira de se portar).[21] Se no exemplo citado Gógol tivesse introduzido ainda a composição verbal dos enunciados de Ivan Petróvitch, ficaríamos imediatamente convencidos de que a mudança da orientação social (em consequência da mudança da situação e do auditório) se refletiria não só na entonação, mas também, por meio dela, na seleção e na disposição das palavras na frase. Não esqueçamos que a entonação é, acima de tudo, a expressão da *avaliação* da situação e do auditório. Por isso, toda entonação exige uma palavra correspondente — "conveniente" — e mostra, estabelece um determinado lugar da palavra na oração, da oração na frase e da frase no todo do enunciado.

Em outro lugar de *Almas mortas*, na cena em que Tchítchikov conhece Pliúchkin, temos uma representação certeira do processo de escolha da palavra que melhor combina com a inter-relação social entre o falante e o ouvinte, e que leva em conta todas as sutilezas e detalhes da individualidade social do interlocutor, seus bens, patente, situação social etc.:

> "Pliúchkin já estava parado havia vários minutos, sem falar nada, e Tchítchikov ainda não conseguia dar início à conversa, desconcertado com o aspecto do anfitrião e, também, com tudo o que havia em seu quarto. Por muito tempo, não foi capaz de imaginar com que palavras explicaria o motivo de sua visita. Gostaria de entrar no assunto dizendo que, como ouvira falar das virtudes e das raras

---

[21] Lembremos de nosso apontamento, segundo o qual as "maneiras" do homem são uma expressão gestual da orientação social do enunciado. Observamos exatamente isso no exemplo citado.

qualidades de seu espírito, julgava ser sua obrigação vir pessoalmente apresentar seus respeitos, mas pensou melhor e sentiu que aquilo seria excessivo. Depois de lançar mais um olhar, com o canto dos olhos, para tudo que estava no quarto, sentiu que as palavras 'virtude' e 'raras qualidades de espírito' podiam ser substituídas, com proveito, pelas palavras: 'economia' e 'ordem'; e por isso, tendo reformulado dessa maneira seu discurso, disse que tinha ouvido falar de sua economia e de sua forma incomum de administrar a propriedade e que, por isso, julgava ser sua obrigação conhecê-lo e apresentar pessoalmente seus respeitos."[22]

Neste momento, na consciência de Tchítchikov ocorre ainda uma disputa entre as palavras que seriam as mais convenientes. Ele é obrigado a ponderar a correlação entre a desordem selvagem e a imundície impressionante da morada de Pliúchkin, sua roupa extremamente sebenta, esfarrapada e miserável, e o fato de ele ser um proprietário riquíssimo, dono de mais de mil almas de servos.

É notável que, no fim das contas, ao analisar, compreender e avaliar a situação de modo correto, Tchítchikov encontrou tanto a entonação certa quanto as palavras correspondentes. Depois disso, dispor essas palavras em uma frase acabada ficou simples. O ambiente e o ouvinte (a situação e o auditório) não exigiram nenhuma elaboração estilística especial da frase. Foi possível se satisfazer com uma expressão pronta e amplamente difundida ("estereotipada"): "disse que tinha ouvido falar de sua economia e de sua forma incomum de administrar a propriedade e que, por isso, julgava ser sua

---

[22] Nikolai Gógol, *Almas mortas*, trad. Rubens Figueiredo, São Paulo, Editora 34, 2018, p. 130. (N. da T.)

A construção do enunciado

obrigação conhecê-lo e apresentar pessoalmente seus respeitos" etc.

7. A ESTILÍSTICA DO ENUNCIADO COTIDIANO

Em outra situação, Tchítchikov não teve apenas de lidar com a escolha, mas principalmente com a disposição das palavras e com o todo da construção *estilística* do seu enunciado. O interlocutor já não era Pliúchkin, mas o general Bietríchev. O imenso peso social, a patente de general e a própria aparência de Bietríchev obrigaram Tchítchikov a construir seus enunciados de um modo extremamente requintado. Sem falar da entonação, ao que parece, especialmente respeitosa e um pouco solene, a própria composição verbal do discurso de Tchítchikov foi impregnada não de palavras corriqueiras e cotidianas, mas de expressões arcaicas (ultrapassadas), de cunho livresco e religioso.

Nessa situação, o princípio de escolha das palavras por Tchítchikov foi muito simples: a posição social elevada do ouvinte exigia tanto palavras inabituais "elevadas" quanto um estilo "elevado" entusiasmado. As palavras normais numa conversa com proprietários de terras de porte médio, ou com os funcionários públicos de posição não muito alta, pareciam inadmissíveis. E não somente as palavras. A própria disposição tinha de ser especial, atribuindo ao discurso um fluxo harmonioso e rítmico, com uma certa musicalidade e poeticidade. Não bastava expor de modo simples e claro o seu pensamento: era necessário colori-lo com comparações, adorná-lo com expressões discursivas especiais e torná-lo quase uma obra literária, quase um poema:

"Inclinando respeitosamente a cabeça para o lado e estendendo para a frente as mãos um pouco afastadas, como se fosse erguer uma bandeja com xícaras, ele dobrou o corpo inteiro, com uma agilidade admirável, e disse:

— Julguei ser meu dever apresentar-me a Vossa Excelência. Como nutro respeito pelas virtudes dos homens heroicos que salvaram a pátria no campo de batalha, julguei ser meu dever apresentar-me pessoalmente a Vossa Excelência.

O general, obviamente, não deixou de apreciar aquele gesto. Depois de fazer um movimento francamente favorável com a cabeça, respondeu:

— Muito me agrada conhecê-lo. Faça a gentileza de sentar-se. Onde o senhor prestou seus serviços?

— Minha carreira no serviço público — respondeu Tchítchikov, sentando não no meio da poltrona, mas na diagonal, e segurando com a mão o braço da poltrona — começou na Câmara do Tesouro, Vossa Excelência. O desdobramento subsequente se cumpriu em diversos lugares: na corte de justiça, na comissão de construções e na alfândega. Pode-se comparar minha vida a um barco em meio a ondas, Vossa Excelência. A persistência foi a fralda que vesti e, pode-se dizer, foi o leite que bebi, sendo também eu mesmo, por assim dizer, a própria persistência encarnada. O que sofri na mão dos inimigos, que atentaram até contra a minha vida, não há nem palavras, nem tintas, por assim dizer, nem mesmo pincéis que saibam representar, tanto assim que, no declínio de minha vida, busco apenas um cantinho onde possa passar o resto de meus dias."[23]

---

[23] Nikolai Gógol, *Almas mortas*, trad. Rubens Figueiredo, São Pau-

A construção do enunciado

O que então é mais característico na construção desse enunciado? Desconsideraremos o próprio conteúdo do discurso de Tchítchikov, relacionado, é claro, ao conteúdo geral do todo da obra, e nos deteremos só na sua forma. Não esqueçamos o seguinte: *estamos fazendo de conta* que não estamos lidando com uma obra literária (cuja estilística é cedo para estudarmos), mas com um documento de um enunciado da realidade, produzido por uma pessoa real em condições reais.

É claro que o procedimento de simular a interpretação de um enunciado literário como um enunciado cotidiano, realizado historicamente, é algo perigoso do ponto de vista científico e admissível apenas em casos excepcionais. Entretanto, como não temos um disco de gramofone que pudesse nos transmitir uma gravação real de uma conversa entre pessoas vivas, temos que fazer uso do material literário, é claro, considerando o tempo todo sua natureza artística específica.

Assim, tomemos por enquanto a ficção que reflete a vida pela própria vida, sem colocar a questão a respeito do grau de semelhança entre a realidade artística de *Almas mortas* e a realidade histórica da vida russa das décadas de 1820 e 30. Suponhamos que estamos diante de uma conversa entre duas pessoas que ocorreu há cem anos: uma delas extremamente respeitável e importante, de aspecto grandioso, o general Bietríchev, e outra, menos importante e imponente, porém de aparência bastante "respeitável", o conselheiro colegiado Tchítchikov.

Se seguirmos nosso esquema, deveríamos, primeiramente, estabelecer a relação e a dependência entre a vida econômica e política da Rússia daquela época e o tipo da comuni-

---

lo, Editora 34, 2018, pp. 305-6. A tradução foi modificada em alguns trechos para melhor se adequar à análise do autor. (N. da T.)

cação social (cotidiana) analisado por nós. É claro que não temos o direito de fazer isso. Não se pode passar imediatamente da economia e da política *reais* para o tipo de comunicação social retratado em uma obra *literária*. No entanto, podemos supor, sem o risco de errarmos, que a relação e a dependência entre a "base" econômica (o "fundamento" econômico da sociedade) e o tipo de comunicação cotidiana na obra de Gógol é igualmente efetivado como na vida real. Podemos supor o mesmo sobre a relação e a dependência entre o tipo de comunicação cotidiana e o tipo de interação discursiva ocorrida nela.

Desse modo, resta-nos mostrar *como* uma dada situação e um auditório encontram sua *expressão* na construção de um gênero cotidiano já definido e acabado: o diálogo entre pessoas que estão se conhecendo e que se encontram em diferentes degraus da escada sócio-hierárquica.

Como já havíamos falado antes, a situação e o auditório determinam, antes de tudo, a *orientação social* do enunciado e, é claro, o próprio *tema* da conversa. Por sua vez, a orientação social determina a *entonação* da voz e a *gesticulação* (que, em parte, dependem do próprio tema da conversa), nas quais se expressa externamente uma certa *relação* e uma *avaliação* do falante sobre a situação e o ouvinte.

Entretanto, no que consiste o conteúdo ou a composição *temática* dos enunciados de Tchítchikov? O fragmento citado encerra em si dois temas: 1) o *tema da justificativa* do encontro e 2) o tema da *narração da sua vida*.

Esses dois temas são entoados com um respeito e uma autodiminuição extremos. É verdade que podemos apenas adivinhar a entonação de Tchítchikov. Ela não nos é apresentada no chamado "discurso autoral", que emoldura os discursos dos personagens. Contudo, ao considerar a expressão por meio dos gestos da orientação social dos enunciados de Tchítchikov, orientação apontada pelo "discurso autoral" ("Inclinando respeitosamente a cabeça para o lado" e "sentando não no meio da poltrona, mas na diagonal, e segurando com a mão o braço da poltrona..."), não podemos duvidar de que a entonação de Tchítchikov corresponde bem à transformação da "águia em perdiz".

A escolha das palavras também harmoniza com esse tipo de entonação. Já notamos uma das particularidades: a predominância de palavras e expressões emprestadas do discurso religioso e livresco.

A segunda particularidade é a grande quantidade de palavras e expressões "descritivas" que substituem os nomes habituais de diferentes objetos do discurso.

Finalmente, a terceira particularidade é a completa ausência do pronome pessoal "eu"[24] (tanto no caso reto quanto nos oblíquos).

Já a primeira troca de réplicas entre Tchítchikov e o general Bietríchev revela a verdadeira inter-relação social entre os falantes, a qual determinou todo o estilo do discurso falado deles. É verdade que, para Tchítchikov, a possibilidade de uma escolha de palavras ampla e original em sua réplica é bastante limitada. Aquele gênero que já se formou historicamente e ganhou acabamento em tipos semelhantes de comunicação cotidiana não admite variações (mudanças) demasiadamente livres e diversificadas. No entanto, mesmo nas fórmulas tradicionais de se apresentar a uma pessoa hierarquicamente superior, as quais já se tornaram modelos linguísticos, Tchítchikov conseguiu introduzir de modo totalmente imperceptível tais tons (nuances) e transformar de tal maneira a construção semântica da frase, e em parte a gramatical,

---

[24] Em russo, a ausência do pronome pessoal "eu" é ainda mais saliente do que na sua tradução em português, pois, naquela língua, a forma verbal no passado não flexiona em pessoa, mas em número e gênero, o que demandaria uma presença maior do pronome, diferentemente do que ocorre no texto de Gógol. Além disso, a omissão do pronome pessoal é mais frequente em português do que em russo. (N. da T.)

que o distanciamento (a distância) social expresso verbalmente entre os interlocutores tornou-se ainda mais evidente.

A intenção estilística principal de Tchítchikov é construir seu enunciado de modo que a sua personalidade se torne a mais imperceptível e sombreada possível. O sentido direto da sua primeira frase é o seguinte: "Vossa Excelência! Considero meu dever apresentar-me ao senhor, por sentir respeito..." etc.

O que Tchítchikov faz com essa frase? Ele omite o pronome pessoal, coloca o verbo no passado e encurta a frase, trocando o caso vocativo de tratamento do general pelo dativo:[25] "Julguei ser meu dever apresentar-me a Vossa Excelência".

O resultado é a criação de uma nuance semântica curiosa, que destaca a insignificância de Tchítchikov e a importância excepcional do seu interlocutor. A frase passa a ser preenchida por uma outra significação, que pode ser interpretada, de modo aproximado, como: *alguém considerou* seu dever apresentar-se... etc.

Por que "alguém"? Apenas pelo fato de que Tchítchikov, como tal, ainda é desconhecido do general e, além do mais, isso nem é necessário: "Será que vale a pena saber o nome e o patronímico de um homem que não se destacou por atos de bravura?",[26] diz um pouco adiante o próprio Tchítchikov.

Entretanto, por que "julguei" e não "julgo"? Novamente, apenas pelo fato de que o primeiro despertar da consciência sobre *esse* dever exige refletir e imaginar esse dever como já cumprido. Eis que finalmente o acontecimento feliz e alegre ocorreu não no pensamento, mas na realidade: ele — al-

---

[25] Em russo, a troca do caso vocativo ("Vossa Excelência!) pelo dativo ("A vossa excelência!") torna o tom da frase mais servil. (N. da T.)

[26] Nikolai Gógol, *Almas mortas*, trad. Rubens Figueiredo, São Paulo, Editora 34, 2018, p. 307. (N. da T.)

A construção do enunciado

guém desconhecido do general — está diante de uma pessoa importante, esperando com respeito os resultados da sua ousada empreitada.

Desse modo, a fórmula linguística modelar de apresentar-se a uma pessoa do porte do general iluminou-se com um novo sentido, adquiriu novos tons estilísticos e, como em um espelho, refletiu a verdadeira inter-relação sócio-hierárquica entre os interlocutores. Contudo, conseguimos captar, compreender e destacar de modo nítido todos esses novos tons (nuances) do pensamento apenas graças ao conhecimento da parte *extraverbal* do enunciado.

Sigamos adiante. O passo dado por Tchítchikov para apresentar-se ainda pode parecer ousado demais. É necessário imediatamente fundamentar e justificar a sua decisão. É justamente essa a tarefa da sua próxima frase. Nela também está ausente a alusão gramatical à pessoa do falante. Seria inoportuno de repente enfatizar a sua existência por meio de um pronome pessoal e ainda em alguma frase prolixa do tipo: "eu prezo a braveza dos generais que defenderam a Rússia..." etc., "e, portanto, considero meu dever..." etc. Afinal, em razão da posição social de Tchítchikov (em comparação com o seu interlocutor), os seus enunciados também devem possuir humildade, brevidade e aquela elevação do estilo que inevitavelmente nasce da consciência da solenidade de um momento como a comunicação pessoal com o próprio general Bietríchev!! Pícaro esperto e um aventureiro astuto, Tchítchikov sabe muito bem jogar com os pontos fracos dos seus interlocutores. A frase longa e um tanto atrevida comprime-se imediatamente, os pronomes pessoais desaparecem, as denominações exatas dos objetos são substituídas por expressões descritivas: "Nutro respeito", em relação a quê? É claro que não à coragem, mas às "virtudes". E, de quem? Não dos generais, mas dos "homens heroicos". E, quais? Não os que defenderam a Rússia, mas os que "salvaram a pátria...". E, onde? Não em combates, mas "no campo de batalha".

É possível que esses motivos (razões), ainda mais expressos de modo tão convincente e artístico (é claro, do ponto de vista apenas de Tchítchikov e do general Bietríchev), sejam suficientes para justificar o ato corajoso de Tchítchikov. Por isso, ao encerrar toda a frase, a oração principal, que apresenta, numa espécie de nova luz semântica, por meio da repetição, a primeira frase de Tchítchikov ("julguei ser meu dever..." etc.), torna-se ainda mais complexa devido à inclusão da palavra "pessoalmente". Essa palavra, cujo aparecimento foi preparado de modo sólido pelo conjunto dos motivos elencados para apresentar-se, alude à possibilidade da passagem, da transferência de todo o enunciado para um plano de relações de caráter mais pessoal e descontraído. De fato, a réplica com a resposta do general, apesar de lacônica,[27] entrecortada e estereotipada (como resultado da orientação social para um homem de patente mais baixa), de todo modo demonstra por meio da sua entonação acolhedora que a manobra verbal de Tchítchikov deu certo. O tema da "justificativa para apresentar-se" agora pode passar para o tema da "narração da sua vida", e isso lhe permite, no próximo enunciado, dirigir-se ao general já de modo direto, colocando seu título no caso dativo e, além disso, incluir no seu discurso certa quantidade de pronomes possessivos ("minha carreira", "minha vida" etc.).

O desenvolvimento desse segundo tema realiza-se ainda com a ajuda de palavras de cunho religioso e livresco ("desdobramento subsequente")[28] e expressões descritivas, às quais se acrescentam ainda comparações (a vida é "um barco em meio a ondas") e as assim chamadas metáforas[29] ("no

---

[27] Lacônico: breve, curto e ao mesmo tempo expressivo.

[28] A expressão russa *tetchiénie ónoi* remete à linguagem religiosa. (N. da T.)

[29] Metáfora: palavra utilizada em sentido figurado, em razão de uma

declínio de minha vida", no lugar de "velhice"). Entretanto, as comparações e metáforas marcantes podem destacar demais a individualidade do estilo discursivo de Tchítchikov, podem parecer um pouco extravagantes demais e, por isso, atrair a atenção de modo insistente para a pessoa do falante. Portanto, Tchítchikov as acompanha com ressalvas de quem se desculpa, de quem olha para seu interlocutor de modo culpado: "A persistência foi a fralda que vesti e, *pode-se dizer*, foi o leite que bebi, sendo também eu mesmo, *por assim dizer*, a própria persistência encarnada" ou "não há nem palavras, nem tintas, *por assim dizer*, nem mesmo pincéis que saibam representar...".

É claro que todos os procedimentos apontados ainda são insuficientes para a construção da frase. A entonação que expressa a orientação social não só exige palavras ou expressões de um estilo determinado, não só atribui a elas um certo sentido, mas também aponta o seu lugar e as posiciona no todo do enunciado.

Nesse sentido, o título de general, ou seja, o termo "Vossa Excelência", desempenha um papel especialmente interessante. De acordo com seu objetivo semântico direto, ele é a forma de tratamento de alguém que possua a patente de general, e, enquanto tal, deveria estar no início da frase. Entretanto, nos gêneros coloquiais e cotidianos, desde longa data observou-se a tendência a colocar essas palavras ora no fim da frase, ora no seu meio (mais frequentemente, depois da primeira oração). Tchítchikov coloca essas palavras no final da frase, e elas, ao dividirem toda a massa verbal em fragmentos semânticos isolados, adquirem uma significação *composicional*. Ao mesmo tempo, elas são uma espécie de acorde entonacional finalizador desses diferentes fragmentos do enunciado. Em primeiro lugar, elas finalizam uma frase cur-

---

semelhança indireta com o objeto significado. Para maiores detalhes, ver o próximo artigo.

ta ("julguei ser meu dever..." etc.), e depois uma frase mais longa ("nutro respeito..." etc.), e, por fim, na segunda réplica, que é narrativa, a distância entre elas aumenta cada vez mais.

Esse procedimento de Tchítchikov é bastante compreensível. As palavras "Vossa Excelência" destacam sobretudo o aspecto *sócio-hierárquico* da parte extraverbal do enunciado. À medida em que a situação se desenvolve, o acento entonacional recai principalmente sobre essas palavras e somente depois, aos poucos, na percepção avaliativa do general são introduzidas massas verbais cada vez maiores.

Essas massas verbais possuem um fluxo extremamente suave e rítmico. No entanto, esse fluxo está longe de ser uniforme. Acima de tudo, a fala[30] de Tchítchikov é desmembrada em várias partes que diferem por seu tamanho, cada uma das quais se encerra justamente com as palavras "Vossa Excelência". Essas palavras, de acordo com seu lugar composicional, exigem uma interrupção no movimento da fala (a assim chamada *pausa*).

Ainda não temos direito de nos deter nas questões relacionadas ao *ritmo do discurso prosaico*, porém mesmo assim tentaremos apontar certa especificidade estilística da disposição das palavras na fala de Tchítchikov.

O *movimento rítmico* crescente de *cada frase isolada* (no tema da "justificativa para apresentar-se"), ou dos grupos de frases unidas pelo mesmo desenvolvimento semântico (no tema da "narração da sua vida"), encontram uma espécie de solução e de abrandamento nas palavras "Vossa Excelência". Essas palavras formam o que vamos chamar de repetição verbal ou refrão.[31]

---

[30] Nessa frase e na seguinte, a palavra em russo é *riétch*, que pode ser traduzida tanto por discurso quanto por fala. (N. da T.)

[31] Refrão: estribilho formado por uma ou mais palavras.

A construção do enunciado   301

Ao mesmo tempo, esse refrão enfatiza o endereçamento constante da fala para seu interlocutor que está em uma posição hierárquica superior. No entanto, esse endereçamento leva em consideração a situação e, portanto, o tipo de interação discursiva, isto é, o próprio *gênero* dessa conversa: não se trata de um relatório, nem de um relato, nem de uma petição (pedido) ao general. Aqui Sua Excelência, o general Bietríchev, condescendeu em ter um encontro e uma conversa cotidianos com um simples mortal: um tal de Tchítchikov, insignificante e imperceptível! Em outra situação, teria surgido um outro gênero, e toda a frase teria uma construção composicional diferente. As palavras "Vossa Excelência" não estariam no final da frase, não finalizariam o seu movimento entonacional e o impulso rítmico, mas serviriam de início ("ponto de partida"), e estariam no começo da frase. O gênero determinado pela nova situação — por exemplo, de relato ou relatório — exigiria uma outra entonação, mais seca e oficial. Em decorrência disso, mudaria também o princípio da seleção e, é claro, da disposição das palavras; em síntese, mudaria todo o *colorido estilístico* da frase. O gênero do relato ou relatório, condicionado por um outro tipo de comunicação social, dificilmente admitiria, por exemplo, aquele posicionamento rítmico das palavras que observamos nos enunciados de Tchítchikov citados por nós. Em compensação, a situação de se apresentar ao general em seu ambiente doméstico admite bem esse ritmo de fala artificial e até um pouco exagerado. Tchítchikov precisa cativar o general com o seu fino trato, sua inteligência, sua capacidade de manejar a palavra. Ele cumpre esse plano de modo brilhante, ao apresentar-se por meio de um enunciado construído com grande maestria.

Com apenas um exemplo das particularidades estilísticas da fala de Tchítchikov, apontaremos o início extremamente rítmico da segunda réplica dele (o tema da "narração da sua vida").

Se tentarmos destacar de modo forte ("acentuar") os acentos nas palavras da primeira e da segunda frases e aprofundar as pausas depois dos sinais de pontuação, perceberemos com facilidade o princípio fundamental da disposição dessas palavras.

Primeiramente, impõe-se um desmembramento, em parte sugerido pelo autor, dessas frases em grupos rítmicos de três palavras. Já o primeiro grupo é destacado pelo "discurso autoral", que se dá após o início da frase de Tchítchikov: "Minha carreira no serviço público" (respondeu Tchítchikov, sentando não no meio da poltrona... etc.). O segundo grupo também resulta destacado, não pelo "discurso autoral", mas pelo refrão do próprio Tchítchikov: "começou na Câmara do Tesouro, (Vossa Excelência)".

O fato de esses dois grupos verbais estarem destacados já alude claramente também à possibilidade de um desmembramento posterior da fala de Tchítchikov. De fato, nada nos impede de fazer uma pequena pausa depois das três novas palavras que os seguem:[32] "O desdobramento subsequente" — Tchítchikov poderia fazer aqui algum gesto correspondente — "se cumpriu em diversos lugares...". De modo inesperado, vemos que depois de nossa pausa também surgiu um grupo de três palavras.

Seguindo o mesmo método, tentaremos desmembrar também a seguinte frase: "na corte de justiça, na comissão de construções e na alfândega".

Agora, tentemos representar nosso desmembramento em uma *disposição visual* correspondente das palavras, que de modo evidente represente para nós a construção rítmica do enunciado analisado:

---

[32] Preposições, conjunções e prefixos não devem ser levados em consideração, uma vez que eles se fundem, do ponto de vista rítmico, com as palavras vizinhas.

A construção do enunciado

1.	2.	3.
Minha começou Vossa Excelência;	carreira na Câmara	no serviço público do Tesouro
O seu	desdobramento	subsequente
se cumpriu	em diversos	lugares:
como	na corte	de justiça,
na comissão	de construções	e na alfândega.[33]

Então, o que fizemos? Por meio de um destaque nítido dos acentos, dos alongamentos, das pausas e da disposição dos grupos de palavras em linhas separadas, transformamos o discurso coloquial de Tchítchikov em um poema![34]

É claro que recorremos a esse procedimento grosseiro e primitivo de exagero (levar ao extremo) do ritmo apenas para fins didáticos. Precisávamos mostrar com mais clareza ao leitor a *peculiaridade estilística* do enunciado cotidiano de Tchítchikov, com sua entonação insinuante e bajuladora, com sua seleção específica de palavras para agradar ao interlocutor.

[33] Aqui, a tradução de Rubens Figueiredo foi modificada para atender à divisão rítmica que o autor faz. A expressão portuguesa "serviço público" é a tradução de uma única palavra em russo: *slújba*. Em russo, lê-se: "*Pôprische/ slújbi/ moiêi// natchálos/ v kaziônnoi/ paláte// vache prevoskhodítelstvo;// dálniêischeie je/ tetchiêne/ ônoi// prodoljál/ v ráznikh/ mestákh:// byl/ i v nadvôrnom/ sudiê,// i v komíssii/ postroiênia,/ i v tamôjne*". (N. da T.)

[34] É claro que esse "poema" difere dos de Púchkin e Nekrássov principalmente devido a seu sistema específico de versificação, chamado de "acentual". Os representantes modernos da "poesia acentual" são Maiakóvski, Tíkhonov etc. Falaremos mais detalhadamente sobre os sistemas de versificação nos artigos seguintes.

Essa peculiaridade estilística é determinada inteiramente e de todos os lados por aspectos puramente *sociais*: a *situação* e o *auditório* do enunciado.

Por enquanto, devemos parar por aqui.

Estilística do discurso literário III:
A palavra e sua função social[1]

1. A ideologia de classe e a estilística do enunciado. 2. A palavra como signo ideológico. 3. O signo e as relações de classe.

1. A IDEOLOGIA DE CLASSE E A ESTILÍSTICA DO ENUNCIADO

Como observamos, o colorido estilístico dos enunciados de Tchítchikov,[2] assim como de qualquer enunciado de um modo geral, não é determinado só pelas intenções individuais e psicológicas nem pelas "vivências". Mostramos como *todo* o conjunto de condições de uma situação e de um auditório (e principalmente a distância sócio-hierárquica entre os falantes) determinou toda a construção do enunciado: o *sentido* geral do discurso verbal de Tchítchikov, os *temas* desse discurso, a *entonação*, a *escolha das palavras* e sua *disposição*.

Agora, tentaremos imaginar a mesma situação de apresentar-se ao general Bietríchev, porém não por um represen-

---

[1] Ensaio publicado em *Literatúrnaia Utchióba: Jurnál dliá Samoobrazovániia* [*Estudos da Literatura: Revista para Autoformação*], n° 5, pp. 43-59, Moscou-Leningrado, 1930. (N. da T.)

[2] Volóchinov segue mencionando os personagens de *Almas mortas*, de Gógol. (N. da T.)

tante da nobreza servidora,[3] como é o caso do conselheiro colegiado Tchítchikov, mas por algum comerciante da primeira guilda,[4] uma variação russa dos "cavaleiros do capital comercial".

Será que a estilística do discurso de um comerciante ricaço que veio se apresentar ao "respeitável" general por interesses de negócios sofrerá alterações substanciais? Do ponto de vista externo, a situação permaneceu a mesma, e só mudou a orientação social do enunciado; será que isso seria suficiente para uma mudança brusca de toda a estrutura estilística do enunciado? Responder essa questão é extremamente fácil. Basta lembrar nossa definição de orientação social como a dependência do enunciado *em relação ao peso sócio-hierárquico do auditório, isto é, do pertencimento de classe dos interlocutores, sua profissão, situação financeira, posição no serviço ou, por exemplo, como foi na Rússia antes das reformas, do seu título, patentes, quantidade de servos, classe etc.*[5] Se acrescentarmos a isso a influência evidente da *erudição* dos interlocutores, isto é, do nível de seu desenvolvimento intelectual, social e moral, bem como da amplitude do seu horizonte ideológico, a questão colocada por nós será resolvida por si mesma: *a orientação social do enunciado desempenha um papel decisivo na sua estrutura estilística.*

O comerciante, que substituiu Tchítchikov, construirá sua frase de um modo completamente diferente. Nem passará por sua cabeça a possibilidade de escolher como pretexto para se apresentar "respeito pelas virtudes dos homens he-

[3] No Império Russo, a nobreza normalmente servia ao Estado, fosse na esfera civil ou militar. (N. da T.)

[4] Na Rússia imperial, corporação de artesãos ou comerciantes. (N. da T.)

[5] Conferir nosso artigo na terceira edição da revista *Literatúrnaia Utchióba*, p. 73.

A palavra e sua função social   307

roicos que sacrificaram sua vida no campo de batalha".[6] Se ele é um milionário que, graças a seus milhões, obteve acesso aos círculos da nobreza assim como se amoldou e se refinou nos salões e salas de visita, ele certamente se sentirá quase no mesmo nível social do general Bietríchev. Nesse caso, ele dificilmente iria se humilhar utilizando uma frase tão empolada e bajuladora. Já se fosse mais pobre, ele simplesmente não saberia construir seu enunciado à moda "tchitchikoviana", uma vez que dificilmente teria tido a sorte de experimentar os frutos da árvore proibida da cultura aristocrática e de assimilar o refinamento do trato verbal, tão comum nos círculos da nobreza.

É verdade que algum ex-seminarista, filho de um pope ortodoxo — um *raznotchínets*[7] que fez carreira não por meio do talento e energia criativa, como era comum na história, mas por meio da bajulação, da esperteza e de todo tipo de atitudes pouco honestas —, poderia construir a frase com estrondo e retinir estilísticos ainda maiores. Apesar de toda a semelhança temática externa entre os discursos verbais que fossem produzidos, em uma mesma situação, por um nobre com propriedades pequenas, um comerciante e um *raznotchínets* filho de um pope ortodoxo, a diferença estilística entre esses discursos será enorme.

Por quê?

Simplesmente porque o pertencimento de classe do falante organiza a estrutura estilística do enunciado não de modo externo ou por meio do *tema* da conversa. A ideologia de classe penetra de dentro (por meio da entonação, da escolha

---

[6] A citação de Volóchinov é diferente do texto de Gógol reproduzido anteriormente, no qual consta: "respeito pelas virtudes dos homens heroicos que salvaram a pátria no campo de batalha". (N. da T.)

[7] No final do século XIX, o termo designava os intelectuais provenientes das mais variadas classes sociais, que não pertenciam à nobreza. (N. da T.)

e da disposição das palavras) qualquer construção verbal, ao expressar e realizar não só por meio do seu conteúdo, mas pela sua própria forma, a *relação* do falante com o mundo e as pessoas, bem como a *relação* com dada situação e dado auditório.

Todo o andamento do nosso raciocínio conduziu justamente para o estabelecimento de um aspecto essencial que é a relação, sempre de *classe*, com o mundo e com as pessoas, bem como com dada situação e com dado auditório. Entretanto, como a relação de classe pode *de um modo geral* passar para o enunciado e refletir-se nele? *Como* é possível que todo o sistema de visões, pontos de vista, avaliações e opiniões de classe (isto é, o aspecto ideológico de qualquer situação) possa adquirir um papel tão importante tanto na construção semântica quanto na organização estilística do enunciado?

É possível responder essa pergunta somente ao compreender a essência da *palavra* como *signo ideológico*.

2. A palavra[8] como signo ideológico

Até o momento, ao falar sobre a língua e sua base social, tínhamos em vista na maioria dos casos o *todo* do enunciado, independentemente da quantidade de palavras que o compõem. Esse enunciado integral, como que finalizado do ponto de vista temático, pode ser formado por uma única interjeição, como "É!" ou "He-he-he" etc. No entanto, devemos agora passar para a análise daquelas unidades verbais

---

[8] Trata-se do termo russo *slovo*, que abarca um amplo leque de significados, desde "palavra", "vocábulo", "termo", "discurso", "verbo". A explicação dada no primeiro parágrafo determinou nossa escolha por "palavra". (N. da T.)

A palavra e sua função social

isoladas, que estão relacionadas a significações semânticas mais determinadas.

Mas o que é a *palavra*?

Ao atentarmos para a realidade que nos circunda, notaremos nela como que dois tipos de objetos. Alguns deles, por exemplo, os fenômenos da natureza, os instrumentos de produção, os objetos do cotidiano etc. não possuem qualquer significação ideológica. Podemos utilizá-los, admirá-los, estudar sua construção, compreender com perfeição tanto o processo de sua fabricação quanto a sua finalidade na produção, mas, por mais que queiramos, não podemos considerar, por exemplo, um tanque ou um martelo a vapor como um "signo", uma designação de alguma outra coisa, objeto ou acontecimento.

Será totalmente diferente se pegarmos uma pedra, a pintarmos com cal e a colocarmos na divisa entre dois *kolkhozes*. Essa pedra obterá uma determinada "significação". Ela já não irá significar só a si mesma, só uma pedra como parte da natureza, mas terá um outro novo sentido. Ele apontará para algo que se encontra *fora* dele. Ele se tornará um indicador, um sinal, ou seja, um signo com uma significação firme e estável. Signo do quê? O signo de uma fronteira que divide dois pedaços de terra.

Do mesmo modo, se durante as manifestações que celebram o dia primeiro de maio víssemos na praça um martelo a vapor gigante que esmaga um tanque, ou se simplesmente ele nos fosse mostrado desenhado em um papel, não "entenderíamos" absolutamente nada. Contudo, bastaria desenhar no martelo a vapor o brasão soviético (a foice e o martelo) e no tanque a águia bicéfala, acrescentando ainda um grupo de trabalhadores, que utilizam esse martelo a vapor, e um bando de generais, que em pânico saltam fora do tanque, para que o sentido dessa imagem, como se costuma dizer, "alegórica", ficasse imediatamente clara: *a ditadura do proletariado aniquilou a contrarrevolução.*

Aqui o martelo a vapor é um signo, um "símbolo" de todo o poder e a inevitabilidade da ditadura do proletariado, e o tanque esmagado é um símbolo da ruína dos planos do Exército Branco. Igualmente, a foice e o martelo não são apenas uma representação de instrumentos de produção, mas um símbolo do Estado proletário. Já a águia bicéfala é o símbolo da Rússia dos tsares. Mas o que propriamente ocorreu? Ocorreu o seguinte: *um fenômeno da realidade material tornou-se um fenômeno da realidade ideológica*: um objeto transformou-se em um signo (é claro, também reificado e material). O martelo a vapor e o tanque representados no desenho refletem certos acontecimentos que ocorrem de fato na vida e que se encontram, é claro, *fora* desse desenho, *fora* desse pedaço de papel riscado pelo lápis.

Contudo, é possível ainda aproximar *parcialmente* os objetos da cultura material do campo do sentido, do campo das *significações*. Por exemplo, é possível *decorar ideologicamente* um instrumento de produção. Assim, os instrumentos de pedra do homem primitivo às vezes já estão cobertos de imagens ou ornamentos, isto é, cobertos de signos. No entanto, o próprio instrumento não se torna um signo por causa disso.

Em seguida, é possível atribuir a um instrumento de produção um *acabamento artístico da forma*, de modo que esse acabamento artístico ficará em harmonia com a finalidade produtiva do instrumento. Nesse caso, ocorre uma espécie de aproximação máxima, ou seja, quase uma fusão entre o signo e o instrumento de produção. No entanto, mesmo nesse caso, notamos uma nítida fronteira semântica: o instrumento como tal não se torna um signo, e o signo como tal não se torna um instrumento de produção.

Do mesmo modo, um produto de *consumo* pode ser transformado em um signo ideológico. Por exemplo, o pão e o vinho tornam-se símbolos religiosos no ritual cristão da co-

A palavra e sua função social

munhão. No entanto, o produto de consumo, por si só, está longe de ser um signo. Os produtos de consumo podem, assim como os instrumentos, serem relacionados a signos ideológicos, mas nessa relação não é apagada a nítida fronteira semântica entre eles. Assim, o pão é assado em um formato que está longe de ser determinado apenas pela finalidade de consumo do pão, mas tem uma certa significação sígnica, ideológica, ainda que primitiva (por exemplo, o formato de rosca ou de espiral).

Os signos são também objetos materiais singulares e, como vimos, qualquer objeto da natureza, da tecnologia ou do consumo pode se tornar um signo, porém, nesse casos, ele adquire uma significação que extrapola os *limites* da sua existência singular (objeto da natureza) ou de um determinado objetivo (servir para alguma finalidade de produção ou de consumo).

Não aconteceria o mesmo com nossas *palavras*? Não seria também a palavra um objeto material, que se tornou um signo?

É claro que não é bem assim. A palavra não existe inicialmente como um objeto da natureza ou da tecnologia para só *depois*, por meio de uma certa "transformação", tornar-se um signo. Pela sua própria essência, a palavra revela-se, *desde o início*, o mais puro fenômeno ideológico. Toda a realidade da palavra dissolve-se por inteiro em sua finalidade de ser signo. Na palavra não há nada que seja indiferente a essa finalidade e que não tenha sido gerado por ela.

No entanto, a palavra, sendo um fenômeno *ideológico*, é ao mesmo tempo parte da realidade material. É verdade que o seu material é um tanto específico: não pode ser tocado pelas mãos, nem provado para sentir o gosto, nem medido pela trena, nem pesado na balança. Essa material é o *som* criado pelo movimento dos nossos órgãos de fala, que, como qualquer som, obedece às leis da realidade material, às leis da natureza.

Contudo, para formar uma palavra não basta essa base acústica[9] e fisiológica.[10] O som, mesmo o articulado, não se tornará uma palavra se não "significar" algo, isto é, se não for compreendido como algo que reflete e expressa certos fenômenos da realidade: fenômenos da natureza ou da consciência social. Sem essa compreensão a palavra não será uma palavra. Entretanto, o que chamamos de compreensão não é um fenômeno "espiritual", "imaterial" e que não foi expresso em nenhum lugar e modo, tampouco é um processo mágico e sobrenatural que se realiza na "alma" do homem. Já tratamos no primeiro artigo sobre o que é a consciência. Mostramos sua estrutura ideológica e, consequentemente, social, e provamos que sem o discurso interior não existe consciência. Já o discurso interior consiste principalmente de *palavras*, ou seja, signos bastante *materiais*, que não são pronunciados em voz baixa, mas "para si". Ao compreendermos uma palavra ou uma combinação de palavras, é como se as traduzíssemos do discurso exterior (ouvido ou lido) de outra pessoa para o nosso discurso interior, como se reproduzíssemos essas palavras uma e outra vez, como se as rodeássemos com outras palavras e as situássemos em um lugar especial no fluxo discursivo geral da nossa consciência.

Diante disso, nossa compreensão, como esclarecemos no segundo ensaio, sempre possui um caráter de "*resposta avaliativa*", um caráter de réplica.

Está claro, sem que sejam necessárias mais explicações, que todos os signos ideológicos (verbais, visuais etc.) podem formar-se apenas em uma coletividade de pessoas socialmente organizada. O mundo dos animais não possui signos ideológicos.

---

[9] Acústica: a parte da física que estuda o fenômeno do som.

[10] Fisiologia: ciência que estuda o organismo humano.

Mesmo no mundo do ser humano não existem signos ideológicos para todos os fenômenos da natureza e da história. Em cada etapa do desenvolvimento da sociedade existe um conjunto específico e limitado de objetos que recebem atenção social. Só esse conjunto de objetos receberá um formato sígnico e se tornará um tema da comunicação ideológica, e portanto, sígnica.

No entanto, para que um objeto, independentemente do gênero da realidade à qual ele pertence, entre no horizonte social do grupo e desperte uma reação sígnica, ideológica, é necessário que esse objeto esteja relacionado com os pressupostos socioeconômicos essenciais da existência desse grupo, e que ele toque, ao menos tangencialmente, os fundamentos da existência material desse grupo.

É claro que nesse caso o arbítrio individual não pode ter qualquer significação. Pois o signo é criado entre indivíduos, no meio social, na sociedade.

Contudo, por enquanto a humanidade conhece somente um propulsor principal da história social: a *luta de classes*.

Por isso, todo signo ideológico, por ser um produto da história humana, não só reflete, mas também inevitavelmente *refrata* todos os fenômenos da vida social.

O que isso significa? Apenas que (e esse é o fato principal, essencial para todo escritor!) *em um mesmo signo refletem-se e revelam-se diferentes relações de classe*. Nenhuma palavra reflete de modo absolutamente preciso ("objetivo") o seu objeto, o seu conteúdo. A palavra não é uma fotografia daquilo que ela significa. A palavra é um som significante, emitido ou pensado por uma pessoa real em um determinado momento da história real, e que é, portanto, um enunciado inteiro ou uma parte dele, seu elemento. Fora desse enunciado vivo, a palavra só existe nos dicionários, mas lá ela é uma palavra morta, mero conjunto de linhas retas ou semicirculares, marcas de tinta tipográfica nas folhas de um papel em branco. Os livros e os manuscritos lidos somente pelos ratos são objetos que saíram do consumo social, do uso social, e foram descartados pela sociedade como cacos inúteis ou lascas apodrecidas. Um navio afundado coberto pelo lodo e tomado pelas algas é muito mais um objeto da natureza do que um simples pedaço de pedra, com o qual nós, na ausência de um martelo, batemos pregos ou quebramos nozes. Do mesmo modo, a palavra torna-se uma palavra somente na comunicação social viva, no enunciado real, que pode ser compreendido e avaliado não só pelo falante, mas também por seu auditório possível ou presente.

3. O signo e as relações de classe

No entanto, lembremos mais uma vez que esse falante pertence a alguma *classe*, tem uma *profissão*, possui algum nível de *desenvolvimento cultural*. Por fim, ele pronuncia uma palavra (em voz alta ou para si mesmo) em algum *ambiente*, diante de um *ouvinte*, presente ou presumido. Graças a todas essas condições, a essas forças ("fatores") que organizam tanto o conteúdo quanto a forma do seu enunciado, a palavra do falante sempre está repleta de olhares, opiniões, avaliações que, no fim das contas, são inevitavelmente condicionadas pelas *relações de classe*.

Desse modo, toda palavra, falada ou pensada, torna-se *um certo ponto de vista* para algum fenômeno da realidade, para alguma situação. Essa realidade não é um existência imutável e imóvel, na qual um homem jaz como uma escultura de bronze que não conhece movimento nem desenvolvimento. Não, a verdadeira realidade, na qual vive um homem de verdade, é a *história*, o mar sempre agitado da *luta de classes*, que não conhece a tranquilidade nem a paz. A palavra que reflete essa história não pode deixar de refletir as suas contradições, o seu movimento dialético, a sua "constituição".

A palavra e sua função social

Toda palavra, falada ou pensada, não é um simples ponto de vista, mas um ponto de vista *avaliador*. Quando pronunciamos ou ouvimos uma palavra, nunca a percebemos como algo separado e abstraído da realidade, como um fenômeno puramente sonoro, autossuficiente e valioso por si só (o que ocorre, por exemplo, na "poesia transmental").[11] Percebemos justamente aquela *realidade* (natural, histórica ou artística) que é *refletida pela palavra como seu signo*. Por isso, na comunicação linguística viva, na interação discursiva viva, não avaliamos a palavra como um som articulado, relacionado a algumas significações, a palavra como objeto de estudo gramatical, mas sim o *sentido*, o conteúdo, o *tema* contidos na palavra, ouvida ou lida.

Ao dizer que certas palavras são verdadeiras ou falsas, justas ou tendenciosas, sensatas ou insensatas, profundas ou superficiais, fazemos juízo não em relação às próprias palavras, mas à *realidade* que é refletida e refratada nas palavras-signos. É justamente por isso que *uma mesma palavra*, quando dita por pessoas de diferentes classes, refletirá também diferentes olhares, expressará diferentes pontos de vista, mostrará diferentes relações com a mesma realidade, com o mesmo fragmento da existência, que é o tema dessa palavra.

Todavia, a própria palavra enquanto tal pode ser o tema da palavra. Trata-se de possíveis juízos sobre a incorreção gramatical de uma frase, sobre o uso errado do caso ou do número de um substantivo, do modo ou do tempo de um verbo etc.

Isso de maneira alguma contradiz as posições que expressamos. A deturpação gramatical de uma palavra detur-

---

[11] *Zaúmnaia poésia* é uma invenção com o propósito de violar as regras lexicais, gramaticais e semânticas da língua russa, criada no início do século XX por expoentes das vanguardas literárias, entre eles Velimir Khliébnikov e Aleksei Krutchônikh. (N. da T.)

pa também seu sentido cotidiano, faz com que o signo verbal reflita de modo incorreto a realidade, converte-o em um instrumento técnico ruim e em um meio ideológico também ruim da comunicação social. Isso se torna mais claro ainda se nós falarmos não de um erro gramatical grosseiro, mas do *valor estilístico* da palavra. Aqui nos defrontamos mais claramente com as relações de classe, que, ao organizarem também o gosto estético, vão nos ditar a escolha de uma ou outra palavra, uma ou outra expressão, portanto, aqui também a palavra torna-se uma arena para a luta de classes, um palco para a disputa de opiniões e interesses de classe diversamente orientados.

Talvez uma refutação mais categórica do fato afirmado por nós, de que a palavra reflete opiniões multidirecionadas, possa ser a pergunta: será que as relações de classe também são refletidas e se manifestam em palavras como "mesa", "cavalo", "árvore", "sol" etc.? Em diferentes classes, essas palavras devem ser avaliadas de modo absolutamente igual, pois os conceitos sobre a realidade que elas refletem permanecem iguais em todas as classes: mesa é mesa e não cavalo, cavalo é cavalo e não árvore etc.

Sobre isso devemos objetar o seguinte.

Em primeiro lugar, a palavra isolada e retirada do fluxo da interação discursiva não pode servir de exemplo. Em seguida: ainda que as palavras, ao refletirem uma realidade objetiva, também reflitam um ponto de vista socialmente determinado sobre essa realidade, não se pode colocar um sinal de igualdade completa entre a significação objetiva e objetual da palavra e o ponto de vista expresso nela.

Qualquer pessoa, ao conhecer a realidade, a conhece de um determinado ponto de vista.

Toda a questão se reduz ao quanto o ponto de vista dessa pessoa corresponde à realidade objetiva. Um ponto de vista não é o resultado pessoal de um sujeito cognoscente: ele é o ponto de vista da classe à qual o sujeito pertence. Portan-

A palavra e sua função social

to, a objetividade e a plenitude do ponto de vista (a medida de correspondência da palavra à realidade) são condicionadas pela posição de dada classe na produção social. Diferentes classes também possuem diferentes pontos de vista; na língua de cada classe existe uma medida especial para a correspondência entre a palavra e a realidade objetiva. O proletariado, cujo ponto de vista subjetivo aproxima-se de modo mais estreito da lógica objetiva da realidade, obviamente não necessita de uma deturpação dessa realidade nas palavras.

Portanto, em cada palavra da linguagem do proletariado, o ponto de vista coincide de modo mais completo com a significação objetual e objetiva da palavra.

Em suma, mesmo no campo das palavras, que em princípio parecem ter uma mesma significação constante e devem expressar um mesmo ponto de vista constante, vemos uma contradição tanto nas significações (a depender da situação) quanto nos pontos de vista (a depender da ideologia de classe ou das habilidades profissionais), por exemplo: a árvore como material para o trabalho pode ser boa ou ruim; a árvore como objeto de especulação pode ser lucrativa ou não; a árvore pode ser exemplar raro ou comum de alguma espécie; a árvore pode ser objeto de deleite artístico, tema para um quadro ou para um esboço à lápis etc. etc.

Será que palavras como "classe", "revolução", "comunismo", "kolkhóz", "período de reconstrução", "família", "verdade", "religião" etc. não serão acompanhadas de avaliações distintas nos enunciados de um trabalhador e de um burguês, de um *batrák* e de um *kulák*,[12] de um intelectual soviético e de um concessionário sabotador? Será que os versos notáveis de Maiakóvski:

---

[12] *Batrák* é o agricultor assalariado; *kulák* é o camponês rico, dono de terras. (N. da T.)

"Eu toda a minha força sonora de poeta
Entrego a você, classe atacante!"[13]

soarão de modo completamente igual tanto na consciência de uma pessoa que está à frente do seu tempo quanto na consciência de uma pessoa que gorgoleja no pântano das opiniões e do cotidiano ultrapassados?

Em suma, toda a realidade e toda a existência do homem e da natureza não apenas refletem-se no signo, mas também *refratam-se* nele. Essa refração da existência no signo ideológico é determinada pelo cruzamento de interesses sociais multidirecionados nos limites de uma única coletividade sígnica, isto é, pela *luta de classes*.

É preciso observar que uma classe não coincide com uma coletividade sígnica, isto é, com um coletividade que utiliza os mesmos signos da comunicação ideológica. Assim, uma mesma língua é utilizada por *diferentes classes*. Em decorrência disso, como já vimos, em cada palavra, em cada signo ideológico refratam-se relações de classe multidirecionadas.

Esse aspecto é extremamente importante. Na verdade, apenas graças a essa refração de opiniões, avaliações e pontos de vista é que o signo tem a capacidade de viver, de movimentar-se e desenvolver-se. Ao ser retirado do embate social acirrado, o signo ficará fora da luta de classes, inevitavelmente enfraquecendo, degenerando em alegoria e transformando-se em um objeto de análise filológica, e não da interpretação social viva. A memória histórica da humanidade está repleta desses signos ideológicos mortos, incapazes de serem palco de interesses sociais vivos. No entanto, uma vez que o filólogo e o historiador se lembram dos signos, estes ainda preservam os últimos sinais vitais.

---

[13] Tradução literal de versos do poema "Vladímir Ilitch Lênin", de Maiakóvski, publicado em 1924. (N. da T.)

A palavra e sua função social

A classe dominante aspira dar ao signo ideológico um caráter eterno, acima das classes, apagar ou encurralar a luta das relações de classe que ocorrem no seu interior, fazer dele a expressão de apenas um olhar firme e imutável. Toda injúria viva pode se tornar um elogio, assim como toda verdade viva deve inevitavelmente soar para muitos como uma grande mentira. Essa *dialeticidade interna* do signo revela-se por completo apenas em épocas de crises sociais e deslocamentos revolucionários. Em condições normais da vida social, essa contradição contida em todo signo ideológico não pode revelar-se por completo, porque o signo ideológico na ideologia dominante formada sempre é um pouco reacionário; é como se ele tentasse deter, tornar constante e imóvel o *momento anterior* do fluxo dialético da formação social, marcar e firmar a verdade do dia anterior como se fosse a de hoje. Isso determina a particularidade refratora e deturpadora do signo ideológico nos limites da ideologia dominante.

É assim que surge a resposta às duas primeiras perguntas colocadas por nós.

A realidade histórica e natural torna-se o tema de nossas palavras na condição de signos ideológicos. A palavra, como todo signo ideológico, não só reflete a realidade, mas também a refrata na comunicação social viva, na interação discursiva viva. Isso ocorre porque as relações de classe, ao se refletirem na palavra, ditam-lhe diferentes nuances de sentido, introduzem nela diferentes pontos de vista, atribuem-lhe diferentes avaliações. Desse modo, as relações de classe integram o todo do enunciado como um fator, uma força real, que exerce uma influência decisiva também na sua estrutura estilística.

Acrescentemos apenas que justamente *o sistema de relações de classe cria um vínculo entre a situação e o enunciado ao encontrar sua expressão sobretudo na entonação, a qual justamente estabelece o ponto de vista de classe, tanto em re-*

lação à realidade que se tornou tema do enunciado quanto em relação ao ouvinte que percebe esse enunciado.

Mostremos agora em um exemplo como as mesmas palavras podem refletir e manifestar diferentes relações de classe que tomam a forma de diferentes ideologias.

Para esse fim, é mais cômodo utilizar enunciados de pessoas pertencentes àquela época em que os sistemas ideológicos encontram-se em formas mais bruscas de contradição recíproca e refletem maiores contradições ideológicas das classes em luta.

Tomemos um exemplo de um obra da literatura que nos é contemporânea: o romance de Iúri Oliécha *Inveja*. Essa obra é extremamente útil para os nossos objetivos por ser estilisticamente aguçada e por caracterizar de maneira nítida a orientação social dos enunciados dos personagens.

Os exemplos citados por nós de dois discursos verbais que tratam de um mesmo tema são certamente um sucedâneo de enunciados cotidianos, assim como os enunciados de Tchítchikov, que analisamos no nosso ensaio anterior.

Por isso, suponhamos, novamente com grandes ressalvas, que esses excertos não foram retirados de um romance, mas de uma gravação estenográfica dos enunciados de duas pessoas reais: Nikolai Kavaliérov e Ivan Bábitchev.

Eles conversam sobre uma mesma pessoa — Andrei Bábitchev, diretor do truste da indústria alimentícia, grande entusiasta da alimentação pública, saborosa e barata.

Vejamos o que Kavaliérov fala sobre ele:

"Eis o que eu soube a respeito dele.

Ele, um diretor de departamento, cidadão de figura muito séria, evidentemente estatal, subiu certa manhã, segurando uma pasta, uma escada desconhecida, em meio aos encantos de uma entrada de serviço, e bateu na primeira porta que encontrou. Visitou como Harum-al-Rachid uma cozinha numa casa de arrabalde, povoada de operários. Viu sujeira e fuligem, fúrias desenfreadas voando entre a fumaça, crianças chorando. Logo se atirou gente contra ele. Atrapalhava a todos: enorme, retirava-lhes muito espaço, muita luz e muito ar. Ademais, estava de pasta e *pince-nez*, elegante, limpo. E as fúrias decidiram: era, certamente, o membro de alguma comissão. As donas de casa atacaram-no, as mãos nos quadris. E ele foi embora. Por sua causa (gritaram-lhe) apagara-se o fogareiro, rachara um copo, a sopa ficara muito salgada. Ele foi embora sem dizer o que pretendia. Falta-lhe imaginação. Deveria dizer o seguinte:

'Mulheres! nós tiraremos de vocês a fuligem com um sopro, limparemos de fumaça as suas narinas e de barulho os seus ouvidos, obrigaremos a batata a descascar-se sozinha, milagrosamente, num instante; devolver-lhes-emos as horas que lhes foram roubadas pela cozinha: receberão de volta metade da vida. Você, jovem esposa, prepara a sopa de seu marido. E entrega assim a uma pequena poça de sopa a metade do seu dia! Nós transformaremos estas suas pequenas poças num mar faiscante, derramaremos a sopa de repolho como um oceano, espalharemos colinas de papa de trigo-sarraceno, a geleia arrastar-se-á como uma geleira! Ouçam-me, donas de casa, esperem! Nós prometemos a vocês: o chão de ladrilhos há de se inundar de sol, abrasar-se-ão os tachos de cobre, os pratos aparecerão com uma limpidez de lírio, o leite será pesado como mercúrio e a sopa recenderá tal aroma, que fará inveja às flores sobre as mesas.'"[14]

[14] Iuri Oliécha, *Inveja*, trad. Boris Schnaiderman, São Paulo, Editora 34, 2017, pp. 22-3. (N. da T.)

Certamente, se o enunciado sobre esse tema em dada situação fosse pronunciado pelo próprio Andrei Bábitchev, o estilo da sua fala seria completamente outro. No entanto, o enunciado é proferido no lugar dele por Kavaliérov, um típico representante da *intelligentsia* decadente e em processo de desclassificação. Kavaliérov odeia covardemente aquilo sobre o que fala. Ele também odeia o próprio Andrei Bábitchev, bem como o sonho da sua vida: um restaurante público popular "de vinte e cinco copeques". Ele emprega o discurso alheio possível como material para *sua própria ironia* sobre o tema desse discurso alheio; ironia que, apesar de sutilmente mascarada, ainda assim transparece em toda a estrutura estilística do enunciado.

De fato, o tema do lar doméstico — que se divide em dois motivos:

1) A superação da economia individual da cozinha; e

2) A transformação industrial do processo de preparo de alimentos —

é revestido com uma fraseologia extremamente elevada, saturada de epítetos requintados e comparações grandiosas.

Todavia, a poetização excessiva de algum fenômeno da realidade cotidiana quase sempre traz em si o perigo de um rebaixamento brusco, aos nossos olhos, do seu valor social verdadeiro. É justamente para causar esse efeito que foram calculados todos os procedimentos estilísticos da fala de Kavaliérov, a qual ele faz passar por uma possível fala de Andrei Bábitchev. Se durante a sua visita à cozinha alheia, Andrei Bábitchev tentasse pronunciar diante das donas de casa — esposas de trabalhadores — exatamente a mesma fala que Kavaliérov pronuncia e justamente com a sua entonação, ele provavelmente teria arruinado por completo a ideia da alimentação pública aos olhos dessas mulheres.

Contudo, abstrairemos a ironia que coloriu essa tradução peculiar das ideias de Andrei Bábitchev para a linguagem exageradamente intelectual de Kavaliérov. Admitamos que o próprio Andrei Bábitchev por um minuto se transformou em poeta e, com um linguagem exaltada, uma entonação sincera e convincente, começou a falar sobre os seus mais profundos sonhos e aspirações.

Qual orientação de classe obteriam palavras como: *cozinha, fuligem, sopa, papa, batata* etc., isto é, todo o conjunto (grupo) de palavras relacionadas ao conceito de *lar doméstico*? Como serão avaliadas na consciência de classe do falante? Seriam elas entonadas por ele com compaixão, ternura, comoção ou com o contrário de tudo isso?

É claro, todas essas palavras, se fossem pronunciadas por Andrei Bábitchev, deveriam adquirir uma expressão ideológica bem determinada de ódio agudo em relação a todo o fechamento e limitação obtusa dos interesses de cozinha, que escravizaram e colocaram nas algemas das opiniões e pensamentos burgueses uma enorme quantidade de famílias que ainda não tomaram o caminho da nova existência.

Citaremos um outro enunciado, também sobre o tema do lar doméstico, pronunciado pelo irmão de Andrei Bábitchev — Ivan:

"Camaradas! Querem tirar de vocês a maior das conquistas: o lar. Reboando sobre as escadas de serviço, esmagando os nossos filhos e gatos, quebrando os nossos amados ladrilhos e tijolos, os cavalos da revolução irromperão nas cozinhas de vocês. Mulheres, estão ameaçados vosso orgulho e vossa glória — o lar! Mulheres e mães, querem esmagar a cozinha de vocês com os elefantes da revolução!

... O que dizia ele? Ele zombou das caçarolas de vocês, dos vasinhos, da quietude de vocês, do direito de enfiar a mamadeira entre os lábios dos filhos... Ele ensina-lhes a esquecer o quê? O que ele pretende expelir do coração de vocês? A casa querida! Quer torná-las umas criaturas errantes nos campos selvagens da História. Esposas, ele cospe na sopa de vocês. Mães, ele sonha apagar dos rostinhos dos vossos pequerruchos a semelhança com vocês, a bela, a sacrossanta semelhança familiar. Ele irrompe nos desvãos onde habitam, corre como um rato pelas prateleiras, arrasta-se para baixo das camas, para baixo das camisas, penetra entre os cabelos das axilas de vocês! Mandem-no para o diabo!... Aí está um travesseiro. Sou o rei dos travesseiros. Digam-lhe: nós queremos dormir cada um no seu travesseiro. Não toques nos nossos travesseiros! As nossas cabeças arruivadas, ainda mal cobertas de penugem, jazeram nesses travesseiros, os nossos beijos depositaram-se neles nas noites de amor, em cima deles nós morríamos, e ali morriam também aqueles que nós matávamos. Não toques nos nossos travesseiros! Não nos chames! Não nos atraias, não nos tentes. O que podes ofertar-nos em lugar da nossa capacidade de amar, odiar, ter esperanças, chorar, lamentar e perdoar?... Aí está o travesseiro. O nosso escudo. A nossa bandeira. Aí está o travesseiro. As balas de fuzil encravam-se nele. Vamos sufocar-te com o travesseiro..."[15]

Os leitores perceberão com facilidade que, apesar do tratamento externamente diferente de um mesmo tema, presente nos enunciados de Nikolai Kavaliérov e Ivan Bábitchev citados por nós, eles, em sua essência, em nada diferem, uma vez que refletem a ideologia do mesmo grupo social — da *intelligentsia* pequeno-burguesa em processo de decadência e

---

[15] Iuri Oliécha, *Inveja*, trad. Boris Schnaiderman, São Paulo, Editora 34, 2017, pp. 143-4. (N. da T.)

desclassificação — a ideologia que, para Andrei Bábitchev, é inimiga. Por isso, todo o conjunto de palavras que se movem em torno do mesmo núcleo temático — o lar doméstico —, nos lábios de Andrei Bábitchev será inevitavelmente impregnado da entonação que expressa desprezo e repulsa em relação a elas (não às palavras como fenômenos gramaticais, mas à realidade que elas refletem).

Por fim, propomos que nossos leitores realizem a seguinte experiência, extremamente útil para desenvolver os hábitos da análise estilística.

Tentem definir qual ideologia de classe está na base dos enunciados citados abaixo, relacionados ao dia 9 de janeiro.[16] Cada um desses enunciados é a expressão bem determinada de um grupo de classe, cuja ideologia condicionou não só a diferença nos pontos de vista sobre o mesmo acontecimento, mas também a diferença nas suas estruturas estilísticas.

Em um dos próximos números, serão analisadas as respostas mais distintivas da análise sugerida por nós.

Fragmento n° 1[17]

"Soberano! Nós, trabalhadores e moradores da cidade de São Petersburgo, de diferentes castas, nossas esposas, filhos e pais anciões desamparados, vimos até você, soberano, para buscar verdade e proteção.

---

[16] Referência aos acontecimentos do dia 9 de janeiro de 1905, em São Petersburgo, conhecido também como "domingo sangrento", quando a guarda imperial abriu fogo contra trabalhadores que iam entregar ao imperador Nicolau II uma petição coletiva sobre as suas necessidades. (N. da T.)

[17] Trata-se da "Petição dos trabalhadores e residentes de São Petersburgo, a ser apresentada ao tsar Nicolau II", datada de 9 de janeiro de 1905. (N. da T.)

Nós caímos em miséria, somos oprimidos e sobrecarregados pelo trabalho extenuante, insultam-nos, não nos reconhecem como pessoas, tratam-nos como escravos que devem suportar seu amargo destino e calar-se.

E nós o estávamos suportando, mas somos empurrados cada vez mais para o abismo da miséria, da falta de direitos e da ignorância, estrangulam-nos o despotismo e a arbitrariedade, e sufocamos. Não temos mais forças, soberano. Chegamos ao limite da paciência. Chegou-nos o momento terrível, quando é melhor a morte do que a continuação de sofrimentos insuportáveis.

Então abandonamos o trabalho e anunciamos aos nossos senhores que não voltaremos a trabalhar enquanto eles não cumprirem as nossas exigências. Não pedimos muita coisa, desejamos apenas aquilo sem o que não há vida, apenas trabalhos forçados e um sofrimento sem fim.

Tudo isso, na opinião de nossos senhores e da administração da fábrica, é contra a lei; qualquer pedido nosso é considerado um crime, e o nosso desejo de melhorar a situação para eles é uma insolência ofensiva.

Soberano, aqui somos milhares e milhares, mas somos pessoas apenas no exterior, na aparência, quando na verdade, para nós, assim como para todo o povo russo, não é reconhecido nenhum direito humano, nem mesmo o direito de falar, pensar, reunir-se, discutir as necessidades, tomar medidas para melhorar a nossa situação.

Somos escravizados e isso aconteceu sob os auspícios dos seus funcionários, com a ajuda e por intermédio deles. Qualquer um de nós que ousar levantar a voz em defesa dos interesses da classe tra-

A palavra e sua função social

balhadora e do povo será jogado na prisão e enviado para o exílio. Castigam-nos, como se ter um coração bom e uma alma caridosa fosse um crime... Ter pena de um homem oprimido, sem direitos e torturado significa cometer um crime grave.

Todo o povo — tanto os trabalhadores quanto os camponeses — está entregue ao arbítrio do governo dos funcionários, formado por peculadores e ladrões, que não só não se preocupam nem um pouco com os interesses do povo, mas ainda violam esses interesses. O governo dos funcionários levou o país à completa devastação, trouxe para ele uma guerra vergonhosa e continua levando a Rússia cada vez mais à ruína. Nós, trabalhadores e povo, não temos nenhuma voz no gasto dos impostos enormes que nos são cobrados. Nem mesmo sabemos para onde e para que vai o dinheiro recolhido do povo miserável. O povo está privado da possibilidade de expressar seus desejos e exigências, de participar na fixação dos impostos e dos seus gastos. Os trabalhadores são privados da possibilidade de organizarem-se em associações para a defesa dos seus interesses.

Soberano! Será que isso está de acordo com as leis divinas, graças à quais você reina? E será que é possível viver sob tais leis? Não seria melhor morrermos, morrermos todos nós, o povo trabalhador de toda a Rússia? Que vivam e se deleitem os capitalistas, exploradores da classe trabalhadora, e os funcionários, peculadores e ladrões do povo russo.

Olhe sem ira e com atenção para os nossos pedidos: eles não são dirigidos para o mal, nem para o nosso, nem para o seu, soberano. Não é a insolência que fala em nós, mas a consciência da necessidade de encontrar uma saída para uma situação insuportável a todos. A Rússia é grande demais e as suas necessidade são variadas e numerosas demais para que somente os funcionários possam administrá-la. São necessários representantes (do povo), é necessário que o próprio povo ajude e administre a si mesmo. Pois apenas ele conhece as suas necessidades verdadeiras. Não negue a ajuda dele, aceite-a, mande imediatamente, agora mesmo, chamar representantes da terra russa, de todas as classes, de todos os estratos, e representantes também dos trabalhadores. Que estejam entre eles o capitalista, o trabalhador, o funcionário, o padre, o doutor, o professor; que todos, não importa a sua origem, escolham os seus representantes. Que cada um seja igual e livre no direito ao sufrágio e, para isso, ordene que as eleições para a Assembleia Constituinte aconteçam sob a condição de uma votação universal, secreta e igualitária.

Esse é o nosso principal pedido; dele e sobre ele ergue-se tudo; ele é o principal e único curativo para as nossas feridas abertas, sem o qual irão sangrar muito e levar-nos com rapidez para a morte."

Fragmento n° 2[18]

"O curso tranquilo da vida social em São Petersburgo foi obstruído nos últimos dias pela interrupção dos trabalhos nas fábricas e indústrias. Ao abandonarem suas tarefas em claro prejuízo para si e para seus patrões, os trabalhadores apresentaram uma série de exigências sobre as relações entre eles e os industriais. O movimento surgido foi uti-

---

[18] Texto do "Apelo aos trabalhadores, do ministro das finanças V. N. Kokóvtsov e do governador-geral [de Petersburgo] D. F. Triépov", publicado em 13 de janeiro de 1905. (N. da T.)

A palavra e sua função social

lizado por pessoas mal-intencionadas, que escolheram os trabalhadores como instrumento para a realização de seus planos e atraíram-nos para um falso caminho com promessas enganosas e ilusórias. Como consequência da agitação criminosa, surgiram inúmeras violações da ordem na capital e foi necessária a interferência de forças armadas, inevitável em casos como esse.

Esses fenômenos são profundamente lamentáveis. Causando desordem, os indivíduos mal-intencionados não cessaram diante das dificuldades vividas pela nossa pátria em tempos difíceis. Nas suas mãos, o povo trabalhador das fábricas e indústrias se tornou uma arma poderosa, sem se dar conta de que em nome dos trabalhadores foram apresentadas exigências sem relação alguma com suas necessidades.

Ao apresentarem essas exigências e interromperem suas tarefas habituais, os trabalhadores das fábricas e indústrias de São Petersburgo esqueceram também de que o governo sempre tratou com cuidado das suas necessidades, assim como as trata agora, estando sempre disposto a ouvir atentamente os seus desejos justos e a satisfazê-los na medida das suas possibilidades. Entretanto, para tal atividade, o governo precisa antes de tudo restabelecer a ordem e o retorno dos trabalhadores à sua ocupação habitual. As agitações impedem o trabalho tranquilo e bem-intencionado do governo em prol dos trabalhadores. A satisfação dos seus pedidos, por mais justos que sejam, não pode ser concedida como consequência da desordem e da teimosia.

Os trabalhadores devem facilitar a tarefa que repousa sobre o governo de melhorar o seu cotidiano, e podem fazer isso somente de um modo:

afastando-se daqueles cuja única necessidade é a de causar confusão, que são alheios aos objetivos verdadeiros dos trabalhadores e também aos verdadeiros interesses da pátria, e que usaram os trabalhadores como pretexto para provocar agitações sem qualquer relação com esses objetivos. Eles devem voltar ao seu trabalho habitual, que é necessário tanto ao governo quanto aos próprios trabalhadores, uma vez que sem ele estarão condenando à miséria a si próprios, suas esposas e filhos. Ao voltar ao trabalho, o povo trabalhador deve saber que as suas necessidades são caras ao coração do imperador soberano, assim como as necessidades de todos os seus súditos fiéis, e que a Sua Majestade ainda há pouco consentiu em ordenar, por sua própria vontade, o início da elaboração da questão sobre o seguro dos trabalhadores, questão essa que tem por objetivo prover meios de existência a eles em caso de trauma ou doença, mas que essa medida não esgota as preocupações do imperador soberano sobre o bem-estar dos trabalhadores, e que, simultaneamente a isso, com o consentimento da Sua Majestade Imperial, o Ministério das Finanças está disposto a iniciar a elaboração da lei sobre uma ulterior diminuição no tempo de trabalho, entre outras medidas que dariam ao povo trabalhador meios legais para discutir e apresentar as suas necessidades.

Os trabalhadores de fábricas, manufaturas e outros estabelecimentos industriais devem saber que, ao voltarem ao trabalho, podem contar com a proteção do governo em relação à integridade deles mesmos, das suas famílias e do seu lar. Aqueles que desejam voltar ao trabalho serão protegidos pelo governo do criminoso atentado contra a liberdade de trabalhar, realizado por pessoas mal-intencionadas que apelam à liberdade em voz alta, mas que entendem ser um direito seu impedir, por meio da violência, o trabalho dos seus próprios camaradas que estão dispostos a voltar ao labor pacífico."

Fragmento n° 3
"Os trabalhadores das fábricas e indústrias de São Petersburgo decidiram ir ao tsar e lhe pedir, para si mesmos e para todo o povo, proteção e ajuda.

Os trabalhadores de São Petersburgo são camponeses, mas que saíram das aldeias para a cidade em busca de trabalho. Por isso, em seu pedido ao tsar, os trabalhadores não esqueceram das desgraças e necessidades dos camponeses.

Para si mesmos, os trabalhadores pediram proteção contra seus patrões e a chefia das indústrias, pediram que nas fábricas e nas indústrias não roubem, não torturem e não humilhem o povo trabalhador. Para todo o campesinato, os trabalhadores pediram que os tributos sejam diminuídos e divididos de modo justo, que o povo receba terras, que todos sejam iguais perante a lei, tanto os aristocratas quanto os camponeses, que o povo receba proteção contra os chefes do *zémstvo*[19] e demais funcionários.

Os trabalhadores acreditaram que o tsar queria o bem do povo, mas que os funcionários atrapalhavam. É deles que vem toda a desgraça do povo, toda a desordem no país. Os funcionários são um muro entre o tsar e o povo; eles enganam o tsar,

---

[19] Entre os anos de 1864 e 1918, o *zémstvo* foi o modelo de administração regional do Império Russo, representante das classes proprietárias. (N. da T.)

oprimem o povo, inculcam no tsar ordens injustas e leis ruins. Por isso, o principal pedido dos trabalhadores foi:

Que o tsar consultasse não apenas os funcionários sobre as necessidades do povo e assuntos do Estado, mas que convocasse os representantes eleitos de todas as classes e perguntasse a eles quais são as desgraças e as necessidades do povo.

No dia 9 de janeiro, pela manhã, saíram, de todos os cantos da cidade, enormes massas de trabalhadores rumo ao palácio.

Iam em completa ordem, tranquilos, silenciosos, solenes. Iam velhos, mulheres e crianças.

Na fábrica de Putílov, os trabalhadores, antes de saírem, celebraram uma missa pela saúde do tsar e foram rumo ao palácio em uma procissão com o clero, portando estandartes e ícones. Levavam na frente um retrato do tsar. Mas o tsar mandou o exército ao encontro dos trabalhadores e ordenou que os dispersassem com armas. O exército, a pé e a cavalo, atacou o povo desarmado, descarregou seus fuzis, golpeou com seus sabres e pisoteou com seus cavalos.

As mulheres se colocaram à frente, e atiraram nelas. Os velhos ajoelhados pediram para que os deixassem ver o tsar, e atiraram neles.

Atiraram na procissão, nos sacerdotes, no ícone. As balas atravessaram até o retrato do tsar.

Junto aos muros do palácio, onde o povo veio 'buscar justiça e proteção', as cornetas tocaram sinais de ataque, estalaram rajadas de fuzis e brilharam os sabres.

As pessoas que vieram para o seu tsar, 'como para um pai', fugiram tropeçando nos corpos dos assassinados, perseguidos pelo assobio das balas...

A palavra e sua função social

Assim o tsar recebeu o pedido dos trabalhadores.

Os trabalhadores não atacaram primeiro e não começaram nenhuma confusão. Os comandantes animalescos, com injúrias e ameaças, forçaram os soldados a atacar a multidão desarmada e pacífica. Os soldados não sabiam do que se tratava. Os comandantes disseram para eles que os trabalhadores foram incitados por inimigos internos, por traidores e aliados dos japoneses.[20]

Mas ao verem a multidão pacífica dos trabalhadores, os soldados começaram a ter dúvidas e a sua consciência despertou. Sobretudo no início, ficou claro que estava difícil para os soldados e que eles sentiam repulsa: alguns tinham lágrimas nos olhos. Muitos da infantaria atiraram no ar ou na terra. Até entre os cossacos houve quem agitasse os sabres apenas para fingir.

Ainda assim, muitos soldados, enganados pelos comandantes e amedrontados pela disciplina militar, derramaram o sangue de seus irmãos... Mas depois das rajadas de artilharia, até os trabalhadores se enfureceram. Começaram a procurar armas, tomaram os sabres dos policiais, conseguiram, nas fábricas, lâminas de sabre inacabadas, cegas e sem cabos. Eram armas lamentáveis... E foi com elas que os trabalhadores marcharam obstinados contra o exército. Até o fim do dia, os soldados também se enfureceram.

Mesmo nas ruas da capital, os russos batiam-se e matavam uns aos outros, como inimigos e feras selvagens. Quantas pessoas morreram, ninguém

---

[20] À época (1905), a Rússia estava em guerra contra o Japão devido a uma disputa territorial na China e na Manchúria. (N. da T.)

sabe. O governo anunciou que foram mortas 130 pessoas, mas ninguém acreditou no governo.

O governo quer jogar a culpa nos trabalhadores. Nos jornais, foi ordenado que se publicasse que os trabalhadores, enganados por mal-intencionados e traidores, assinaram uma petição insolente, sem saber o que estava escrito nela, e marcharam em um multidão revoltosa, armaram confusões e atacaram o exército.

Foram colados anúncios que diziam que os trabalhadores haviam sido comprados pelos ingleses e pelos japoneses. Os popes repetem ao povo as mesmas mentiras, por ordem dos bispos do Sínodo.

Mas agora, nem mesmo o povo ignorante chega a acreditar nessas mentiras.

Em São Petersburgo, todos estavam a par do caso. Não houve incitadores estrangeiros, apenas russos honestos que não pensavam em nada a não ser nas necessidades básicas e essenciais do povo russo. A petição foi lida e discutida pelos trabalhadores em reuniões: dezenas de milhares de pessoas ouviram, pensaram e aprovaram essa petição, e assinaram-na em plena consciência. Os trabalhadores não armaram confusão, mesmo depois de terem atirado neles. Os trabalhadores até detiveram a multidão dos meninos de rua e maltrapilhos que começaram a depredar as lojas.

A história sobre o dinheiro inglês deixou o governo ainda mais desmoralizado. O governo inglês declarou que era mentira, e o governo russo teve que se desculpar e retirar as acusações.

Sobre os cadáveres dos camaradas mortos, os trabalhadores juraram que nunca esqueceriam esse dia e que nunca perdoariam o governo por esses assassinatos.

A palavra e sua função social

Os trabalhadores chamam o tsar de assassino e traidor do povo. Eles não esperam mais nada do tsar, nem pedem nada a ele. O que antes eles pediam, agora querem conseguir à força.

Ninguém mais quer confiar no tsar e nos funcionários. Eles só conseguiram estragar e confundir todos os assuntos do Estado russo, tanto os externos quanto os internos. Nos assuntos externos, eles deixaram que as coisas chegassem a uma guerra, não a souberam conduzir e nem sabem como terminá-la. Nos assuntos internos, eles prometem ao povo todo tipo de melhorias, mas na verdade apenas o levam à ruína, e espancam ora os trabalhadores, ora os camponeses, ora os estudantes.

Só os representantes eleitos pelo povo vão querer e poder ajudá-lo.

Os eleitos pelo povo russo, em uma paz justa e em acordo com os eleitos do povo japonês, terminarão a guerra que devasta e assola ambos os povos.

Já no Estado russo, os eleitos pelo povo acabarão com as desordens internas, anularão as leis injustas e darão ao povo proteção contra os ricos e poderosos; dividirão os tributos de modo mais justo, acabarão com o roubo do tesouro público, do dinheiro do povo russo, banhado de sangue e suor.

Apenas a convocação imediata dos eleitos pelo povo ao governo pode trazer paz e tranquilidade à Rússia e abrir para o povo o caminho para a luz, a liberdade e a felicidade."

ARTIGOS

M. P. Mússorgski (1835-1881): por ocasião dos quarenta anos de sua morte[1]

"Mússorgski não pertence a nenhum dos círculos musicais existentes, no que diz respeito tanto ao caráter de suas obras, quanto às suas opiniões musicais. A fórmula de suas opiniões artísticas pode ser esclarecida a partir do seu olhar, como compositor, acerca do objetivo da arte: a arte é um meio de conversar com as pessoas, e não um fim. Toda a sua atividade criativa é determinada por esse princípio orientador. Ao partir da convicção de que a linguagem[2] humana é regida por leis estritamente musicais, ele vê a tarefa da arte musical como uma reprodução sonora não somente da disposição dos sentimentos, mas, principalmente, da disposição da linguagem. Ao reconhecer que, no campo da arte, somente os artistas reformadores — como Palestrina, Bach, Gluck, Beethoven, Berlioz, Liszt — criaram as leis da arte, ele não considera essas leis inalteráveis, mas em constante progresso e transformação, assim como ocorre em todo o mundo espiritual do homem."

Com essas palavras Mússorgski finaliza a sua curta autobiografia, escrita pouco antes de sua morte. Essa confissão

---

[1] Artigo publicado em *Iskússtvo* [*Arte*], nº 2-3, pp. 9-11, Vítebsk, abril-maio de 1921. (N. da T.)

[2] A palavra russa aqui empregada é *riétch*, que pode ser traduzida por "linguagem", "fala", "discurso" ou "língua". (N. da T.)

característica não poderia definir melhor todo o caminho criativo de Mússorgski. Desde a primeira infância, ele absorveu a música dos contos maravilhosos russos. Na sua concepção, o som e a palavra estão indissociavelmente ligados em uma união artística íntegra e indivisível, e toda a obra de Mússorsgski quase não ultrapassa os limites da música vocal: trata-se de óperas e romanças em um estilo tipicamente popular. Escreveu uma quantidade muito insignificante de obras para piano e orquestra, que certamente não são o centro de gravidade de suas composições. Isso, por um lado. Por outro, o tratamento das leis da criação musical como algo relativo e convencional levou-o a uma espécie de ódio enfurecido contra tudo o que é formal e finalizado, contra tudo o que passa a mínima impressão de estar tecnicamente acabado. Essas duas tendências foram fortemente cultivadas nele pelo meio onde ele circulava. A proximidade de Mússorgski com os representantes desse meio foi o fato mais importante da sua vida, uma vida monótona e pouco rica em acontecimentos biográficos de efeito. O que era, então, esse meio?

Nos anos 1860, formou-se um círculo de jovens compositores russos composto por Mússorgski, Mili Balákirev, Aleksandr Borodín, César Cuí e Nikolai Rímski-Kórsakov. Esse círculo revoltou-se energicamente contra a rotina acadêmica e a veneração cega dos clássicos. Ele sofreu uma forte influência do espírito geral da época: do populismo[3] e do realismo, que eram as ideias dominantes da vida russa de então, e também a influência dos novos românticos do Ocidente.

É compreensível, portanto, a admiração desse círculo tanto por [Mikhail] Glinka, o grande fundador da música

---

[3] *Naródnitchestvo*, de *naród* (povo, nação) foi um movimento consolidado nos anos 1860 com o objetivo de aproximar a classe intelectual do povo russo. (N. da T.)

russa genuína, quanto por Aleksandr Dargomíjski, que proclamou em seu *O convidado de pedra* as exigências do realismo musical.

A influência do círculo sobre Mússorgski foi enorme. Balákirev, à testa do grupo, possuía ampla erudição musical e estudou na prática e nos mínimos detalhes a técnica da composição, era uma espécie de guia do círculo. Este que foi apelidado por Aleksandr Seróv de "Grupo dos Cinco"[4] logo ocupou uma posição dominante no processo de desenvolvimento da música russa. Balákirev e Cuí tratavam Mússorgski como o menor dentre eles, alguém com poucas perspectivas, apesar de entenderem perfeitamente o seu talento extraordinário. Aos olhos deles, a completa ausência de técnica musical e a incapacidade total de trabalhar sistematicamente o rico material presenteado por sua inspiração, bem como a impotência no tratamento das formas musicais, tornava-o especialmente necessitado de conselhos e críticas. Em todas as suas obras, faltavam a sobriedade do estilo, a precisão, a elaboração técnica, o refinamento da forma, e tudo isso resultou na triste negligência à harmonia e ao contraponto: ciências rejeitadas com arrogância pelo Grupo como excessivas e até mesmo nocivas. O principal defeito de Mússorgski é o descuido com a escrita, às vezes levado ao extremo, e a fraca elaboração temática: tudo o que Rímski-Kórsakov, que assumiu o trabalho de orquestração das suas obras principais, formulou como "falta de praticidade, inflexibilidade das harmonias e modulações, erros na condução da voz, fragmentação das frases melódicas etc.".

No entanto, todos esses defeitos foram compensados pelo talento poderoso e original, que fez dele um dos primeiros na série de compositores a realizar os preceitos de Glinka, ao

---

[4] No original, *Mogútchaia Kútchka* (como é chamado o Grupo dos Cinco pelos russos), que pode ser traduzido literalmente por "montinho poderoso". (N. da T.)

criar uma música russa autenticamente popular, distante das melodias adocicadas e das harmonias clichê, sem conteúdo, dos italianos, que inundaram toda a Europa com os produtos da sua cultura musical de baixa qualidade. O traço fundamental do talento de Mússorgski é a objetividade. O centro de gravidade de sua obra está na representação da riqueza espiritual da vida alheia. Graças à vivacidade excepcional de sua imaginação artística, ele tinha o dom de sentir com nitidez o colorido da época. A sua intuição histórica foi tamanha que ele encarnou nos sons, com espantosa maestria, o caráter e o espírito do tempo e do contexto cotidiano-histórico no qual surge o acontecimento retratado. O famoso historiador [Nikolai] Kostomárov caracterizou com muita perspicácia a ópera *Boris Godunóv* como uma "página da história russa".

Na arte, no entanto, mesmo a narração criativa estritamente objetiva é refratada pelo temperamento do artista.

O temperamento passional e indomável de Mússorgski, que na terminologia de Harald Høffding, pode ser definido como "sombrio, forte e vagaroso" (4º tipo), encontrou expressão, em quase todas as suas obras, na predominância da escala menor, na tendência a contrastes bruscos das situações dramáticas e à expressividade musical correspondente. Em suas opiniões sobre a beleza, Mússorgski relacionava de modo estreito o conceito de beleza com a expressividade, mas, ao mesmo tempo, não tratava esta última como o único fator de beleza. Essa visão acerca da expressividade foi apresentada por Schelling e, na música, manifestou-se ainda nas obras de Christoph Willibald Gluck e André Grétry.

Mússorgski rejeitava e não compreendia a representação material da beleza, a representação que não expressa pensamento ou sentimento algum. Ele escreve: "A representação artística somente da beleza, no sentido material, é uma criancice grosseira, é a idade infantil da arte. Já o retrato dos traços mais finos da natureza do homem e da humanidade, o garimpo obstinado nessas paragens pouco exploradas e a sua conquista: eis a verdadeira vocação do artista". Essas palavras mostram que Mússorgski não era um simples realista psicológico, mas um realista-artista que busca a beleza e a coloca no primeiro plano da sua arte.

Aquilo que Dostoiévski escreve no seu caderno de anotações pode ser completamente aplicado a Mússorgski: "Chamam-me de psicólogo, o que não é verdade; sou apenas um realista no sentido elevado, isto é, retrato todas as profundezas da alma humana".

Mússorgski via na arte um meio de conversar com as pessoas, e não um fim. Em sua opinião sobre a arte como uma força unificadora congregacional, Mússorgski concordava com Tolstói. Mússorgski era profundamente contrário à moralização da arte; zombava dos poetas da tristeza civil[5] e nunca incluía em sua música elementos de sermão. Ele não quer convencer, não impõe a sua ideologia musical e muito menos suas ideias verbais concretas; pecado muito comum entre os representantes da assim chamada música "programática". Pelo contrário, sua música aproxima-se mais de uma confissão, de uma narrativa despretensiosa que a alma faz de si mesma, e é por isso que os sons da sua música retratam com tanta sinceridade essa natureza tipicamente russa, dotada de uma quantidade incontável de possibilidades geniais, paralisadas pela preguiça puramente russa, que se esconde medrosamente de quaisquer esforços relacionados à apreensão da sabedoria "alemã" e, ao mesmo tempo, possui

---

[5] Referência ao poeta populista Semion Nádson (1862-1887) e mais especificamente ao seu poema "Kak kátorjnik vlatchit okóvi za sobói" ["Como um condenado arrasta os grilhões atrás de si"], de 1884, que contém os seguintes versos: "Lamento por não poder com toda a paixão, com toda a alma/ Servir-lhe a tristeza do meu povo". O populismo russo (*naródnitchestvo*) foi um movimento que, nascido nos anos 1860, idealizava a aproximação entre o povo e a *intelligentsia* russa. (N. da T.)

M. P. Mússorgski (1835-1881)

os enlevos oblomovianos[6] do pensamento, desejoso de grandiosas realizações e que nunca realiza nada.

Por não dominar o mistério da habilidade técnica acessível a tantos outros, Mússorgski não só não soube criar novas formas musicais como tampouco obras perfeitas do ponto de vista técnico. E por isso ele seguiu pela linha da menor resistência. Por não conseguir alcançar a expressividade superior na linguagem de uma arte, simplesmente pela ausência de técnica e de conhecimentos elementares, foi fatalmente condenado a superar os limites da pura música e incluir nela elementos de outras artes. As suas únicas obras capitais são as óperas. A ópera é um desvio do caminho da arte puramente musical, por conter em si não apenas a música, mas uma mistura eclética de diferentes tipos de arte. A arte que se utiliza apenas dos seus próprios meios possui o mais alto valor.

A tendência a pintar com os sons, a quase retratar os fenômenos e objetos do mundo exterior, é um erro crasso da falsa estética. Quando a arte sai dos seus limites, quando o compositor tenta fortalecer a impressão produzida pelo som por meio da palavra e do gesto, sempre trata-se ou de uma incompreensão da essência da arte musical ou de uma inconsistência criativa. A ópera, por mais que afirmem os seus defensores "wagnerianos", é a *décadence* da arte musical. É verdade que mesmo na decadência há aspectos que encantam e enfeitiçam a nossa percepção estética.

Um exemplo claro desse fenômeno são as óperas de Mússorgski *Boris Godunóv* e *Khovánschina*. Nelas, o seu gênio errante manifestou-se com mais força. A escolha dos enredos das obras mais capitais de Mússorgski pode ser explicada por suas tendências democráticas. Mússorgski, po-

---

[6] Referência a *Oblómov* (1859), romance de Ivan Gontcharóv, cujo protagonista, apesar de ter boas ideias para a transformação da sociedade, é marcado pela profunda preguiça e inatividade. (N. da T.)

pulista no melhor e mais nobre sentido dessa palavra, nunca escondeu as suas simpatias pelo povo. Em uma de suas cartas, ele escreve: "Quero criar o povo: durmo e sonho com ele, como e penso nele, bebo e ele aparece diante de mim, ele, somente ele, íntegro, vasto, sem exageros nem falsidades".

Mússorgski tinha até a intenção sincera de "ir ao povo":[7] "E o que será se Mussoriánin[8] bramasse pela Mãezinha-Rússia! Já tenho o costume de cutucar a terra preta; não quero cutucar a terra adubada, mas a terra bruta; não quero conhecer o povo, mas irmanar-me com ele".

Mússorgski imprimiu esse amor pelo povo em *Boris Godunóv* e *Khovánschina*. Ele planejava ainda escrever a ópera *Pugatchióvschina* com o objetivo de realizar, desse modo, uma espécie de tríade revolucionária da vida russa dos séculos XVI, XVII e XVIII. Suas opiniões políticas harmonizavam-se bastante com o seu credo artístico, e os seus lemas revolucionários — "Ouse" e "Rumo a novas margens" — não eram palavras vazias. Sem nada temer, ele destruía os velhos fundamentos das tradições musicais e, com todo o ardor de um guerreiro revolucionário da arte, aspirava a "novas margens" de uma beleza jamais vista e infinitamente distante das formas desnecessárias e superadas, em sua opinião, da arte antiga.

A capacidade de sentir a alma infantil e a surpreendente perspicácia, sua grande aliada na criação de uma assinatura musical, criaram *Diétskaia* [*Quarto infantil*], uma coletânea notável de canções sobre a vida infantil. Contudo, o principal lugar na sua obra vocal é ocupado, sem dúvida, por *Piésni i pliáski smiérti* [*Canções e danças da morte*], um ciclo de romanças dedicadas à questão da morte. Se, em *Sernada* [*Serenata*], um certo romantismo estetiza demasiada-

---

[7] Um dos lemas adotados pelos populistas russos. (N. da T.)

[8] Apelido de Mússorgski na escola e entre seus amigos. (N. da T.)

mente a morte, em *Trepak*, o caráter real da imagem de um mujique morrendo de frio e embalado pela canção da nevasca deixa uma impressão inesquecível. Por seu mistério lúgubre, o mundo dos doentes mentais também atraía Mússorgski de modo irresistível. Suas imagens dos *iuródivie*[9] são desenhadas com traços surpreendentemente nítidos (em *Boris Godunóv* e na romança *Sviétik Sávichna* [*Querida Sávichna*]). Infelizmente, é impossível fazer uma análise exaustiva de todas as obras de Mússorgski em um artigo breve. As páginas de suas partituras, por vezes geniais, exigem não um panorama crítico ligeiro, mas um trabalho sério e bem embasado.

De modo geral, os principais traços da obra de Mússorgski podem ser expressos da seguinte maneira: a aspiração a representar a alma humana através dos sons relacionada à capacidade de encarnar a alma do personagem criado, o que resulta no surgimento de um realismo psicológico; a intuição dramática assertiva, que lhe dava a capacidade de captar sem erros a tensão máxima da situação dramática e fixá-la por meio da densidade maior do tecido sonoro ou por meio do colorido específico das combinações melódico-harmônicas; a expressividade poderosa junto com a concisão e a energia da linguagem musical; a compreensão do espírito do povo e a aspiração de encarnar esse espírito em todas as suas tarefas criativas, condicionada pela força dos seus instintos sociais; e, por fim, um humor singular. O fio condutor que perpassa quase toda a obra de Mússorgski é a tentativa torturante de resolver a questão da morte. Não era um pavor diante do seu próprio fim, mas diante da morte, pela perda irremediável de cada individualidade humana, o que fazia com que o sofrimento inundasse a alma de Mússorgski. Até mesmo o seu olhar acerca da arte como um meio de con-

---

[9] Mendigos-videntes, personagens típicos da Rússia. (N. da T.)

versa com as pessoas nasce organicamente do desejo de unir-se, do modo o mais próximo possível, a cada alma fadada a desaparecer na obscuridade e no desconhecido, nasce da aspiração a extrapolar a beleza sonora abstrata da arte musical e proferir "a palavra do amor para toda a vastidão dos campos russos", palavra bastante concreta e compreensível a cada indivíduo, e com isso lançar à eternidade o aspecto mais valioso da cultura humana: a realização do mandamento de aproximar as almas dos homens.

Mússorgski passou a segunda metade da sua vida na miséria. A propensão ao álcool gradativamente ganhou força, assim como a discórdia no interior da sua alma. A natureza dual de Mússorgski, que oscilava do êxtase místico à blasfêmia, agitava-se convulsivamente, sem encontrar a saída do seu dramático dualismo. Uma série de desavenças da vida feriu sua alma, que lentamente esvaiu-se em sangue. A moça pela qual ele se apaixonou morreu jovem. Em vida, ele não viu o sucesso de suas obras criadas com tanto amor. A solidão e a alienação de tudo tomaram conta dele. Ele se afundou mais e mais na bebida até que, por fim, faleceu em um hospital no dia 29 de março de 1881.

Mesmo que, ao longo dos anos, se perca o interesse pela harmonização grandiosa e célebre de *Boris Godunóv* e a melodia nobre de *Khovánschina*; mesmo que no caminho do processo musical histórico forem encontrados os procedimentos mais perfeitos de escrita sonora; mesmo que a beleza das formas cinzeladas das novas obras ofusque a arquitetônica musical primitiva de Mússorgski, restará para sempre o que há de mais valioso, de mais precioso na sua obra — a marca indivisível de uma individualidade única e singular, a luz de uma alma tensa que aspira avidamente à verdade, a profunda e misteriosa verdade oculta nos recônditos da arte.

M. P. Mússorgski (1835-1881)

O problema da obra de Beethoven I[1]

Em qualquer campo da cultura, o fenômeno do gênio é condicionado, em grande medida, pelo grau de preparo do meio à sua aceitação. Os fenômenos de Dante, Mozart, Michelangelo, Leibniz ou Kant seriam impensáveis em um meio de zulus, papuas e bosquímanos. Sempre deve existir um determinado *minimum* cultural, no qual é possível o surgimento do gênio. A orientação da obra de um gênio é determinada, primeiramente, pela posição da série histórica no processo de desenvolvimento de um campo da cultura, no qual ele está inserido pela data de nascimento; e, em segundo lugar, pelo caráter da demanda cultural do meio.

A envergadura da obra depende do grau do dom pessoal. A importância do gênio cresce com a força do alcance de um determinado valor cultural, como um objetivo dado à arte, à ciência ou à filosofia, e também com a magnitude do mérito ético desse gênio. A grandeza moral e a potência do caráter não devem ser menos avaliados do que a força do dom criativo. Desse ponto de vista, Beethoven possui uma importância máxima. A realização de valores elevados na arte tonal une-se com a pureza cristalina de sua personalidade interior. As seguintes palavras, nas quais ele deixou escapar a sua alma, podem ser aplicadas a ele: "Eu não conheço outro sinal de grandeza a não ser a bondade".

[1] Primeira parte do artigo, publicado em *Zapíski Peredvijnógo Teátra* [*Notas do Teatro Itinerante*], n° 44, Petrogrado, 26 de dezembro de 1922, pp. 2-3. (N. da T.)

Essa bondade foi um princípio orientador da sua atividade cotidiana e, refratada no prisma da obra, transferiu-se para a esfera da sua atividade artística. Nesse processo de transferência do princípio ético para o princípio estético é possível encontrar a chave para a solução do enigma da sua obra, o qual pode ser formulado por palavras dele mesmo: "felicidade a partir do sofrimento".

Qual foi a influência da história na orientação da obra de Beethoven?

A música, como toda arte, determinou o seu desenvolvimento a partir da intensidade das exigências do meio em relação à expressão criativa das suas vivências artísticas, mediante um tipo específico de pulsão, necessário para a transferência dessas vivências para fora de si, ao realizá-las nas formas do tempo e do espaço sonoro, justamente por meio daquilo que pode ser formulado como "imperativo estético".

No entanto, no decorrer de muitos milênios, o imperativo estético funcionou na dependência do imperativo religioso. No início, a música desenvolveu-se sob a proteção dos deuses egípcios e do Panteão olímpico, e depois sob a égide da Igreja cristã. Contudo, se a religiosidade foi um dos principais estímulos da criação musical, a tutela da Igreja, tendo levado a música a um alto grau de desenvolvimento, conteve-o, fazendo com que a música estagnasse em sua fria beleza formal.

Já na época do Renascimento, a corrente viva do protesto começou a jorrar em uma fonte poderosa.

Aqui tem início o florescimento da música secular, que antes já havia tentado afirmar-se (a lírica dos trovadores, o *Minnesang* alemão).

Qual era a diferença entre a música secular e a religiosa? A ideia de "igreja" é a criação de uma comunidade ideal dos pensamentos e sentimentos dos crentes, e a sua união em um corpo e uma alma. Certamente, a música, tendendo a expressar essa vivência intelectual e emocional da congregação, não irá expressar os sentimentos pessoais do autor, mas irá desenvolver-se na direção de uma objetividade cada vez maior. A música é a mais lírica de todas as artes. Entretanto, aqui, pela necessidade de introduzir uma nova terminologia, a música será *heterolírica*, isto é, não uma lírica individual, mas coletiva, que expressa a relação congregacional estabelecida com o deus celebrado.

A Renascença trouxe outras disposições. A sede pela libertação das tradições e regras religiosas teve o seu papel. Uma diferente exigência cultural do meio levou a uma diferente orientação nas artes. Um espírito livre cria uma música livre: livremente derramando nos sons e nas palavras os seus sentimentos e pensamentos pessoais, a música torna-se *autolírica*. Na própria criação religiosa houve uma reviravolta.

Palestrina[2] encerrou com grandiosidade o longo período da música puramente sacra. Depois dele, essa música começa a perder a sua objetividade.

Bach, Mozart, Haydn e Beethoven foram pessoas sinceramente religiosas, mas será que suas missas, impregnadas de vivências puramente subjetivas, tendendo à expressão de sua relação pessoal com Deus, possuem algo em comum com a música de Palestrina, que renuncia a tudo o que é terrestre, e que é ofuscantemente pura, a exalar um frio diáfano das alturas inacessíveis do espírito? Não foi por acaso que Beethoven escreveu sua *Missa solene em ré maior* "de coração para coração", com isso enfatizando a intimidade de suas vivências e confiando-a apenas à sensibilidade de um coração individual.

Desse modo, vemos que o curso da história determinou que a obra de Beethoven se orientasse no sentido de uma poderosa revelação sonora de todo o complexo de vivências emocionais da sua personalidade: para um típico autoliris-

---

[2] Giovanni Pierluigi da Palestrina (1525-1594), compositor italiano da Renascença, representante da Escola Romana. (N. da T.)

mo. Nessa mesma direção estava orientada também a exigência cultural do meio, que conheceu um fascínio agudo pela lírica individual do pensamento e do sentimento.

No entanto, se a criação autolírica pressupõe um reflexo do mundo interior, então nos deparamos com o problema fundamental da lira de Beethoven: como foi que Beethoven não caiu em um pessimismo musical, e por que sua obra não se fechou no círculo sem saída do desespero, do horror e da amargura, assim como ocorreu com a obra de Chopin? Se Chopin teve o direito de realizar sonoramente o pessimismo amargo de um homem que conheceu muita tristeza, tanto mais Beethoven, que bebeu até o fim desse cálice amargo, teve o direito de estarrecer o mundo com o suplício interminável e as trevas sem esperança da sua obra. De repente, vemos o contrário: a lírica da amargura e do desespero, que se elevou até o *páthos* trágico, inesperadamente supera-se e resolve-se em hinos iluminados de felicidade e liberdade.

A chave para a solução desse enigma foi dada acima.

O princípio ético transferiu-se para o estético. A filosofia moral moralizou a arte.

A fonourgia (a criação sonora) de Beethoven surgiu como a canção de uma alma elevada, como a canção de um herói trágico, derrotado externamente pelo destino, mas que o venceu internamente. Nem a tirania do pai bêbado, nem a pobreza miserável de sua infância, nem a desilusão constante no amor, tanto na juventude quanto na idade madura, nem a vida de fome e pobreza, nem a vileza de um sobrinho adorado, nem o horror da surdez absoluta, nada pôde arruinar a sua fé intensa no bem, o seu desejo poderoso de afirmá-lo. Durante toda a sua vida, Beethoven tentou encontrar a "melodia do homem bondoso" e, no final, realizou-a de modo genial em sua *Nona Sinfonia*.

Continua

O problema da obra de Beethoven I

O problema da obra de Beethoven II[1]

Qual é o processo de transferência do princípio ético para o princípio estético, ou, em outras palavras, de que modo a beleza na arte pode expressar tendências volitivo-espirituais?

Isso ocorre quando ela desperta no contemplador as mesmas vivências que o autor da obra tentou colocar nela. Beethoven, o genial foneurgo (mestre dos sons), ao realizar esse objetivo, seguiu dois caminhos. Além da ação por meio de um efeito puramente dinâmico da obra, ele desperta a sensação de interesse por ela. O ouvinte faz uma tentativa de compreender esse objeto de arte, de reconhecer a sua estrutura, o seu aspecto formal.

Aqui a música inclui, na relação do ouvinte com ela, elementos de conhecimento (certamente subentende-se um ouvinte que sabe se orientar no aspecto teórico da música). Quanto mais complexa for a estrutura, a arquitetônica da obra musical, quanto mais titânica for a ideia do foneurgo, quanto mais elevada for a técnica de realização da tarefa estética que ele próprio se impôs, tanto mais profunda será a admiração cognitiva do ouvinte, mais fortemente ele será comovido pela grandiosidade da obra e com mais clareza sen-

---

[1] Segunda e última parte do artigo, publicado em *Zapíski Peredvijnógo Teátra* [*Notas do Teatro Itinerante*], n° 46, Petrogrado, 16 de janeiro de 1923, pp. 3-4. (N. da T.)

tirá a sua insignificância pessoal, a sua pequenez diante dessa revelação do criador genial. Aqui, as vivências do ouvinte são condicionadas por aquele fato da beleza, que na estética se chama "elevação". Certamente, os fenômenos da natureza despertam em nós o ápice do sentimento descrito acima. E quanto mais, graças à maestria do autor, a obra de arte trouxer em si essa força elementar da natureza, força que não possui nada além de si mesma, força indivisível, que luta titanicamente contra tudo que se opõe a ela, tanto mais a obra conterá finalidades e valores em si mesma, tanto mais poderá ser incluída na categoria das "elevadas". Contudo, o "elevado" costuma nos oprimir justamente por seu caráter de elevação. Nele, não há amor.

A natureza quase sempre é inimiga do homem. As leis do universo tendem a anular o livre-arbítrio dos seres vivos, uma série de motivos prende o homem no círculo das ações obrigatórias.

É assim que a natureza terrestre se opõe à natureza humana. Entretanto, quanto mais independente for o espírito do homem, mais corajoso ele será ao enfrentar o destino. O homem se transforma em herói.

A *Quinta Sinfonia* já faz uma alusão clara a esse embate. Todo o temperamento de Beethoven manifesta-se em suas palavras: "Conseguirei agarrar o destino pela garganta". Esse embate revela-se de modo mais acabado na *Nona Sinfonia*. Na grande epopeia de sons, Beethoven realiza a vitória do herói sobre o destino, do homem livre sobre a força obscura do universo.

Tanto na *Quinta*, quanto na *Nona Sinfonia*, e sobretudo nesta, o "elevado" é transmitido por meio da titânica maestria da técnica, do colossal conhecimento teórico e da habilidade na sua aplicação, além da grandiosidade geral das concepções dessas obras. Já seu aspecto ideológico (a ideia de superação do destino) está expresso no colorido específico dos temas principais, na especificidade do seu caráter e na precisão surpreendente do desenho temático de todas as suas emoções fundamentais.

Assim é o primeiro caminho, o caminho que introduz na arte a categoria do elevado e o elemento de conhecimento que decorre dessa categoria. No entanto, a beleza não está só no conhecimento do elevado. Ela está ainda no sentimento moral. Sentimento este que mata o elevado na esfera da existência humana.

A moral não conhece limite, não cessa em seu processo de superação. O homem que tenta erguer a si mesmo à categoria do "elevado" para entregar-se à sua tranquilidade elevada já por isso entra em conflito com o princípio moral. Pelo contrário, só o desejo de superar-se está em par com o "elevado" na natureza humana.

Aqui delineia-se o segundo caminho: Beethoven não pôde se satisfazer com a constatação da fraqueza humana. Não são todos que podem aspirar ao papel de um herói que vence o destino por meio da superação do que há de terreno em si e da tendência ao supraindividual. Seu amor encontra uma saída: é preciso que o mais elevado justifique a natureza inferior. É necessário introduzir o humano na arte, mostrar a limitação desse elemento humano e dissolvê-la na beleza da arte.

Disso nasce o humor de Beethoven.

Em linhas gerais, o que é o humor? O humor é o sorriso do "sátiro santo", do homem com pés de bode. Nele, a parte superior — humana — justifica e redime a inferior, a de bode. A consciência da imperfeição, da sua distância em relação ao ideal, a não correspondência cômica entre o que deve ser e o que é, provoca um riso alegre e ao mesmo tempo tingido com tons de amargura. Contudo, a compreensão da imperfeição (de onde surge até mesmo o riso) já contém em si a tendência à elevar-se acima dessa imperfeição, a superá-la, a realizar o imperativo moral.

Do mesmo modo, a música pode refletir o "demasiado humano", para que o ouvinte, ao rir dele, o justifique! Isso ocorre quando o homem é mostrado em alguma de suas limitações, uma especificidade que lhe é característica. Por exemplo, na dança, as pedras, as árvores, os pássaros e as feras não dançam. A representação da dança associa-se necessariamente à representação do homem. É nesse sentido que o humor de Haydn, e, em parte, de Mozart, manifesta-se no minueto. Existe outra limitação, e foi justamente a ela que Beethoven recorreu. Trata-se da canção popular. Nela, a limitação é ainda maior: o conceito de popular já foi associado com um tipo totalmente determinado de homem — o alemão sensato e lento, o francês expansivo ou o inglês comedido, o hindu nirvânico ou o chinês amarelado pela poeira dourada dos séculos.

Em um trechinho de sons *scherzo*, alegre e saltitante, e em outras partes de certas sinfonias (da *Sétima*, por exemplo), Beethoven nos apresenta algo humano, que logo reconhecemos, mas que não causa grande alegria em uma pessoa com bom gosto estético.

Na triste *bourrée*,[2] na *giga*[3] impetuosa, no grandiloquente minueto, assim como nos motivos da bonachona canção alemã, da frívola canção francesa ou de alguma russa bem queixosa, reconhecemo-nos em todas as refrações da individualidade.

Pois, no fim das contas, somos todos apenas o reflexo mútuo do *speculum speculorum*.[4] Todos temos muito em comum, muito de semelhante; estamos acostumados a pensar

[2] Dança comum nas províncias de Auvérnia, na França, e Biscaia, no País Basco. (N. da T.)

[3] Ou *gigue*, dança popular originada a partir da *jig* inglesa. Costuma aparecer ao final de uma suíte. (N. da T.)

[4] Em latim no original: "espelho dos espelhos". (N. do T.)

O problema da obra de Beethoven II

e a sentir de modo tão gregário que até as nossas ideias "originais" e os nossos atos excêntricos são apenas uma especulação hábil a partir de um material elaborado conjuntamente, uma combinação habilidosa de opiniões alheias e uma imitação imperceptível dos atos alheios. É por isso que o surgimento dos gênios é tão raro, pois o traço diferenciador do gênio é a autonomia, a originalidade completa e a independência.

É impossível não rir ao ver a si próprio colocado no pedestal de uma das artes mais ideais: a música.

Nós e o ideal!! Essa comparação, por si só, resulta em um riso confuso, na tímida sensação de haver uma certa lacuna moral, e com isso o objetivo do humor é atingido. Entretanto, o humor é generoso, e esse duplo encarnado nos sons, nós o recebemos como um aspecto da arte, com "amor estético", como diz [Hermann] Cohen, fundador da mais moderna estética. A beleza da arte vence a aparência desajeitada do imperfeito, dissolve-a em si de modo sacrificial.

Esses são os fundamentos do caminho de toda a foneurgia de Beethoven: o elevado e o humor; a aspiração a um caminho supraindividual de superação do individual, a separação do terrestre em nome do elevado, do celestial, e o processo contrário — a elucidação do terrestre por meio da descida até ele dos ideais do celestial, a justificação do inferior por meio do sacrifício do superior; o herói trágico luta contra o destino e o sátiro é a cabeça humana que redime, santifica as pernas de bode. Muito se falou do dramatismo na música de Beethoven. Entretanto, esse conceito foi introduzido de modo arbitrário e sem justificação. O drama sempre opera com a ação, a qual pode representar-se tanto no gênero épico quanto no romance. Essa ação é pensada de modo jurídico: como uma interação entre duas partes.

A ação atual de uma das partes provoca uma reação atual da outra parte, que, ao agir, engaja a primeira em sua ação, deixando assim de ser passiva, mas tornando-se ativa.

A ação dramática sempre pressupõe um meio que reage de modo ativo ao primeiro portador da ação: o herói.

Assim é o coro na tragédia antiga, que julga o herói; assim é o meio social no drama moderno, presente, às vezes, de modo invisível, mas que está lá, obrigatoriamente, em algum lugar atrás da parede, e que sentencia o protagonista por meio das nossas opiniões, dos espectadores. Já na música, isso não ocorre. O ouvinte não é um coparticipante da *quasi-ação* musical, e sim plenamente receptivo, isto é, passivamente receptivo.

O diálogo musical (a contraposição, o embate dos temas), que conduz tão tentadoramente ao conceito de dramatismo, ainda assim permanece no mesmo plano da percepção estética. É insensato hipostasiar os temas e, ao condenar um e justificar o outro, supor que eles tenham uma consciência viva e uma responsabilidade pelo próprio desenvolvimento. A música é um reflexo estético da tragédia interior, da alma do foneurgo.

A nossa alma é uma "orquestra", o lugar da ação. O herói representa as forças vivas da alma, seja elas boas ou más.

Existe o destino inflexível, uma *Ananke*[5] inexorável, o determinismo que há em nós, e, finalmente, existe o coro que expressa a nossa consciência por meio das palavras do seu líder, o corego. A depender do resultado do embate, da orientação de suas ideias, a música assume um ou outro caráter, uma ou outra construção ideológico-musical.

O resultado do drama interior de Beethoven, o desenlace da tragédia de sua vida espiritual, reduz-se ao mais grandioso ato de amor — ao perdão da humanidade e à fé no seu bom princípio. O monumento que ele deixou para os séculos, sua *Nona Sinfonia*, concretizou a ideia da mais elevada pureza: a superação do individual, a saída das trevas do "de-

---

[5] Na mitologia grega, *Ananke* é a divindade do inevitável, a personificação do destino e da predestinação. (N. da T.)

O problema da obra de Beethoven II

masiado humano" rumo às alturas resplandecentes do "supra-humano", a ascensão para as alturas do espírito que emana a luz do bem absoluto e a descida para as pessoas infelizes e fechadas em seu infortúnio sombrio, com a divina mensagem da alegria e o hino solar do sonho de uma felicidade universal.

A descida sacrificial do espírito rumo à carne, a encarnação da alegria supra-humana no infortúnio humano, é simbolizada pela materialização do som, transferido para a palavra (coro final da *Nona Sinfonia*). As imagens sonoras, separadas idealmente de todo o terrestre, encarnaram-se nas imagens verbais, nos conceitos concretos.

Apaga-se a fronteira entre a música instrumental e a música vocal, o coro pronuncia palavras grandiosas...

Detenhamo-nos com reverência. A tragédia da alma tornou-se o mistério do espírito, do corpo estendido na cruz. O compositor enfermo, atribulado pela traição, incompreendido pelo seu meio, que sepultou os seus sonhos de felicidade com a mulher amada, o compositor surdo perdoou o mundo por tudo, superou a si próprio, forjou, na fornalha do sofrimento, a aliança dourada da alegria, e com essa aliança contraiu núpcias para todo o sempre com a sua amada humanidade.

O estilo do concerto[1]

O Teatro Itinerante Estatal, em sua busca por um estilo de concerto autêntico, coloca-nos uma questão totalmente correta e necessária: como encontrar um denominador comum estético para a fração das impressões heterogêneas que surgem quando ouvimos um concerto? O meio de solucionar o problema é o concerto teatralizado, isto é, a subordinação das impressões visuais e sonoras a um único projeto artístico. Na opinião do Teatro Itinerante, é impossível chegar a esse projeto de modo abstrato-científico e racional, como, por exemplo: ao organizar o concerto por épocas, compositores etc. (artigo de P. N. Medviédev em *Zapíski Peredvijnógo Teátra* [*Notas do Teatro Itinerante*], nº 53). V. Karatíguin protesta energicamente contra essas "perseguições à pobre razão" (*Jizn Iskússtva* [*A Vida da Arte*], nº 10), e insiste em provar a impossibilidade da criação de uma grande obra artística por meio de "intuições e emoções sem participação da razão". Duvidamos que P. N. Medviédev tenha negado truísmos desse tipo, e pensamos que aqui trata-se somente de uma discussão acerca da palavra: uma parte (V. K.) entende o racionalismo como o trabalho intelectual em geral, enquanto a outra (P. N. M.) como um racionalismo seco que substitui o sentimento de criação vivo. No entanto, a raiz da dis-

---

[1] Artigo publicado em *Zapíski Peredvijnógo Teátra* [*Notas do Teatro Itinerante*], nº 58, Petrogrado, 16 de junho de 1923, pp. 1-2. (N. da T.)

córdia não está nas nuances da terminologia, mas nas diferenças da ideologia estética. A análise dos argumentos "daqueles que não aceitam" o novo tipo de arte nos leva a pensar que as suas objeções poderiam estar num outro plano, mais esteticamente rudimentar do que aquele das alegações acerca da "monocentralidade da consciência" ou da inconsistência musical do programa do concerto teatral, conforme faz V. Karatíguin.

A dispersão da atenção devido ao fortalecimento do peso das impressões visuais, ou a escuta de uma romança[2] bastante simples de [Serguei] Vassiliénko, como "Diévuchka piéla" ["A moça cantava"], depois do modernismo acentuado de [Vladímir] Draníchnikov e [Adrian] Chápochnikov, tudo isso são defeitos parciais e reparáveis. A principal e mais fundamental objeção que os "discordantes" podem fazer é a seguinte: não seria a natureza do som um "reino específico da existência", tão fortemente isolado de todos os outros planos da percepção a ponto de a violação desse isolamento prejudicar a pureza da vivência dos fenômenos da arte musical? Se for assim, devem ser eliminadas todas as tentativas de teatralizar o concerto, isto é, de combinar e fundir o mundo do som com o mundo das impressões visuais em uma unidade estética. O que restaria então? Restaria a necessidade de encontrar a posição correta diante desse fenômeno excepcional, autossuficiente, e que não pode ser dissipado na integridade geral da existência. Essa posição correta é representada justamente pelo tipo tradicional da sala de concerto, que tende a eliminar qualquer manifestação da relação pessoal com o acontecimento em curso. Esse cerimonialismo rigoroso, esse oficialismo janota — nenhum gesto desnecessário do concertista, nenhum objeto desnecessário no palco —, é motivado provavelmente pelo medo de violar essa separação ilusó-

---

[2] Gênero de canção sentimental que se formou no início do século XIX, na Rússia, com forte influência da música cigana. (N. da T.)

Цена 10 коп. зол.

ЗАПИСКИ ПЕРЕДВИЖНОГО ТЕАТРА

№ 58.
Петроград,
5-го июня
1923 г.

П. П. Гайдебурова
и Н. Ф. Скарской

Содержание № 58: В. Волошинов. О концертном стиле. — Валентин Львов. Карусель. — Н. Энгельгардт. Сказ о вольных вишнях московских. — Б. Казанский. Хлебников в постановке Таирова. — М. Хороманский. В царстве мира. — Л-й Б-ий. Берлинские вести. — Библиография. — Э. Голлербах, С. Штраух и Н. Малеев. Письма в редакцию. — Репертуар и программы.

О концертном стиле.
В. Волошинов.

[artigo em russo - corpo do texto em duas colunas]

O artigo "O estilo do concerto", publicado em
Notas do Teatro Itinerante, 16/6/1923.

ria entre o mundo ideal das sonoridades e o mundo objetivo-
-visual.

O público então é obrigado ou a ouvir a música de olhos
fechados (procedimento que traz certo perigo para ouvintes
sonolentos), ou a divertir-se involuntariamente, sob a iluminação clara, com a aparência dos seus vizinhos, com o modelo do vestido da cantora e assim por diante. Certamente,
esse rigor cerimonial, com todo o aspecto externo da sala,
objetiva ainda reduzir ao mínimo esse tipo de dispersão da
atenção; porém, justamente esse aspecto da sala traz o perigo indesejável de uma interrupção brusca da disposição estética, quando a atenção muda involuntariamente do objeto
elevado da música para o objeto prosaico da realidade exterior. Nesse caso, a teoria do isolamento do plano musical entrou em um beco sem saída. No entanto, a saída desse beco
já se delineia pela própria inconsistência da teoria do som,
como um reino específico da existência. A "música em si",
isto é, a música existente fora da relação com o sujeito ouvinte, é um conglomerado mecânico de fenômenos físicos, assim como qualquer uma das partes da natureza inorgânica.
A música adquire sua significação estética, sua vida como
obra de arte, somente na presença do ouvinte, do sujeito da
avaliação. Esse "reino específico da existência" compõe-se
apenas enquanto uma relação entre fenômeno acústico e o
psiquismo do ouvinte, uma relação inconstante, convencional, e que encerra em si de modo potencial uma multidão de
elementos secundários. Disso decorre que qualquer especificidade desse reino torna-se ilusória. A música está imersa na
existência geral, que não pode ser dividida em áreas autônomas, e que é regida pela parte correspondente das leis obrigatórias dessa existência. Por isso não se deve isolar a música do contexto geral dos fenômenos. Certamente, é possível
e necessário falar sobre as fronteiras da música pura, assim
como sobre as fronteiras de todas as diferentes artes em geral; no entanto, pensar que essas fronteiras possam ter a im-

portância de uma existência independente e transcendente não é admissível do ponto de vista lógico. Se assumirmos esse ponto de vista, podemos justificar de modo bastante legítimo a tendência a perceber a música não isoladamente, mas na sua relação com os planos dos fenômenos paralelos. Sem dúvida, esses planos incluem também as impressões do ambiente em que a música é percebida. Se estabelecermos que a tendência a conceber a música como uma esfera particular, fechada em si, resulta no absurdo da sala de concerto comum e que essa tendência nem mesmo procede da essência da música, devemos então reconhecer como bastante conveniente a tentativa do Teatro Itinerante de mudar as próprias condições de sua percepção. Aqui precisamos de uma ressalva. A refutação da teoria sobre o isolamento da música do mundo objetivo-visual não significa que a interpretação musical deva ocorrer em condições cotidianas normais. De modo algum! Qualquer arte exige de modo categórico o assim chamado isolamento estético, isto é, a separação do objeto de contemplação do ambiente circundante, extraestético, a ser realizada por meio da moldura do quadro, da ribalta do palco, do ritmo do discurso poético etc. É justamente esse isolamento estético que não é proporcionado pela sala tradicional, que quebra as impressões musicais com seus elementos de caráter oficial e cotidiano, dissonantes da arte. Atualmente, o problema torna-se mais claro em seus detalhes.

A música já não é mais retirada do mundo da realidade histórico-concreta. Isso torna legítima a sua combinação com outros tipos de fenômenos: com a palavra, a linha, a cor. Na prática, há muito tempo essa possibilidade foi provada pela existência da ópera, do balé etc. Falta encontrar a moldura do isolamento estético para o quadro da música pura, e em seguida instalá-la; e é justamente isso que faz o Teatro Itinerante ao transferir os intérpretes do estrado para o palco, ao emoldurá-los com o cenário e a ribalta e ao mergulhar a sala dos espectadores na penumbra.

O estilo do concerto

A despeito da opinião de V. Karatíguin, nesse caso não surge a "sensação de uma desagregação interior doentia"; pelo contrário, se confiarmos nas opiniões do público, a atenção se concentra em uma determinada direção. Aqui nos aproximamos bastante da solução dada ao problema pelo Teatro Itinerante. O denominador comum estético foi encontrado. Os elementos do som, da palavra, da linha e da cor são fortemente coordenados e subordinados não a uma ideia aleatória, mas a uma ideia artística e rigorosamente elaborada, a cuja personificação eles devem servir. Foi esse princípio que guiou a criação do concerto teatralizado "Canções do *Jardim das cerejeiras*", e em breve espera-se "Skriábin".

Agora nos permitiremos abordar algumas dificuldades, cujo surgimento *a priori* parece inevitável para a realização das tarefas do concerto teatralizado. Existem dois tipos de concerto: o vocal e o puramente instrumental. No último caso, a tarefa torna-se mais simples: a música pura é mais fácil de ser subordinada a um único projeto artístico, uma vez que será necessário lidar não com as imagens concretas da palavra, mas com elementos ideais do estilo musical, mais facilmente definido e coordenado com a cor e a linha. Certamente, poderão surgir gracejadores que atribuirão à sinfonia de Beethoven conteúdos plásticos, visuais e motores concretos e a teatralizarão na forma da famigerada "sinfonia-dança" — *Velítchie mirozdánia* [*A grandeza do universo*].[3] No entanto, não se fala seriamente sobre esse tipo de curiosidade estética. No que diz respeito ao concerto vocal, a situação é outra. Aqui, cada item do programa possui, além do conteúdo musical, também um conteúdo semântico rigorosamente definido e acabado. Se eles forem reunidos de acordo com uma dominante semântica, se as romanças forem seleciona-

---

[3] Referência a uma balé baseado na *Quarta Sinfonia* de Beethoven, encenado pela primeira vez em 1923 no Teatro de Ópera e Balé de Petrogrado (hoje, Teatro Mariínski). (N. da T.)

das conforme os seus textos e conforme um tema determinado, é bem possível que a unidade musical seja comprometida. Já se eles forem selecionados de acordo com a unidade do estilo ou estado de espírito musical, isso pode resultar em uma estranheza brusca do conteúdo semântico. Pensamos que uma dificuldade maior seria ainda a seguinte: como preencher os vazios das pausas entre todos os itens do programa de cada uma das seções, vazios que dão a impressão de certa insatisfação, de uma atenção interrompida e de uma tensão estética não solucionada. Em um concerto comum, o problema é resolvido de modo demasiado simples: ou pelos aplausos inoportunos do público, ou por seu silêncio respeitoso, durante o qual o violinista tortura os ouvidos dos presentes ao afinar o instrumento, a cantora procura as notas etc. É claro que o Teatro Itinerante conseguiu evitar tudo isso, porém no ambiente do palco essas rupturas intermináveis do tecido musical tornaram-se mais evidentes. Certamente, é impossível continuar o canto sem pausas; seria um monólogo operístico formado por uma colagem de fragmentos de diferentes textos e músicas. Destacar o caráter de acabamento de cada item do programa por meio da cortina e da iluminação da sala é igualmente absurdo. Há duas saídas. A primeira delas: preencher as pausas vocais com improvisações musicais, que ajudariam o psiquismo do ouvinte a ajustar-se com mais facilidade e rapidez a "outra tonalidade espiritual", segundo a expressão de V. Karatíguin. A segunda saída, proposta por P. N. Medviédev, é compor uma música especial para o concerto teatralizado, isto é, os compositores devem compor concertos contínuos. Esse procedimento superaria todas as dificuldades acima apontadas. A tarefa da ligação orgânica entre as partes seria solucionada, assim como ocorre no plano dos sons por meio da forma da sonata ou da sinfonia, e, no plano da palavra, por meio do ciclo de versos ou da epopeia. O futuro mostrará qual saída é a mais aceitável do ponto de vista prático. É possível que esses hiatos de pausa ocorram também nos concertos de música instrumental e nas seções formadas por pequenas peças. De modo geral, o problema do término na música, até onde sabemos, não só não foi solucionado como sequer foi levantado pela estética. Em que proporção o ritmo, uma vez iniciado, pode esgotar-se, cessar-se, sem influência externa? Não seria o código de cada peça musical uma violência sobre o ritmo vivo? Será que o uso pleno do material melódico-harmônico resulta em uma pausa natural do ritmo da peça, e será que isso apaga a atividade ritmicamente agitada da nossa atenção? É claro que levantar essas questões é mais fácil do que respondê-las, mas o Teatro Itinerante não pode abster-se por completo de resolvê-las. Na prática, a tarefa consistirá em selecionar peças cujos finais poderiam, sem violar nem interromper o movimento único da nossa vivência, passar para o início da próxima peça, se houver uma pausa curta entre elas. Em outras palavras, o problema levantado será parcialmente resolvido se o campo vazio da nossa atenção, que se forma durante a pausa, for preenchido pela inércia do movimento rítmico anterior, até o momento em que um novo início rítmico capte e atraia a nossa atenção. Acreditamos que o Teatro Itinerante saberá superar com dignidade todas as dificuldades inevitáveis e torturantes relacionadas à criação da nova forma de arte. Nova — pois a combinação artística das impressões auditivo-visuais do estilo do concerto autêntico não representa uma restauração do sincretismo primordial das artes, nem o retorno ao estado de união fechada entre elas, mas, pelo contrário, a passagem das impressões múltiplas e desenvolvidas, que são proporcionadas pela sala de concerto comum, para a unidade desenvolvida das influências rigorosamente artísticas. Essa unidade é um aspecto necessário não só aos procedimentos da interpretação da música vocal e instrumental, mas a qualquer arte que almeje uma importância cultural no novo fluxo de desenvolvimento do processo histórico.

RESENHAS

Konstantin Eigues,
Ensaios sobre filosofia da música, vol. 1[1]

Diante da ausência completa de trabalhos russos sobre estética e filosofia da música, recebemos com um prazer alegre cada um dos livros tão raramente publicados e toda vez nos espera uma amarga decepção. Surge a pergunta: quando, por fim, nós, os russos, produziremos obras independentes e bastante originais sobre [ilegível] daquela arte, à qual o povo russo sentiu-se inclinado desde tempos remotos e que, ao longo de 150 a 200 anos (de Glinka a Skriábin), floresceu de modo incrível?

O livrinho de Eigues a ser analisado não é uma exceção entre a série geral de trabalhos estético-filosóficos sobre música. Antes de mais nada, esse livro não oferece uma filosofia científica da música, mas, segundo um mal-entendido muito difundido na Rússia, uma metafísica da música. No Ocidente, esse ponto de vista foi possível nos tempos de Schopenhauer, mas, depois dos trabalhos de Johannes Volkelt, Christiansen e Hermann Cohen (Escola de Marburg), ele foi totalmente abandonado.

Por trás do fenômeno real da música, Eigues tenta vislumbrar a ideia nominal que se encontra do outro lado do mundo real. Essa tarefa poderia ser mais difícil e elevada, mas, na verdade, ela resulta apenas em uma simplificação e

---

[1] Resenha publicada em *Iskússtvo* [*Arte*], nº 2-3, pp. 29-30, Vítebsk, abril-maio de 1921. (N. da T.)

na recusa a um estudo científico minucioso do fenômeno musical efetivo que se encontra do lado do real.

A metafísica sempre assinalou não a ousadia do pensamento, mas a sua timidez medrosa, uma vez que liberta os seus adeptos dos estudos preliminares, complexos e ingratos em diferentes áreas da realidade: a científico-natural, a psicológica, a histórica etc. De acordo com essa abordagem, a tarefa de Eigues é levar a todo custo o sentido do fenômeno musical para além dos limites da sua realidade efetiva.

Com esse propósito, ele demonstra que na música não são essenciais, por um lado, as vivências psíquicas encarnadas nela tanto pelo artista-criador quanto pelo ouvinte receptor, e, por outro, o fenômeno físico dos sons musicais. Desse modo, toda a riqueza do mundo interior, com suas vivências de tristeza e alegria, perturbações torturantes ou esperanças entusiasmadas, assim como todo o lado sonoro da música, que pode ser estudado com base na acústica física e fisiológica, fica de fora dessa "filosofia".

A tarefa reduz-se à afirmação não comprovada da essência nominal da música, enquanto todo o resto é entregue ao gosto e à compreensão individuais sem quaisquer entendimento e controle científicos. A seguir, damos um exemplo que ilustra uma posição enunciada pelo autor.

"O trabalho da filosofia da música termina quando esta estabelece, para toda e qualquer música, a sua essência suprafenomenal. Trata-se da aspiração expressa em sons à beleza suprassensível, que, é verdade, parte de um único 'eu' (do autor) que sente e quer, mas que possui e revela a sua existência supraindividual. Já as opiniões sobre uma determinada música podem ser apenas decorrentes do gosto baseado exclusivamente no talento e na formação musicais específicos e independentes de qualquer conhecimento (mesmo que filosófico)." (p. 46)

Como resultado dessa abordagem, a música perde qualquer ligação com a realidade no sentido mais amplo desta palavra. Ela é excluída do meio de todos os interesses vivos da vida: sociais, pessoais, filosóficos, interesses específicos da atualidade etc. Devemos nos abstrair totalmente de tudo o que vivemos tensamente, em todos os momentos da nossa vivência empírico-real, para adentrar no santuário da música. Isso explica a completa eliminação de uma das principais tarefas da filosofia da música: incluí-la na unidade da cultura, íntegra e indivisível. A música transforma-se irremediavelmente em um campo isolado, uma consequência inevitável de um esteticismo unilateral qualquer (a mal interpretada devoção à "arte pela arte").

Entretanto, a autonomia de um ou outro campo da cultura é preciosa para nós apenas na medida em que proporciona uma melhor oportunidade para que esse campo cumpra a sua tarefa cultural geral, que sempre é mais sagrada do que as tarefas específicas interiores.

Em uma abordagem correta, essas tarefas específicas não se tornam uma existência suprarreal específica e isolada, mas um método específico de um dado campo cultural, que conduz ao objetivo comum de toda a cultura. Em plena concordância com sua abordagem fundamental, Eigues reconhece como místico o sentimento no qual é concebida a essência suprarreal da música.

No entanto, tudo deve estar em seu lugar. Aquilo que é bom para a realização de tarefas éticas e religiosas é totalmente injustificável e incabível na percepção dos produtos estéticos da cultura. Contudo, as opiniões do próprio Eigues sobre esse sentimento místico são bastante obscuras.

De um modo geral, todo o livro dá a impressão de um anacronismo estranho, uma reação tardia ao "mikhailovismo"[2] e a todo atentado à usurpação da autonomia da arte advinda das ideias sociais, interesses econômicos etc.

---

[2] Em russo *mikháilovschina*, possível referência a Aleksandr Dmítrievitch Mikháilov (1855-1884), revolucionário russo, um dos mais im-

Konstantin Eigues, *Ensaios sobre filosofia da música*

Apesar do seu caráter unilateral, uma reação semelhante fazia sentido no final do século passado e, de fato, desempenhou um papel nobre na compreensão das tarefas específicas da arte na atividade dos nossos primeiros modernistas. Agora o tempo para isso já passou, e é mais provável que a tarefa atual da estética (se é que é possível falar sobre as tarefas específico-temporais da ciência) seja combater todo tipo de "esteticismo" que conceba de modo errôneo e unilateral a autonomia da arte.

É estranho que o livro tenha surgido em um país onde a música peca, ao contrário, pela verossimilhança psicológica excessiva, ou seja, quase um realismo psicológico. Pois, se Eigues partisse do seu ponto de vista, ele deveria negar quase todo valor da música russa em suas manifestações mais características (Mússorgski e Tchaikóvski; Skriábin e seu realismo de vivências espirituais patológicas).

---

portantes populistas e líder da ala radical da organização revolucionária *Naródnaia Vólia* (Vontade do Povo). Mikháilov defendia o terrorismo como método de desorganização do governo tsarista. (N. da T.)

E. M. Braudo,
Nietzsche, filósofo-músico[1]

A escassa bibliografia sobre Nietzsche carece de revelações especialmente profundas sobre a relação entre a sua filosofia e a música. Entretanto, a questão da relação entre as vivências e ideias musicais de Nietzsche com suas concepções intelectuais é de enorme importância para a compreensão correta de toda a sua filosofia em geral e, por menor que seja o seu valor do ponto de vista gnoseológico ou ético, ainda assim gostaríamos de ver esse tema analisado com seriedade, em uma pesquisa responsável do ponto de vista científico e filosófico.

O trabalho do professor E. M. Braudo não satisfaz por completo esse desejo. Seu pequeno e refinado livro "é um registro da palestra pública realizada por ocasião dos vinte anos da morte de Nietzsche" (p. 6). Isso em parte explica os seus defeitos e qualidades. O caráter de palestra não possibilita o aprofundamento e o detalhamento dos temas analisados e quase sempre tende a popularizar e facilitar de modo excessivo as ideias expressas.

---

[1] Resenha publicada em *Zapíski Peredvijnógo Teátra* [*Notas do Teatro Itinerante*], n° 37, Petrogrado, 14 de novembro de 1922, p. 3b. Evguiêni Maksímovitch Braudo (1882-1939) foi musicólogo, ensaísta, tradutor e, de 1922 a 1924, professor do Instituto da História da Arte de Petrogrado. A partir de 1924, lecionou na Universidade Estatal de Moscou. Foi um dos autores da *Grande Enciclopédia Soviética*. (N. da T.)

Tal perigo não foi evitado no livro de E. M. Braudo, que não traz grande contribuição à bibliografia científica sobre Nietzsche, mas é precioso para o leitor que pouco conhece a obra e a biografia do autor de *Zaratustra*. Por outro lado, o estilo da palestra, orientado a um público amplo e nem sempre preparado, exige uma narrativa especialmente clara e simples. O trabalho de E. M. Braudo, estilisticamente impecável, atende perfeitamente a esse aspecto. Consideramos um defeito particular a confusão entre os motivos externos e internos da ruptura entre Nietzsche e Wagner. Além disso, não foi mencionado um detalhe psicologicamente importante: a relação de Nietzsche com *Parsifal*. A reação doentia de Nietzsche a essa ópera pode servir como um magnífico comentário à sua posição ideológico-musical em geral. Entre as muitas qualidades particulares do livro, é impossível não lembrar do caráter artístico e do conteúdo condensado da breve exposição de *O nascimento da tragédia* de Nietzsche.

Esperamos que o livro de E. M. Braudo não seja a última tentativa de fazer uma síntese do músico e o filósofo, e que a arte "descortês", como Kant chamava a música, encontre seus admiradores também entre os mestres do pensamento, que até então foram descorteses ao evitá-la, e que o medo da disciplina da razão e do trabalho científico-filosófico rigoroso não acompanhe, como de costume, o enlevo lírico dos mestres do som.

Igor Gliébov,
Piotr Ilitch Tchaikóvski,
sua vida e sua obra[1]

Se ultimamente podemos observar discussões acaloradas sobre a questão da metodologia nos estudos literários — algo que exerce uma influência benéfica sobre o estabelecimento de uma abordagem correta da poesia da palavra, pois "a discussão é a mãe da verdade" (Heráclito) —, na esfera da crítica musical não pode deixar de nos surpreender uma certa indiferença anêmica e insalubre em relação aos problemas da poesia do som. Alguns poucos enunciados sobre essa questão possuem o caráter de indefinição ou de imprecisão tímida, aspectos tão alheios, por exemplo, ao *páthos* combativo dos defensores do famigerado "método formal". Certamente, tudo isso tem o seu fundamento. O problema da música é um dos mais difíceis da estética. Os autores de quase todos os livros sobre música oscilam de modo irremediável entre uma abordagem formal estreita, que avalia a obra exclusivamente do ponto de vista da teoria da música, e uma abordagem lógica, que busca na música um conteúdo traduzido livremente para a linguagem dos conceitos filosóficos, psicológicos e até mesmo dos objetos cotidianos. A isso se soma ainda uma incompreensão completa do papel do próprio criador da obra: o compositor. Passar sem ele, criar

[1] Resenha publicada em *Zapíski Peredvijnógo Teátra* [*Notas do Teatro Itinerante*], n° 42, Petrogrado, 12 de dezembro de 1922, p. 5. (N. da T.)

"Kunstwissenschaft ohne Namen"[2] seria inadequado, pois há uma ligação orgânica entre o autor e a obra, e, por outro lado, ainda assim a inclusão de elementos histórico-concretos cotidianos na análise da esfera ideal dos sons artísticos deve ser feita com ressalvas. Infelizmente, o livro de Igor Gliébov, um conhecedor de música com uma reputação tão sólida, não nos livra dessa limitação metodológica. Sua monografia sobre P. I. Tchaikóvski assume certa posição ambígua entre a biografia do compositor e a análise formal de sua obra [ilegível], definida pelo próprio autor graças a [ilegível] (p. 10). O livro divide-se em duas partes. [A primeira] consiste em uma exposição de estímulos "sob a ação dos quais se formou a base do tom psicológico" da obra de Tchaikóvski (*ibid.*). Certamente, esses estímulos são deduzidos da biografia por meio de termos tradicionais, tais como: "existência", "época", "vida", "personalidade" formada etc. A segunda parte é uma tentativa de compreensão da obra de Tchaikóvski com base no princípio da ascensão que se inicia a partir da realidade psíquica da sua música, percebida como o mais alto grau de harmonia atingido por ele, até graus extremos de tensão de suas forças espirituais, tensão que assinala uma espécie de curiosidade veemente do sentimento de morte etc. (p. 11). O desenvolvimento desse plano um tanto obscuro leva a quê? Ao filosofismo sentimental sobre Tchaikóvski e à psicologização desenfreada e irresponsável de sua música, isto é, nem à biografia no sentido estrito da palavra, nem à análise formal da obra. A busca por uma abordagem correta do fenômeno musical de Tchaikóvski é substituída, ora por um conglomerado de digressões líricas, como é o início sentimental do capítulo II (pp. 19-21), ora por reflexões metafí-

---

[2] Em alemão, no original: "História da arte sem nomes", referência ao conceito de Heinrich Wölfflin desenvolvido na obra *Conceitos fundamentais da história da arte* (ed. bras.: trad. J Azenha Jr., São Paulo, Martins Fontes, 4ª ed., 2000). (N. da T.)

sicas sobre a vida e a morte (p. 24), ora por algumas conclusões um tanto arriscadas sobre "a influência que a aceitação da vida burocrática e de mau gosto teve sobre o seu posicionamento exagerado quanto ao valor qualitativo do material sonoro" (p. 41), ou sobre a ação "dos nevoeiros do viscoso outono petersburguês" no colorido orquestrado da música de Tchaikóvski etc. (pp. 46-9). Isso sem falar na tendência a deduzir a vida espiritual do autor a partir da sua obra: "A tranquilidade daquilo que não foi dito até o fim e a expressividade da música atormentada de Tchaikóvski obrigam-nos a supor que nela o problema erótico é vivenciado de modo trágico. Afligem-se: Natacha, Oksana, Tânia, Lárina..." etc. (p. 70). A tendência em reforçar a instabilidade metafórica de todas as definições lógicas da poesia sonora conduz, em geral, a uma ligação com as óperas de Tchaikóvski. Contudo, aqui também revela-se um erro elementar, frequentemente repetido em toda a extensão do livro analisado: os traços psicológicos das personagens femininas das óperas de Tchaikóvski, fundamentados no enredo e expressos na palavra cantada, são atribuídos à própria música operística, e, além do mais, esquece-se de que a linguagem dos conceitos verbais não pode ser reduzida à linguagem dos conceitos sonoros. Semelhante psicologização da música atinge seu apogeu no capítulo III do livro, sobretudo na análise de *A dama de espadas* (aqui já se chega às fórmulas mágicas e ao apelo à morte por meio da força da música!) (p. 147). Até em obras tão formalmente puras, como a sinfonia, Igor Gliébov encontra um conteúdo filosófico de precisão incomum: "A essência da *Quarta Sinfonia*, que se desdobra ao longo de suas quatro partes, é o afastamento gradual do eu, da personalidade própria, da vivência dos seus estados espirituais..." (p. 118). A *Quinta Sinfonia* não fica atrás no que se refere ao caráter programático: "Em comparação com a *Quarta Sinfonia*, o lugar da fanfarra do destino é ocupado pelo tema de uma certa cautela constante, ou de um obstáculo, que aqui se mani-

Igor Gliébov, *Piotr Ilitch Tchaikóvski*

festa de modo muito mais modesto" (p. 126). Seria curioso saber quem, além do autor, percebeu na música o tema da "cautela" ou do "afastamento do eu". Afirmações tão paradoxais influenciam fortemente no peso específico do livro, e nem mesmo algumas ideias verdadeiras e observações valiosas encontradas nele podem salvá-lo do riso irônico do leitor, mesmo que este tenha poucos conhecimentos.

E. M. Braudo,
Aleksandr Porfírievitch Borodín,
sua vida e sua obra[1]

Este livro é uma nobre e merecida dádiva à memória de A. P. Borodín. Durante o processo de leitura, a cada nova página forma-se de modo cada vez mais claro e nítido a imagem de uma pessoa com cultura genuína, que soube realizar os valores mais elevados em três dos campos culturais mais fundamentais: no científico, no artístico e no moral. A quantidade escassa de material que o autor do livro analisado pôde ter à sua disposição torna merecida a admiração diante do seu conteúdo biográfico. O livro faz uma caracterização quase exaustiva de um poderoso mestre dos sons: o criador de *O príncipe Igor* e da *Sinfonia n° 2*, um talentoso cientista e professor de química, provido de rara capacidade de trabalho, e, finalmente, um homem dotado de bondade e abnegação infinitas.

A análise da obra musical de A. P. Borodín (capítulos V-VI) surpreende, positivamente, pela ausência de psicologização dos elementos sonoros, procedimento muito peculiar de alguns historiadores da música. Em vez de interpretar, de forma irresponsável, as ideias filosóficas contidas em uma sinfonia, ou o modo como os hábitos seculares ou o tipo de serviço do compositor refletiram-se na elaboração do seu mate-

---

[1] Resenha publicada em *Zapíski Peredvijnógo Teátra* [*Notas do Teatro Itinerante*], n° 43, Petrogrado, 19 de dezembro de 1922, p. 5. (N. da T.)

rial artístico, o autor expressa seu pensamento teórico (formal) e o caráter histórico, o que não pretende revelar novas Américas estéticas, mas que é valioso pela sua fundamentação e pela objetividade de suas opiniões.

Desejamos sinceramente que o livro de E. M. Braudo tenha uma grande divulgação.

Romain Rolland,
Músicos dos nossos dias[1]

O pequeno livro de Rolland é uma coletânea formada por artigos seus, publicados em diferentes revistas (*Revue de Paris* etc.) no período entre 1889 e 1907. Da edição russa foram intencionalmente excluídos alguns capítulos, que apresentam interesse somente específico e local. Cada capítulo do livro (com a exceção do quinto e, em parte, do oitavo) é uma caracterização artística conclusiva de algum compositor ocidental contemporâneo do autor (Berlioz, Wagner, Saint-Saëns, d'Indy, Debussy, Wolf, Strauss, Mahler). Aqui a linguagem de Rolland é concisa e expressiva, e diferencia-se positivamente da linguagem um tanto imprecisa e vaga de sua obra *A vida de Beethoven*. O procedimento próprio de Rolland, que consiste no fato de que as linhas da vida e da obra não são isoladas uma da outra em duas esferas irremediavelmente separadas, mas apresentadas em uma interligação orgânica e viva, contribui muito para a integridade do efeito produzido pela obra.

Ao atingir uma grande maestria na representação do caráter e da psicologia criativa dos seus heróis, Rolland, no plano dos julgamentos crítico-musicais, nem sempre permanece no mesmo nível elevado. Sua avaliação da ópera nos parece equivocada.

---

[1] Resenha publicada em *Zapíski Peredvijnógo Teátra* [*Notas do Teatro Itinerante*], n° 56, Petrogrado, 8 de maio de 1923, p. 8. (N. da T.)

É impossível, com uma simples penada, reduzir ao absurdo uma forma de arte tão complexa e de tão longa existência.

No geral, todas as falhas de julgamento do autor do livro são suplantadas largamente por suas qualidades estilísticas e de conteúdo. O valor do trabalho de Rolland aumenta ainda mais com o desejo sincero do autor de se libertar de idiossincrasias individuais nas avaliações do pensamento e da criação artística alheios, o que encontra uma encarnação grandiosa nas palavras finais do capítulo sobre d'Indy: "A liberdade de pensamento é a maior felicidade de todas; é preciso ter pena daqueles para quem ela é desconhecida. Há um deleite secreto em render tributo a convicções maravilhosas, das quais você não compartilha..." (p. 124).

A tradução do livro foi feita maravilhosamente por I. Rímskaia-Kórsakova sob a organização de A. N. Rímski-Kórsakov.[2]

---

[2] Referência a Iúlia Lázarevna Rímskaia-Kórsakova, nascida Veisberg (1880-1942), e seu marido, Andrei Nikoláievitch Rímski-Kórsakov (1878-1940), filho do famoso compositor russo. (N. da T.)

K. A. Kuznetsóv,
Introdução à história da música, vol. 1[1]

Para a existência de toda disciplina científica, é necessária a presença de três elementos: o objeto de estudo, o ponto de vista sobre ele e o método. Se entre os historiadores da música existe um relativo acordo sobre os dois primeiros elementos, a questão sobre o método ainda é "inoportuna". A *Introdução à história da música* do professor Kuznetsóv representa justamente uma tentativa de sair dessa situação embaraçosa. Ainda que o autor não solucione o problema de um método específico de história da música, ele, em compensação, aplica de modo bastante lógico o método histórico comparativo já existente a essa disciplina que tem um caráter histórico. Além disso, o autor recorre de modo bastante correto ao estreitamento do objeto de estudo, ao conduzir a narrativa "dentro dos limites da arte musical europeia" (p. 15), o que lhe dá a oportunidade de superar o tipo lamentável do "historiador geral" da música. O objetivo dessa introdução é "estabelecer aquelas etapas gerais pelas quais se movimenta a evolução criativo-musical concretizada nas formas

---

[1] Resenha publicada em *Zapíski Peredvijnógo Teátra* [*Notas do Teatro Itinerante*], nº 67, Petrogrado, 20 de dezembro de 1923, p. 9. Konstantin Aleksêievitch Kuznetsóv (1883-1959) foi jurista e musicólogo. Deu aulas de história da música nos conservatórios de Odessa e Moscou. De 1924 a 1927, editou *Istória rússkoi múziki v isslédovaniakh e materiálakh* [*História da música russa através de pesquisas e materiais*], em quatro volumes. (N. da T.)

de expressão" (*ibid.*). A subsequente identificação desse objetivo com a filosofia da história da música parece-nos um pouco apressada, pois a "tentativa de revelação dos últimos fundamentos" é um assunto complexo demais para ser resolvido de modo superficial no processo do estudo histórico-musical em geral. Além disso, as tarefas da "história" e da "filosofia da história" não coincidem completamente. No entanto, a elucidação do caminho percorrido pelo estudo por meio da análise das premissas histórico-culturais e estético-musicais é bastante valiosa e oportuna (capítulos I e II). Ao compreender o objeto da disciplina histórico-musical como um sistema de sonoridades esteticamente direcionado, concordamos inteiramente com o autor quanto à necessidade de construir uma história da música em relação com a sua estética (compreendida de modo filosófico, e não no sentido vulgar). Infelizmente, devemos constatar que o autor dá uma definição bastante vaga e até mesmo um pouco metafísica de um conceito que é central tanto na estética quanto na história da música, o conceito de estilo: "o estilo [...] é a realização de certa força supraindividual, cuja ação é projetada para os amplos limites temporais..." (p. 94). Devido a essa imprecisão, os ingredientes estilísticos citados no capítulo IV não abarcam o conceito geral de estilo como um sistema de procedimentos de formalização do material musical. É preciso notar que o autor (como, em geral, todos os historiadores da música) não recorre à delimitação dos conceitos de formalização do "material" e do "procedimento" de execução como tais, sem o que não só é impossível construir um quadro científico da evolução dos estilos, mas a própria história da música como um todo tenderá, no sentido metodológico, para o seu estado pré-científico. Contudo, o trabalho do Prof. Kuznetsóv, a julgar pela primeira parte ("O sistema do monodismo na Europa Ocidental"), dá conta brilhantemente de sua tarefa propedêutica, e as qualidades gerais do livro superam largamente os seus defeitos particulares.

V. V. Vinográdov,
Sobre a prosa literária[1]

V. V. Vinográdov ocupa uma posição um tanto particular na acirrada luta metodológica entre as tendências contemporâneas dos estudos literários. Ao mesmo tempo em que distancia-se nitidamente de alguns representantes do "método formal", Vinográdov está extremamente alheio às buscas marxistas. A posição metodológica de V. V. Vinográdov torna-se mais clara em comparação com outras tendências linguísticas do Ocidente.

Se um dos mais proeminentes representantes da "neofilologia idealista" alemã afirma que *"Die Sprachwissenschaft war bis vor Kurzem gegen Ästhetik anästhesiert"* ["A linguística até recentemente esteve anestesiada contra a estética"],[2]

---

[1] Resenha publicada em *Zvezdá*, n° 2, pp. 233-4, Leningrado, 1930. Víktor Vinográdov (1895-1969) foi um eminente linguista e teórico da literatura russo, contemporâneo e um importante interlocutor de Mikhail Bakhtin. Informações sobre sua obra e seu diálogo com Bakhtin podem ser encontradas no livro deste, *Questões de estilística no ensino da língua* (trad. S. Grillo e E. V. Américo, São Paulo, Editora 34, 2013). (N. da T.)

[2] Referência a Leo Spitzer (1887-1960). Nascido em Viena, Spitzer foi professor na Universidade de Marburg, antes de se exilar em Istambul e depois nos Estados Unidos. Sua primeira obra explora a invenção verbal em Rabelais. Expoente da estilística literária, desenvolveu trabalhos fundados na busca das características inerentes ao estilo de um escritor. Seu método consiste em identificar a repetição constante de um motivo (o amor impossível, por exemplo) ou de uma expressão original, para, em um segundo momento, deduzir um tema psicológico central que permita explicar detalhes não observados anteriormente. (N. da T.)

V. V. Vinográdov constata o fenômeno inverso: "se na linguística o estudo da língua foi separado do contexto da literatura [...], os historiadores da literatura russa tenderam a retirar a literatura não só do contexto da história cultural, mas também da história da linguagem literária russa" (pp. 24-5). É justamente a aspiração a superar essa injustiça metodológica que obriga V. V. Vinográdov a colocar no centro de seus enunciados teóricos o problema da linguagem da obra artística literária (primeira parte do livro *Sobre a prosa literária*).

A enorme importância desse problema impõe um rigor extremo na escolha dos métodos para sua solução. Se na escola de Vossler (a "neofilologia idealista") nota-se, na análise das mesmas questões, o predomínio de um procedimento metodológico profundamente incorreto, que convencionalmente pode-se chamar de *estetização das categorias gramaticais*, V. V. Vinográdov, ao aproximar-se em suas concepções linguísticas gerais da escola de Saussure (a assim chamada "Escola de Linguistas de Genebra"), incorre no erro oposto, porém não menos grave. Vamos defini-lo de modo incompleto e preliminar como *gramatização das categorias artísticas*. Também no trabalho resenhado, V. V. Vinográdov mantém a pose de um linguista (um antigo hábito seu) que se apropriou de todos os direitos e obrigações de um teórico da literatura.

Essa mistura metodologicamente injustificada de diferentes categorias, ou seja, a violação tão radical das fronteiras soberanas entre a poética e a linguística, não pode deixar de causar uma influência nefasta no resultado geral do trabalho empreendido. Algumas definições precisas e brilhantes dos aspectos *particulares* de um monumento literário analisado permanecem isoladas, metodologicamente não interligadas, e separadas do sistema geral do estudo.

Na segunda parte do livro — *Retórica e poética* —, o autor concretiza suas conclusões teóricas gerais no material particular, meio artístico e meio cotidiano, do discurso de defesa de Spassóvitch no caso Kronenberg[3] e as respostas de Dostoiévski e de Saltikov-Schedrin ao discurso.

Essa segunda parte do livro, apesar de ter uma quantidade significativa de observações estilísticas interessantíssimas, fornece provas, ainda maiores que as da primeira parte, acerca da impotência e improdutividade da tendência linguística do "objetivismo abstrato" ("Escola de Genebra"), que V. V. Vinográdov seguiu praticamente desde os seus primeiros trabalhos. Essa tendência, que por meio da sua fraseologia sociológica comedida mascara com sucesso as premissas das concepções racionalistas e mecanicistas que lhe servem de base, gerou, em solo russo, os assim chamados métodos *funcional-imanente* e *retrospectivo-projetivo* de V. V. Vinográdov.

Nenhum desses métodos de V. V. Vinográdov pode satisfazer à ciência marxista da literatura.

A partir da análise das "formas retóricas" realizada por V. V. Vinográdov, torna-se especialmente perceptível a impossibilidade de dominar o problema de qualquer gênero com base em uma análise linguístico-formal e não sociológica da estrutura artística. O gênero expressa *uma orientação fundamental do todo artístico na atividade extra-artística*. Em cada um dos seus elementos, ocorre um contato mútuo e uma delimitação mútua entre o artístico e o extra-artístico. É impossível ignorar aquelas forças organizadoras que definem o sentido e a forma de qualquer enunciado, sem exceção: a *situação* e o *auditório*. Os gêneros retóricos, em particular, necessitam de uma análise justamente do ponto de vista de sua realização concreta em um tipo concreto da comunicação social. O autor, ao empreender a análise do discurso de

---

[3] Vladímir Spassóvitch (1829-1906), famoso advogado russo-polonês, contratado em 1876 para defender Stanislav Kronenberg, acusado de ter aplicado castigos físicos à sua filha menor de idade. (N. da T.)

V. V. Vinográdov, *Sobre a prosa literária*

Spassóvitch sem qualquer compreensão sociológica dessa comunicação, sem considerar as avaliações de classe que o perpassam e as complexas inter-relações sócio-hierárquicas de todos os participantes do processo judicial no caso Kronenberg, obviamente não pôde ver nesse discurso nada além do "procedimento de transformação dos lexemas em termos", do procedimento da configuração "linear" dos personagens (p. 143) e outros "procedimentos" semelhantes, puramente formais.

Involuntariamente surge uma pergunta: o que mudaria no sistema de análise e nas conclusões sobre as formas da construção retórica se, no lugar de Spassóvitch, Dostoiévski e Schedrin, de repente estivessem Isócrates, Demóstenes e Ésquines? O mais provável é que isso mudaria o invólucro puramente verbal e nominativo dos nomes, objetos e acontecimentos, e nada além disso.

Para o método que vê na linguagem de uma obra literária somente "o sistema composicional das formas discursivas" (p. 33), não há e nem pode haver uma abordagem da formação histórica da língua compreendida como *medium*, isto é, como meio de comunicação social e de luta social. A fórmula dos vosslerianos, "a língua como arte", transforma-se, em Vinográdov, na fórmula diametralmente oposta, "a arte como discurso artístico". Todo o talento e a grande erudição desse pesquisador não podem salvá-lo do anti-historicismo e do antissociologismo, fatalmente improdutivos e metodologicamente mortos.

Certamente, pode-se e deve-se colocar no centro dos estudos poetológicos a *linguagem* da obra artística, mas os métodos da escola de Vossler e da escola de Saussure, modificados por Vinográdov, resultarão inevitavelmente no fato de que a falsa vitória do linguista se transformará em derrota brilhante para o teórico da literatura.

POEMAS[1]

[1] Agradecemos a Danilo Hora pela descoberta e a Rafael Bonavina pela ajuda na localização do poema "O eterno", não constante dos relatórios de Volóchinov, e ainda a André Nogueira pelas sugestões valiosas na tradução dos poemas do autor. (N. da T.)

Сонет I

Влекомы чудной тайной Назарета
Порог времён хочу перешагнуть —
И брезжит мне уже знакомый путь
В волнах мир образующего света.

Молитва в полдень Господу пропета.
Под сенью кущ смоковных отдохнуть
Успели мы, — и бодро дышит грудь
Прозрачным воздухом святого лета.

И мы идём созревшими полями...
В пути взалкавшим зёрен вкус приятен:
Отяжелевшие колосья рвём.

В хитоне белом, прямо перед нами,
Идёт Учитель. Тихий голос внятен.
... И жарок день... И тишина кругом...

Soneto I[2]

Atraído pelo segredo misterioso de Nazaré
Anseio atravessar o limiar dos tempos.
Um caminho conhecido já desponta para mim
Nas ondas da luz criadora do mundo.

A prece ao Senhor ao meio-dia foi cantada,
À sombra das figueiras tivemos tempo
De deitar — e com enlevo inspira o peito
O límpido ar do verão sagrado.

Andamos pelos campos maduros.
No caminho, aos famintos o sabor dos grãos agrada:
Apanhamos pesadas espigas.

De túnica branca, bem à nossa frente,
Caminha o Mestre. Sua voz baixa é nítida.
O dia está quente... O silêncio em volta...

---

[2] Poema sem título publicado em *Zapíski Peredvijnógo Teátra* [*Notas do Teatro Itinerante*], 1922, n° 37, p. 3. (N. da T.)

Сонет II

Как схимою душа моя одета.
Нет выхода из спутанных дорог.
О, если б пламень мне обуглить мог
Суровый лик, любовью не согретый.

Туманом дышат мне часы рассвета...
Еще не разгорелся мой восток
И Беатриче облик не увлёк
По кругу солнц горящий дух поэта.

Но смерть зову: она мой путь исправит,
И верный звон стиха стального славит
Грядущий свет за мраком роковым.

И жду тебя, покорной и печальной
Склонённою с улыбкою прощальной
Над мёртым ликом, жёлтым и святым.

Soneto II[3]

Minha alma, como se envolta numa batina,
Saída não vê dos caminhos emaranhados.
Oh, pudesse a chama em cinzas transformar
O semblante severo, não aquecido pelo amor.

As horas da madrugada exalam névoa...
O meu Oriente ainda não se aqueceu,
Nem atraiu de Beatriz o seu semblante
Ao círculo de sóis, o espírito ardente do poeta.

Mas chamo a morte: meu espírito ela vai endireitar,
O verso, ao ressoar em aço, glorifica fielmente
A luz que virá depois da escuridão fatídica.

Espero você, resignada e triste,
Encurvada, com um sorriso de adeus,
Sobre o rosto sem vida, amarelo e sagrado.

---

[3] Poema sem título publicado em *Zapíski Peredvijnógo Teátra* [*Notas do Teatro Itinerante*], 1922, nº 40, p. 3. (N. da T.)

Вечное

О, солнце, огненная колесница!
Зачем твоей дорогой роковой
На привязи незримой и тугой
Земля моя обречена стремиться?

Настанет день... И воздух раскалится...
Нечеловеческий раздастся вой...
И встречных солнц сияние и зной
Обуглят страшные, слепые лица.

... А там — иной земли дикарь пугливый,
Заслыша гул столкнувшихся миров,
Из каменной пещеры торопливо

На небо взглянет... и падет без слов,
Закрыв лицо, у темного порога, —
Пред знаменьем разгневанного Бога.

O eterno[4]

Oh, sol, carruagem de fogo!
Por que teu caminho fatídico
Numa tensa e invisível trela
Minha terra está fadada a percorrer?

O dia virá... E incandescerá o ar...
E um uivo sobre-humano soará...
O calor e o brilho dos sóis que virão ao nosso encontro
Queimarão os assombrosos rostos cegos.

Mas lá — um selvagem de outra terra, assustado,
Ouvido o estrondo de planetas que colidem,
Da caverna pedregosa sairá às pressas.

Olhará o céu... e sem palavras cairá
Cobrindo o rosto, no escuro limiar —
Ante a visão de um Deus enfurecido.

---

[4] "Viétchnoie", poema publicado em *Zapíski Peredvijnógo Teátra* [*Notas do Teatro Itinerante*], 1923, n° 54, p. 6. (N. da T.)

Sobre o autor

Valentin Nikoláievitch Volóchinov nasceu em São Petersburgo em 1895. Ainda antes da revolução tornou-se amigo de Mikhail Bakhtin e frequentou encontros da sociedade mística Rosacruz. Estudou na Faculdade de Direito da Universidade de Petersburgo, mas em 1916 teve de interromper o curso. Entre 1919 e 1922 se estabeleceu em Vítebsk, onde publicou artigos sobre música e deu palestras sobre crítica de arte e literatura na Primeira Universidade Proletária, fundada por Pável Medviédev. Nesta época integra o chamado Círculo de Bakhtin, grupo que se reunia em torno do intelectual russo e era formado por Volóchinov, Medviédev, Maria Iúdina, Matvei Kagan, Lev Pumpianski e Ivan Solertinski, entre outros. De volta a Petersburgo, graduou-se na então Universidade de Leningrado (atualmente SPBGU, Universidade Estatal de São Petersburgo) em 1924, no departamento de Ciências Sociais, com especialização em Linguística. Foi pesquisador e depois docente no Instituto de História Comparada das Literaturas e Línguas do Ocidente e do Oriente (ILIAZV) — depois renomeado Instituto Estatal de Cultura Linguística (GIRK) —, no Instituto Pedagógico Aleksandr Herzen e no Instituto de Práticas Avançadas para Trabalhadores Manuais (LIPKRI). Nesse período produziu suas obras mais importantes, como o artigo "A palavra na vida e a palavra na poesia" (*Zvezdá*, nº 6, 1926) e os livros *O freudismo: um esboço crítico* (1927) e *Marxismo e filosofia da linguagem* (1929). Nos últimos anos de vida, devido à tuberculose, teve de se afastar do trabalho e até mesmo da leitura. Morreu em 1936 no sanatório de Tsárskoie Sieló.

Sobre as tradutoras

Sheila Vieira de Camargo Grillo nasceu em 1968 em Tatuí, SP. É formada em Letras pela Universidade de São Paulo, mestre em Linguística Aplicada pela Unicamp e doutora em Linguística pela USP. Atuou como doutoranda, pós-doutoranda e pesquisadora nas universidades Paris X--Nanterre, Stendhal Grenoble III e no Instituto Górki da Literatura Mundial (Moscou). É líder, juntamente com Flávia Silvia Machado, do grupo de pesquisa "Diálogo" (USP/CNPq) e integra os grupos de pesquisa GE-DUSP (Grupo de Estudos do Discurso, da USP) "Linguagem, identidade e memória" e o GT de "Estudos Bakhtinianos" da ANPOLL. É professora na área de Filologia e Língua Portuguesa do Departamento de Letras Clássicas e Vernáculas da Universidade de São Paulo. É autora do livro *A produção do real em gêneros do jornalismo impresso* (Humanitas/Fapesp, 2004) e tradutora, juntamente com Ekaterina Vólkova Américo, de *O método formal nos estudos literários*, de Pável Medviédev (Contexto, 2012), *Questões de estilística no ensino da língua*, de Mikhail Bakhtin (Editora 34, 2013) e *Marxismo e filosofia da linguagem*, de Valentin Volóchinov (Editora 34, 2017).

Ekaterina Vólkova Américo nasceu em 1978, em Moscou. Formou--se em História, Literatura e Cultura Russa e Hispano-Americana pela Universidade Estatal de Ciências Humanas de Moscou. É mestre e doutora em Literatura e Cultura Russa pela Universidade de São Paulo e professora de Língua e Literatura Russa da Universidade Federal Fluminense. Publicou, em coautoria com Gláucia Fernandes, o manual *Fale tudo em russo!* (Disal, 2013). Tem diversas traduções publicadas, entre elas, os livros *O método formal nos estudos literários*, de Pável Medviédev (Contexto, 2012), e *Questões de estilística no ensino da língua*, de Mikhail Bakhtin (Editora 34, 2013), ambos em parceria com Sheila Grillo, e os artigos "Sobre o significado das obras de arte para a sociedade", de Pável Ánnenkov, e "Púchkin", de Fiódor Dostoiévski (ambos em colaboração com Graziela Schneider), para a *Antologia do pensamento crítico russo* (Editora 34, 2013), além de textos de Iúri Lotman, Mikhail Bakhtin, Piotr Bogatyriov e Roman Jakobson, entre outros.

ESTE LIVRO FOI COMPOSTO EM SABON
PELA BRACHER & MALTA, COM CTP E
IMPRESSÃO DA EDIÇÕES LOYOLA EM
PAPEL PÓLEN SOFT 80 G/M² DA CIA.
SUZANO DE PAPEL E CELULOSE PARA A
EDITORA 34, EM NOVEMBRO DE 2019.